铸魂育人的追问与求索

宋　来　著

華東理工大學出版社
EAST CHINA UNIVERSITY OF SCIENCE AND TECHNOLOGY PRESS
·上海·

图书在版编目(CIP)数据

铸魂育人的追问与求索/宋来著.—上海：华东理工大学出版社，2022.12

ISBN 978-7-5628-6987-0

Ⅰ.①铸…　Ⅱ.①宋…　Ⅲ.①大学生-思想政治教育-研究-中国　Ⅳ.①G641

中国版本图书馆CIP数据核字(2022)第248192号

策划编辑 / 刘　军
责任编辑 / 刘　军
责任校对 / 张　波
装帧设计 / 徐　蓉
出版发行 / 华东理工大学出版社有限公司
地址：上海市梅陇路130号，200237
电话：021-64250306
网址：www.ecustpress.cn
邮箱：zongbianban@ecustpress.cn
印　　刷 / 上海盛通时代印刷有限公司
开　　本 / 710mm×1000mm　1/16
印　　张 / 21.5
字　　数 / 297千字
版　　次 / 2022年12月第1版
印　　次 / 2022年12月第1次
定　　价 / 70.00元

自　序
潜心求索铸魂育人之道

思想政治教育是一门实践性极强的学科。在思想政治教育实践中，我们面临的问题和挑战总是层出不穷，探讨的主题也随之林林总总。思想政治教育所有的理论研究和实践探索，都指向“铸魂育人”这个最终目标，最后要解决的是“培养什么样的人、如何培养人、为谁培养人”这个根本问题。在当代中国，思想政治教育的中心任务是培养担当民族复兴大任的时代新人。为此，我们潜心问道、上下求索，是荣幸的，更是值得的。

本书呈现给读者的，是笔者过去十年有关思想政治教育研究的成果汇编，共有30篇文章，分别编入“专题研究”“实践探索”“评论随笔”三部分。这些文章有的已在学术期刊和公众媒体上公开发表过，有的是各类科研项目的结题报告，还有的是平时就社会热点和工作需要撰写的心得体会。这些文章在收入本书时，笔者均作了适当的修改。十年来，虽然工作岗位和工作内容不断变动，但笔者对思想政治教育的研究兴趣和情感投入始终如一。

对这些研究成果进行总结和归纳，可以看到，笔者的研究领域主要集中在五个方面：思想政治教育的理论与方法，当代中国马克思主义大众化的策略与路径，党的宣传、文化与统战工作方法，大学生创业教育的问题与对策，少数民族大学生的教育策略与载体创新。为便于读者阅读和批评指正，这里分别对各领域的主要研究发现进行综述。

一、思想政治教育的理论与方法

深入探究思想政治教育的理论和方法，对于提高新时代思想政治工作质量和水平、推进思想政治教育的基础理论创新和实践探索具有重要意义。

一是促进人的全面发展是思想政治教育存在和发展的终极目标。人的全面发展，既是弘扬人性的要求，又是社会发展的要求，更是人的发展的最佳状态和理想。人的全面发展，需要在社会实践的基础上，全面深入地认识和利用自然、社会与自身的发展规律，就是要处理好主观与客观的关系（心物关系）、群体与个人的关系（义利关系）、思想与行动的关系（知行关系），集中表现为人的思想政治素质、科学文化素质和身心健康素质的全面发展。

二是按意识形态的要求铸魂塑行是思想政治教育的本质。思想政治教育的本质，就是按照一定阶级或集团的意识形态，影响和改变人们的思想与行为。这可以进一步理解为，思想政治教育的本质，就是按意识形态的要求塑造思想、引导行为，即铸魂塑行。因此，思想政治教育具有政治性、社会性、实践性和超越性等特征。

三是把握时代要求、群体特征、根本规律、基本原则、主要手段、工作平台和队伍建设，是提升思想政治教育实效性的有效路径。时代要求体现了思想政治教育的宏观背景和现实环境，决定了思想政治教育的方向、目标、价值和重点。准确认识受教育者的群体特征，是增强思想政治教育针对性，提高思想政治教育实效性的重要前提，其关键在于全面认识、动态分析和辩证把握。思想政治教育的根本规律，是思想政治教育各个要素之间内在的、本质的、必然的、稳定的联系，是确立思想政治教育模式、原则和方法的理论依据。思想政治教育的基本原则，是思想政治教育运行过程中依据的法则和标准，既是思想政治教育规律的“外显”，又是思想政治教育的内在依据，对思想政治教育实践起着直接指导作用。思想政治教育手段是教育者为了实现教育目标、传递教育内容，对教育对象，采取的工作方式。思想政治教育平台，是联结思想政治教育主体和客体并促使两者相互作用的中介和桥梁。必须坚持“高进、严管、精育、优出”，建设一支具有坚定的理想信念、高尚的道德品格、强烈的创新意识、深厚的理论功底、合理的知识结构、高超的教育艺术等特征的高素质队伍。

四是加快改革铸魂育人的关键课程。近年来，高校思想政治理论课在教材修订、队伍培训、教辅材料编撰、教学改革等方面做了大量工作。然而，建立在教育部“05 方案”①基础上的思想政治理论课，由于课程体系调整不够及时、教学质量难以保证、学科建设缺乏充分支撑，主渠道作用还没有充分发挥出来。原因是多方面的，既有客观的、历史的因素，又有现行师资队伍和办学条件限制等因素。笔者认为，最根本的原因主要是学分和课时结构刚化、师资队伍供求存在缺口、学理研究有待夯实提升。因此，我们应深化思想认识，加快改革课程设置顶层设计，加快改革教师队伍培养激励机制，加快改革教学效果评价体系。

五是提升当代青年的网络文明素养。互联网与青年是当今国家发展的两个重要维度。提升青年的网络文明素养，对于新时代落实立德树人根本任务、全面推进网络强国建设、助力民族复兴大业具有重要而深远的意义。网络文明素养，是人们在正确认识网络媒介的基础上，以自身成长和社会发展为目的，在理性获取、客观评价、科学传播、交互运用网络信息过程中形成的意识、能力和修养。要客观审视当前青年网络文明素养现状，准确抓住网络认知较为薄弱、网络规范理解存在偏差、网络政治意识较为缺乏等主要矛盾。提升青年网络文明素养，需要将价值、规范、知识、人员和内容，嵌入青年所处的组织群体场域中，达到外在的“教化”和自身的“内化”。

六是必须做好退役大学生服务保障。这是健全工作体系的必然要求，是落实立德树人的关键举措，是巩固军民团结的重要手段。较之普通学生，退役大学生理想信念坚定、综合素质较高、人生目标规划明晰，但也面临复学手续复杂、角色转化被动、学业发展困难、职业准备不足、政策学习把握不

① “05 方案”是指《〈中共中央宣传部　教育部关于进一步加强和改进高等学校思想政治理论课的意见〉实施方案》(教社政〔2005〕9 号)。

够等问题。需要进一步优化退役流程，实现一站式办理，做好精准施策，共建心理帮扶机制，加大学业支持力度，实施针对性就业指导。

七是提高大学生思想政治工作质量。提高学生思想政治工作质量，要始终坚持以生为本、系统设计、夯实基础、体现温度、强化特色，树立系统思维、逻辑思维、辩证思维、底线思维、历史思维、互联网思维，正确处理好知识传授与价值引领的关系、宏大叙事与精准行动的关系、使命驱动与问题导向的关系、沉默多数与关键少数的关系、顶层设计与基层探索的关系、工作对象与工作力量的关系。

二、当代中国马克思主义大众化的策略与路径

推动习近平新时代中国特色社会主义思想这一当代中国马克思主义最新成果入脑入心，是当前和今后一个时期的重大政治任务。

一是深入推动习近平新时代中国特色社会主义思想进教材进课堂进头脑。按照“教材搞建设、课堂讲学理、头脑起风暴”的总体要求，坚持从四个维度即抓好课堂主渠道、搭建实践主阵地、唱响网络主旋律、建强队伍主力军，进行系统设计，扎实工作，务求实效，从而促进青年学生学深悟透、深信笃行。课堂教学始终是思想政治教育的主渠道，教学内容要对标最新教材，教学方法要灵活多样，教学效果要让学生有获得感。课外实践是对课堂教学效果的夯实与巩固，必须构建内容丰富的主题教育活动体系，开展形式多样的文化育人系列活动，建设特色鲜明的学生社会实践平台，以实践育人为载体，推动新思想入脑入心。

当代青年是互联网的“原居民”，要充分利用新媒体技术和大数据技术，创新网络文化产品的生产机制，构建同频共振的网络传播体系，整合资源合力壮大育人网络，将思想政治工作与互联网深度融合，使“三进”工作活起来。思想政治工作队伍是推动“三进”的重要保证，必须建设一支由新思想武装起来的教师队伍，发挥学生骨干的示范带动作用，保证为“三进”工作提供学科支撑和学理支持。

二是深化“三全育人”综合改革，把价值引领贯穿教育教学全过程和各环节。“三全育人”综合改革，是对当下育人项目、载体、资源的整合，更是对长远育人格局、体系、标准的重新建构。深入推进“三全育人”综合改革，要抓好如下几个方面：在育人目标上，由知识传授向价值引领转变；在角色定位上，由“独奏曲”向“交响乐”转型；在工作方法上，由经验思维向大数据思维演进；在机制保障上，由“软指标”向“硬约束”升级。

改革路径与举措有十个方面：发挥课堂教学主渠道作用，凝聚各方力量“开门办思政”；依托学业发展大平台，落实五育并举全面促提升；强化实践育人大舞台，扎根中国大地奉献求真知；建设校园文化多品牌，营造百花齐放多元凝心魂；开展网络思政新工程，促进微圈共振同频聚时力；聚焦育心育德强特色，立足学科支撑服务助圆梦；推进队伍建设强基础，依托专兼结合关爱导青年；提供靶向服务正能量，推行自助服务便捷新体验；落实一体资助新方案，引导群体发展感恩馈社会；深化定岗明责实机制，永葆初心牢记爱国担使命。

三是积极构建“融思政”新模式和新格局。习近平总书记强调：“好的思想政治工作应该像盐，但不能光吃盐，最好的方式是将盐溶解到各种食物中自然而然吸收。”也就是说，思政工作应该润物无声地“融”入教育教学和人才培养的各环节与全过程，构建“融思政”工作格局和模式。“融思政”具有四个重要特征：坚持知识传授与价值引领同频共振，坚持思政小课堂与社会大课堂有机统一，坚持“线上键对键”与“线下面对面”紧密结合，坚持有形教化与无形浸润同向同行。

我们应该切实抓好“融思政”的五个关键领域，即：优化课程思政教育，用先进理论和科学知识武装青年头脑；发挥实践育人功能，用学思践悟和知行统一锤炼意志品质；深化以文化人方法，用多样载体和丰富活动净化学生心灵；创新队伍协同机制，用资源整合与平台搭建汇聚育人力量；完善配套制度保障，用政策支持和奖惩激励确保运行有效。

四是系统建构高校社会实践育人体系。“读万卷书，不如行万里路。”这就要求我们必须把校园小课堂与社会大课堂有机结合起来，坚持让学生在社会实践中受教育、长才干、作贡献。社会实践对推行党的创新思想进学生头脑具有重要作用。

当前，高校社会实践工作在体制机制、实践模式、育人效果等方面还存在一些问题，理论武装的针对性和有效性还不强。高校社会实践工作改革的突破点，应从系统化建构方面下功夫，在强化理论武装、丰富实践内容、创新实践形式、优化运行机制、突出育人内涵等方面不断深化，进一步提升高校社会实践的育人实效，切实推动习近平新时代中国特色社会主义思想进学生头脑。

三、党的宣传、文化与统战工作方法

由于工作需要，笔者曾围绕党的宣传、文化和统战工作开展研究，取得了一些成果。

一是做好当前高校宣传思想文化工作的新思考。高校宣传思想文化工作，为全面落实立德树人根本任务提供思想保证，为实现高校战略目标提供精神动力，为加快推进高校综合改革提供舆论支持，为建设师生共同精神家园提供文化条件。做好高校宣传思想文化工作，要始终坚持“一个目标”，即坚持把牢高校宣传思想文化工作的正确方向，巩固马克思主义在意识形态领域的指导地位，巩固全党全国人民团结奋斗的共同思想基础。要增强“主动”意识、“聚焦”意识和“融合”意识，谋划在先预设精彩，围绕中心服务大局，凝聚师生汇聚合力，从而夯实高校宣传思想文化工作的思想基础。要在实践中做到“四个注重”，以推动高校宣传思想文化工作的质量提升，即：注重“引领”，把握正确政治方向；注重“融入”，实现工作内涵提升；注重“涵养”，培育良好文化环境；注重“创新”，不断提升工作成效。

二是发挥党史育人的独特作用。党史育人，是指运用中国共产党在革命、建设和改革中创造的历史这一宝贵精神财富，对广大人民群众进行教育、引导，使其更加坚定中国特色社会主义信念和共产主义远大理想，更加拥护共产党的领导。党史育人的主要内容包括党的奋斗发展史教育、党的理论创新史教育、党的自身建设史教育等。针对当前高校党史育人工作中存在的缺乏统一领导和规划、缺乏系统性和科学性、缺乏专业组织队伍、缺乏制度建设和长效机制等问题，我们应当不断完善和丰富传统方法，努力开拓新的路径，包括：优化党校培训方式和内容，创新党史图片展览、宣传专栏的形式和载体，推动党史课程进课堂并优化教学方法，培育党史育人主题活动品牌，重视党史教育基地作用，丰富网上教育资源，整合党史教育团队活动。在此基础上，高校应逐步建立“有专门的指导机构、有系统的教育内容、有专业的实施人员、有丰富多彩的形式、有制度完备的规范、有长效的保障机制”的党史育人模式。

三是实证研究上海高校文化品格培育经验。大学文化品格，是一所大学在长期的历史发展过程中，通过历代大学人的文化实践活动，逐渐积淀、凝结、升华而成的价值观念体系和群体意识，内化于大学人的灵魂深处，反映了大学的理想目标、精神信念、文化底蕴、审美情趣、行为准则和思维方式。它既是大学文化的外在表征，又是大学的精神烙印、性格所在和价值追求。笔者对上海部分高校进行实证研究后发现，在培育大学文化品格的实践中，价值观、英雄、故事、口碑、符号、仪式是基本元素。这些基本元素可归纳为三个维度：以价值观和英雄驱动文化信念的内在动力，以故事和口碑深化文化自信的历史情感，以符号和仪式营造文化认同的环境氛围。这些方面可作为提升高校文化品格的有效载体。

四是加强高校突发事件信息管理。处置突发事件，信息管理是关键。如果管理不当，容易造成事件影响扩大化，给高校声誉带来巨大损失，甚至影响社会的安全稳定。因此，加强突发事件信息传播过程管理，成为高校快速发展关键时期应认真思考的一项重大的理论与实践课题。针对校园突发事件的特点，我们应从四个方面着手加强信息管理：防患于未然，建立突发事件预防体系；建立机制，完善信息管理体系；积极应对，加强与媒体的沟通联系；加强演练，提升应对能力与技巧。

五是激发高校民主党派基层组织的活力。民主党派基层组织的活力是推动民主党派发展的源动力，也是民主党派基层组织工作能力的综合体现。通过对上海高校民主党派基层组织的基本情况和发展现状的研究，我们总结出影响高校党派基层组织活力的主要问题，包括：思想建设中学习培训质量不高，领导班子建设机制不够完善，基层组织发展成员存在困难，多重因素影响组织生活的开展，党派社会职能还有很大的发挥空间，经费、场地和专职工作人员比较缺乏。根据《中国共产党统一战线工作条例》，激发高校民主党派基层组织的活力，需要从五个方面发力：一是加强思想引领，增进政治共识，增进党派成员的政治认同和思想认同，坚定走中国特色社会主义政治发展道路的信念；二是高校民主党派基层组织应在上级规定的制度框架内，结合自身实际完善组织运行制度；三是针对领导班子建设、党派代表人士建设、组织发展、人才队伍建设等方面的工作，细化工作举措，提升民主党派组织的组织化水平和整体运行能力；四是丰富基层组织的活动内容和形式，倡导组织生活由单一型向多样型、封闭型向开放型、灌输型向引导型转变，提高组织生活质量；五是高校要完善重大情况通报制度，以及党外人士参加学校有关会议制度等，引导广大统战成员积极参与学校的民主管理与监督。

四、大学生创业教育的问题与对策

“大众创业、万众创新”成为国家战略之后，全国范围内掀起了创业创新的风潮，国家出台诸多政策支持和鼓励创新创业，创业教育也在高校如火如荼地开展起来。由于我国的创业教育相比于欧美国家起步较晚，在创业教育的认识、师资配置、课程体系建设和创业实践等方面还存在诸多不足。要做好大学生创业教育，我们应着重注意以下问题：

一是总结把握我国高校创业教育的主要特点及现存问题。高校创业教育百花齐放，呈现出以下特点：参与高校从选择试点到主动加入；组织模式从部门牵头协调到组建创业学院；教育重点从知识传授到立体培养；课程体系从单一公选课到理论与实务相结合；师资配置从兼职为主到专兼结合；平台建设从创业指导到创业园区。高校创业教育虽然蓬勃发展，但也存在一些问题，如高校之间发展不平衡，指导教师总体上缺乏实战经验，创业教育课程建设缺乏标准和规格。

二是实地调研先进地区创业教育特色做法。浙江省高校创业教育走在全国前列，形成了四个特色做法。围绕人才培养目标，完善创业教育工作体制；精心设计课程体系，培养学生创业能力；大力加强平台建设，促进学生创业实践和成果转化；完善支持政策，服务学生创业及创业教育发展。学习浙江省的经验，我们应做到以下四点：加强对大学生创业教育的研究和理解，避免表面化；有效实现向规范的教学体系的转化，避免碎片化；主动构建社会化的创业教育网络，避免狭隘化；积极探索创业教育的多种实践模式，避免同质化。

三是努力借鉴世界一流高校创业教育课程建设经验。创业教育课程是高校实施创业教育的主渠道。世界一流工科高校积累了丰富的课程建设经验，我们通过调研美国麻省理工学院、德国慕尼黑工业大学和中国香港科技大学发现，这三所高校均以学校的办学理念和人才培养目标为落脚点，制定创业课程目标。在创业教育课程内容与结构方面，这三所高校实现了理论类课程与实践类课程的结合，还探索出“理论＋实践”类课程，既有概论、原理类的理论性课程，也有如实验、讲座、研讨会等实践主导性课程，还有项目类课程；课程与课程之间有紧密的延续性，是层级相关、逐级递进的关系。在创业教育师资队伍建设方面，它们鼓励不同学科的教师参与到创业课程教学工作中，注重创业教师的跨学科性；积极引进校外师资力量，打造理论型与实践型并重的创业教育教师队伍。在课程组织管理机构方面，它们实现了多部门共同参与、多主体协作管理的形式，既有独立的创业教育管理机构（创业中心），又在课程管理上充分发挥各学院的力量。

四是推进我国高校创业教育又好又快地发展。创业教育在推动社会经济发展和促进社会稳定方面具有重要作用。推动大众创业、万众创新，既可以扩大就业、增加居民收入，又有利于促进社会纵向流动和公平正义。高校要充分发挥创业教育的作用，推动创业教育又好又快地发展。具体要求如下：创业教育理念要紧跟时代发展要求，提高认识、转变思路，把创业教育提升到服务国家战略发展的高度；把创业能力培养作为创业教育重点所在，通过精心的课程设计培养学生的创业知识和技术能力，通过丰富的实践平台培养学生的团队建设能力、市场分析能力，通过合理的师资配置培养学生的自我激励能力、风险控制能力；创业教育要与学校特色、社会需求相适应，加强与专业相关的创业课程建设，促进创业教育与科技成果转化相衔接，组建技术团队设计相关产品和服务来满足社会需求；以促进实习与实战相结合为重点推动创业平台建设，为学生将想法和技术变成产品与服务，提供转化的舞台；建立健全与创业教育相关的法律和制度体系，注意政策的整体性、连续性和规范性，简化创业的程序，实行税收优惠，提供补贴、信息服务、信用担保等。

五、少数民族大学生的教育策略与载体创新

越来越多的少数民族学生进入中东部高校学习，他们已然成为高校中一个重要的群体，其教育引导问题也是高校的重要课题。为此，高校需要做好以下工作：

一是确立“引导、服务、管理”三位一体的教育策略。调查发现，当下的少数民族大学生表现出较强的环境适应能力，见多识广，乐于接受新鲜事物；他们经济状况相对较差，贫困生比例较高；他们的压力主要来源于学习、就业和经济等方面；部分学生有明确的职业规划，认为自己有能力找到一份满意的工作。他们存在的主要问题有：民族意识较强，社会经验不足，易受境内外敌对势力的影响；具有较强的民族自尊心，心理世界敏感而复杂，遇到问题或困难时寻求帮助的途径单一；各种现实困难交织，现状亟待改善。因此，对少数民族大学生要加强思想教育，加强人文关怀，充分整合资源，切实做好引导、服务、管理等工作。所谓引导，就是加强民族团结教育，搭建多

元化教育平台，创新教育载体，引导少数民族大学生树立爱国荣校、立志成才的理想信念。所谓服务，就是突显以人为本的理念，加强软硬件基础设施建设，建立保障措施，帮助少数民族大学生适应校园生活和大学生涯的各个阶段。所谓管理，就是建强思政管理队伍，制定完善的管理条例，建立机制，切实提升少数民族大学生思政教育管理实效。

二是构建由八个模块构成的工作实施载体体系。这八个模块分别是：① 思想教育。突出抓好民族理论、民族政策教育，加强爱国主义教育，帮助少数民族大学生树立正确的民族观和正向的民族意识。② 人文关怀。及时掌握少数民族大学生的思想动态及各项诉求，因时、因地、因事灵活运用各种方式和资源，对他们开展人文关怀。③ 文化交流。将少数民族文化交流纳入和谐校园文化建设范畴，开展多元文化的交流体验活动，促进各民族文化充分交融。④ 帮困资助。针对少数民族大学生经济困难的情况，积极帮助他们减轻经济压力，提供多种形式的保障措施，着力解决好他们的实际问题。⑤ 学业指导。针对少数民族大学生文化基础薄弱的现象，制订专门的教学计划和学籍管理规定，给他们提供继续深造指导和特殊政策。⑥ 就业实践。将就业指导与日常实践结合起来，注重少数民族大学生业余时间的安排，积极为他们提供认识社会、了解社会的平台与机会，做好毕业就业环节的各项指导工作。⑦ 心理辅导。做好少数民族大学生入学阶段的心理适应教育，帮助其尽快完成角色转换。⑧ 制度保障。学校党政系统和相关职能部门齐抓共管，协调联动，完善各项管理制度，为少数民族大学生教育管理提供长效机制保障。

三是加强和改进少数民族大学生学业支持体系。受自然、历史和社会等因素影响，少数民族学生的成长成才仍面临一些特殊困难和突出问题，特别是在学业发展方面。针对少数民族大学生在学习兴趣、学习动力、学习能力及学习环境等方面的制约因素，高校要根据他们个性化、个体化、层次化、差异化的特征，构建全方位多维度的学业支持体系。这个支持体系包括：① 构建滴灌式的价值引领机制，充分把握少数民族学生的思想特征和心理需求，做到因材施教、因需育才，把立德树人融入思想道德教育、文化知识教育、社会实践教育各个环节。② 构建全方位的成才支持机制，激发少数民族大学生的学习动力，既要充分发挥第一课堂教学的主渠道作用，也要注重专业社会实践的主阵地建设，两者之间互补依存。③ 完善多元化的政策激励机制，设立少数民族大学生专项奖学金“争上线”的奖励机制，建立勤工助学、国家助学金、社会助学金等多元化“保底线”的资助机制，选树专业学习拔尖、创新创业成功、社会实践突出、综合素质特长等优秀的少数民族大学生典型。④ 构建立体化的朋辈帮扶机制，通过组建“学霸小课堂”或“学霸一帮一”等活动，对少数民族大学生进行朋辈式的学业帮扶。⑤ 健全“严、爱、细”的管理服务机制，在生活、学习、纪律方面对少数民族大学生严格要求，实施混合住宿、混班教学的管理机制，严肃学风、教风和考风，不断营造优良的学习氛围。

四是加强内派少数民族大学生服务管理教师队伍建设。加强内派教师队伍建设，是促进少数民族学生成长成才的重要举措，有利于深化民族团结教育、促进民族区域建设和少数民族大学生自身发展。当前，内派教师队伍存在的主要问题是，工作上培训不足，生活中存在一定困难，环境上需要“再适应”，与相关工作力量之间的沟通不足，与少数民族专职辅导员的职责边界不清晰。为此，高校需要从以下方面加强建设：内派教师的培训应纳入师资队伍和干部培训的整体规划中，建立市、校两级培训体系；在岗位津贴、办公条件、通信经费、居住空间等方面制定相关政策，为内派教师的工作和生活提供必要保障；建立内派教师派出单位与接收单位的沟通联系机制；搭建内派教师与驻地学校之间的沟通交流平台，建立内派教师与驻地学校之间的沟通机制；改变之前由内派教师“一把抓”却“抓不深”的局面，建立内派教师与少数民族专职辅导员相互配合的工作模式。

以上所述，就是本书要反映的主要思想。在“评论随笔”部分，还有一些思考与心得，笔者没有将它们作为主要研究发现加以梳理，因为它们目前还是初步的想法，需要继续追问和求索，期待在未来的著作中能够开展深入的讨论。由于笔者水平所限，书中难免存在不足和谬误之处，恳请读者谅解并批评指正。

需要说明的是，收入本书的很多文章，凝聚了团队成员的智慧和力量，他们包括但不限于以下人员：张驰、刘少文、倪炜、侯宇、钱嫦萍、储琰、崔姗姗、朱姝、郑东、彭辉辉、徐国民、邱卫东、汪斌锋、魏星、王寅申、丁灏、胡兵、王惠文、吴婷、杨艳生、宋晓涛、王维军、王华杰、张静、李黎，等等。他们为本书的撰写作出了许多贡献，在此向他们表示衷心的感谢！同时，特别感谢华东理工大学出版社张辉社长、丁毅副总编辑、社科事业部主任刘军，以及参与本书编校的诸位编辑，他们为本书的高质量出版付出了极大的努力。

宋　来

2022 年 8 月于上海

目 录

第一编 专题研究

第二编 实践探索

第三编 评论随笔

第一编

专题研究

01　思想政治教育的依据、本质和方法

◎ 探究思想政治教育的依据、本质和方法，对于推进新时期思想政治教育的理论创新和实践探索，具有重要的理论意义和现实意义。做好思想政治教育工作，需要从本体论视角追问“何以存在”的依据，从认识论视角探究“是其所是”的本质，从方法论视角把握“何以可能”的途径。促进人的全面发展是思想政治教育存在和发展的终极依据。按主流意识形态的要求塑造思想、引导行为是思想政治教育的本质，具有政治性、社会性、实践性和超越性等特征。把握时代要求、群体特征、根本规律、基本原则、主要手段、工作平台和队伍建设，是实现思想政治教育价值目标、提升思想政治教育实效性的有效路径。①

① 本节内容曾发表在2017年第12期《国家教育行政学院学报》上。收入本书时内容有删改。原文详见：宋来.思想政治工作改革创新若干根本问题探究[J].国家教育行政学报，2017(12)：9-14.

思想政治教育是社会或社会群体，用一定的思想观念、政治观点、道德规范，对其成员施加有目的、有计划、有组织的影响，使他们形成符合社会所要求的思想品德的社会实践活动。[1]

“物有本末，事有终始，知所先后，则近道矣”。笔者认为，做好思想政治教育工作，首先需要从本体论视角追问“何以存在”的依据，从认识论视角探究“是其所是”的本质，从方法论视角把握“何以可能”的途径。

一、何以存在：思想政治教育的依据

思想政治教育从根本上说是做人的工作。在思想政治教育学科领域，思想政治教育对象的本体是人。可以说，促进人的全面发展是思想政治教育存在和发展的终极依据。

1. 人的全面发展是人类永恒追求的美好理想

古今中外的教育家都认为，人不仅应该全面发展而且有全面发展的丰富潜能和现实可能。人的全面发展既是弘扬人性的要求，也是社会发展的要求，是人的发展的最佳状态和理想。[2]

古希腊哲学家亚里士多德认为，人由身体和灵魂两部分组成，灵魂又由欲望和理性组成。人的发展先有身体，后有欲望，再有理性。因此，高校应该按照这个顺序分别对人加强体育、德育和智育工作，以达到和谐发展和善的目的。

中国古代的“六艺”教育，即“礼、乐、射、御、书、数”教育，始于公元前的周王朝，是中国周朝的贵族教育体系，被视为中国古代全面发展教育的思想和实践。

马克思认为：全面发展的人应该是智力和体力潜能获得充分和谐与自由发展的人；是能从一个生产部门转移到另一个生产部门的、具有多种职能的人；是道德精神和审美情感丰富而充分自由、和谐发展的人；是从事自由劳动，把劳动当作享受、创造和第一需要的人。[3]

美国高质量高等教育研究小组在《投身学习：发挥美国高等教育的潜

力》中指出：美国应该成为人民受过良好教育的国家；它的公民要有知识、富于创造、思想开放；高等学校应使学生从入学到毕业，在知识、能力、技能以及态度等方面，产生可以证明的进步，作为衡量教育质量的标志。

《中华人民共和国高等教育法》第四条要求，高等教育必须贯彻国家的教育方针，为社会主义现代化建设服务、为人民服务，与生产劳动和社会实践相结合，使受教育者成为德、智、体、美等方面全面发展的社会主义建设者和接班人。

2. 人的全面发展，需要在社会实践的基础上，全面深入认识和利用自然、社会和自身的发展规律

自由，是人的全面发展的重要特征，自古以来就是人类追求的理想。自由包括人类在经济、政治上摆脱贫穷落后、被剥削被压迫的地位当家作主，也包括全面深入认识自然、社会和自身的发展规律，并利用这些规律改造自然、社会、自身以及主客观世界，达到对象性关系的全面丰富，由必然王国走向自由王国。

首先，全面认识和利用自然发展规律，需要处理好主客关系（心物关系）。思想政治教育正是为了解决人们认识过程中主观与客观的矛盾，教育和引导人们掌握并运用正确的方法，牢固树立正确的世界观、人生观和价值观，形成正确的思想认识，推动精神力量向物质力量的转化。

其次，全面认识和利用社会发展规律，需要处理好群己关系（义利关系）。思想政治教育通过用科学的理论武装实践主体，用符合社会需要的道德规范塑造实践主体，用正确的价值观引导实践主体，用团队精神和民族精神凝聚实践主体，从而达到动员、协调和激励实践主体，增强实践主体的社会凝聚力，有效地实现社会整合、增强社会合力、推动社会实践的目的。

最后，全面认识和利用自身发展规律，需要处理好思想与行动的关系（知行关系）。思想政治教育是解决社会实践过程中思想与行为矛盾的中心环节，通过改造人的主观世界来改造客观世界，通过影响人的思想观念来影响人的社会行为，增强人类实践活动的主体能动性、群体协作性和政治自觉

性，激发实践活动的精神动力，推动实践活动由主观形态向现实形态转化。

3. 人的全面发展集中表现在思想政治素质、科学文化素质和身心健康素质的全面发展

人的全面发展，实质上是人的本质的丰富性和完整性的实现，具有广泛和深刻的内涵，主要包括人的体力和智力的充分自由发展、人的才能的多方面发展、人的社会关系的高度丰富和全面发展、人的个性的自由发展、人的主体性的全面发展等，集中表现为人的思想政治素质、科学文化素质和身心健康素质的全面发展。

思想政治教育，不仅注重促进人的思想政治素质的发展，还注重促进人的科学文化素质和身心健康素质的发展，并且把人的思想政治素质转化为科学文化素质和身心健康素质，同时把科学文化素质和身心健康素质转化为人的思想政治素质，使它们相互促进、相互转化。

因此，促进人的全面发展需要思想政治教育。

二、是其所是：思想政治教育的本质

本质，是一事物与其他事物相互区别、最为根本的特点。认识的任务在于揭示事物的本质，但认识的途径和方法只能从事物的现象入手，透过现象看本质。

1. 从纵向维度考察思想政治教育的历史演进过程

人类学家发现，世界各地都曾出现并流传一种如今被称为“成年礼”的活动，这种活动实质上是一种实现成员社会化的原始形态，是原始社会思想政治教育萌芽的一种表现。

我国古代社会是一个道德政治化、政治道德化的社会，道德教育在“个体人性预设”“君权神授”“封建伦理”中蕴含着政治和思想教育，培养具有耐心服从和驯良意识的国民，维持封建社会的运行秩序。尽管自古就有思想政治教育现象，但是“思想政治教育”这一概念是中国共产党在马克思主义理论中国化过程中创造的。建党之初，中国共产党的主要工作是传播马克

思列宁主义和发动工农起来革命，因此多使用“宣传工作”的概念。新中国成立后不久，刘少奇在第一次全国宣传工作会议上提出了“思想政治工作”的概念。1957 年，毛泽东在《关于正确处理人民内部矛盾的问题》中，进一步使用和阐述了这一概念。1980 年，第一机械工业部和全国机械工会联合召开思想政治工作座谈会，提出了思想政治工作科学化的新命题。1983 年，教育部召开政工专业论证会，最后确定学科全称为“思想政治教育学”，专业名称为“思想政治教育专业”，并决定从 1984 年开始招生。[4]此后，“思想政治教育”这一概念成为规范的术语，思想政治教育逐步走上科学化、规范化发展的轨道。如今，思想政治教育已经成为“马克思主义理论”一级学科下独立的二级学科，蓬勃发展。

在国外，从古代柏拉图、亚里士多德的道德教化到资本主义的现代公民教育，都从不同侧面对国民教育、意识形态教育等思想政治教育的工具性价值进行论述。美国政治学家安东尼·M. 奥罗姆(Anthony M. Orum)指出，任何社会为了生存下去，都必须成功地向社会成员灌输用于维持其制度的思想。

2. 从横向维度上考察思想政治教育的内容形态

思想政治教育内容是一个由多层次要素构成的系统，这些要素相辅相成，共同构成主次分明、和谐统一的整体。标准的思想政治教育学教科书，把思想政治教育的主要内容设定为思想教育、政治教育、道德教育和心理健康教育。[5]

思想教育是依据一定的哲学思想及其方法论，对受教育者施加影响，以帮助受教育者树立正确的世界观、人生观、价值观以及方法论的教育，是对人们进行正确的思想观点和思想方法的教育。

政治教育是一定的阶级和社会，依据一定的政治思想和政治规范对受教育者施加影响，以帮助受教育者树立正确的政治方向、政治立场、政治信念、政治观点、政治态度，实质上是培养社会成员政治信仰的教育。

道德教育是依据一定阶级的伦理思想和道德规范，对受教育者施加影响，使其提高道德认识，陶冶道德情操，锤炼道德意志，确立道德信念，养成道德行为，从而将社会的外在道德要求内化为个体的道德观念、道德情感和内心信念，再外化为具体的行为，以帮助受教育者培养良好的道德品质、道德人格和道德精神的教育。

心理健康教育是对受教育者进行有关心理健康方面的知识性教育、咨询性教育和发展性教育，培养受教育者良好的心理素质，提高其身心健康水平，促进全面而和谐的发展。

在这些内容形态中，思想教育是先导，政治教育是核心，道德教育是重点，心理健康教育是基础。[6]

3. 透过现象把握思想政治教育的本质及特征

思想政治教育的本质问题，是思想政治教育理论中的根本问题，决定着思想政治教育的内涵、范畴、功能、目标及发展方向等。因此，认识和把握思想政治教育本质，是思想政治教育理论研究的重大课题。

事物的本质隐藏在事物纷繁复杂的现象背后，是事物本身所固有的、稳定的、决定事物的存在和发展并同其他事物区别开来的根本性质。透过思想政治教育的现象，我们可以认为，思想政治教育的本质就是要按照一定阶级或集团的意识形态，影响和改变人们的思想与行为的社会实践。进一步说，思想政治教育的本质就是按主流意识形态的要求塑造思想、引导行为，即铸魂塑行，其具有多种特性。

首先，思想政治教育具有政治性。思想政治教育总是在一定的意识形态要求下进行的。思想政治教育传播和实践一定阶级或集团意识形态的属性，是思想政治教育的特有属性。

其次，思想政治教育具有社会性。思想政治教育总是在一定的社会关系和社会条件下进行，总要适应一定社会的要求来培养社会所需要的成员。人的社会化，实质上是要按照一定社会的社会关系的要求，引导人们适应、掌握和内化反映这种社会关系的社会规范，自觉遵循社会关系和社会规范的要求，努力使自己融入社会，发展自己的社会本质，使自己成为社会所需要的成员。

再次，思想政治教育具有实践性。思想政治教育是以人为实践对象的特殊的社会实践活动，是以实现思想政治教育的对象化为实质内容的社会实践活动。思想政治教育，不仅要帮助人们实现思想认识上的飞跃，而且要帮助人们运用思想和理论指导实践，完成从认识到行动的飞跃；不仅要引导人们正确地认识世界，更重要的是要引导人们能动地改造世界，并在认识、改造客观世界的过程中，进一步改造自己的主观世界。

最后，思想政治教育具有超越性。思想政治教育，不仅要从受教育者的思想政治现实状况出发，更要从社会发展的需要和人才培养的目标出发，引导受教育者提升自身的思想政治素质和综合素质，超越自身的思想道德现实状况，把自己培养成能够适应社会发展需要的人才。

三、何以可能：思想政治教育的方法

实现思想政治教育的价值目标，提升思想政治教育的实效性，需要从时代要求、群体特征、根本规律、基本原则、主要手段、工作平台、队伍建设等方面加强思考、研究和实践。

1. 深刻理解思想政治教育的时代要求

时代要求体现了思想政治教育的宏观背景和现实环境，决定了思想政治教育的方向、目标、价值和重点。深刻理解思想政治教育的时代要求，必须从国家和社会发展的重要政策法规及重大发展战略方面，进行深入的研究和学习。

以新时期大学生思想政治教育为例，《中华人民共和国高等教育法》第五条指出，高等教育的任务是培养具有社会责任感、创新精神和实践能力的高级专门人才，发展科学技术文化，促进社会主义现代化建设。

《国民经济和社会发展第十三个五年规划纲要》强调，把提升人的发展能力放在突出重要位置，全面提高教育、医疗卫生水平，着力增强人民科学文化和健康素质，加快建设人力资本强国。深化教育改革，增强学生社会责任感、法治意识、创新精神、实践能力，全面加强体育卫生、心理健康、艺术审美教育，培养创新兴趣和科学素养。

2016年12月，习近平总书记在全国高校思想政治工作会议上指出，思想政治工作必须围绕学生、关照学生、服务学生，不断提高学生思想水平、政治觉悟、道德品质、文化素养，让学生成为德才兼备、全面发展的人才。

总结起来，新时期大学生思想政治教育的时代要求体现在，"培养又红又专、德才兼备、全面发展的中国特色社会主义合格建设者和可靠接班人"是根本教育目标，"增强学生社会责任感、法治意识、创新精神、实践能力"是当前的重点任务，"以立德树人为根本，以理想信念教育为核心，以社会主义核心价值观为引领"是教育实施路径。

2. 准确认识受教育者的群体特征

准确认识受教育者的群体特征，是提升思想政治教育针对性和实效性的重要前提，关键在于全面认识、动态分析和辩证把握。

大学生是社会中最敏感、最活跃、最富有朝气的群体，其思想变化特点一直广受社会关注。如今，"90后"特别是"95后"成为高校学生的主体，社会对他们的评价是：多元自我的"90后"大学生，兴趣爱好广泛，理性务实，厌烦说教，注重自主自我，个性张扬独立，不喜欢被动员，抗压能力较弱，追求高学历和自我价值实现。习近平总书记评价"95后"大学生是朝气蓬勃、好学上进、视野宽广、开放自信，是可爱、可信、可为的一代。

随着对外开放的不断扩大和社会主义市场经济的深入发展，我国社会经济成分、组织形式、就业方式、利益关系和分配方式日益多样化，人们思想活动的独立性、选择性、多变性和差异性日益增强。这有利于大学生树立自强意识、创新意识、成才意识、创业意识，同时也带来一些不容忽视的负面影响。例如，一些大学生不同程度地存在政治信仰迷茫、理想信念模糊、价值取向扭曲、诚信意识淡薄、社会责任感缺乏、艰苦奋斗精神淡化、团结协作观念较差、心理素质欠佳等问题。[7]

3. 坚持遵循思想政治教育的根本规律

思想政治教育的根本规律，是思想政治教育各个要素之间内在的、本质的、必然的、稳定的联系，是确立思想政治教育模式、原则和方法的理论依据。有诸多专家学者对思想政治教育根本规律进行了大量研究。笔者梳理这些研究后认为，要想遵循思想政治教育根本规律，必须正确认识和努力理解以下四个规律：

一是思想形成发展规律。毛泽东曾说，“人的正确思想，只能从社会实践中来”，“一个正确的认识往往需要经过由物质到精神，由精神到物质，即由实践到认识，由认识到实践这样多次的反复，才能够完成”。正确的世界观只能通过学习、教育、实践而自觉形成，不会盲目、自发产生。[8]

二是价值主体化规律。思想政治教育的价值实现过程，不是简单的客体作用于主体的过程，而是内含一定规律的主客体相互作用的过程，其内涵是价值由“潜”到“显”，其实质是价值客体的主体化。[9]

三是适应超越规律。思想政治教育活动，既要适应受教育者的思想政治素质基础和发展需求，又要超越受教育者的原有基础，体现社会对人的思想政治素质的目标要求。[10]

四是服从和服务于社会发展规律。思想政治教育作为一个相对独立的系统，既受社会政治、经济、文化的制约，又要为社会政治、经济、文化发展服务。[11]

4. 全面贯彻思想政治教育的基本原则

思想政治教育的基本原则，是思想政治教育运行过程中依据的法则和标准，既是思想政治教育规律的“外显”，又是思想政治教育的内在依据，对思想政治教育实践起着直接指导作用。笔者认为，在实施思想政治教育过程中，必须坚持以下基本原则：

一是坚持以人为本。人是思想政治教育的中心和根本。以人为本，就是要尊重人、依靠人、发展人、为了人，把促进人的全面发展放在首位，把握和遵循人的成长与发展规律；遵循因材施教、分类指导的原则，尊重和保护人的鲜明个性，精准提供个性化教育和服务；尊重人的主体性地位，调动人的积极性和主动性，引导自我教育、自我管理、自我服务。

二是坚持问题导向。问题是思想政治教育的主要切入点。问题导向，就是要善于在对照比较、实践发展和经验总结中发现问题，正视问题；坚持具体问题具体分析，透过现象看本质；把握问题的主要矛盾和矛盾的主要方面，抓住事关全局的根本问题。

三是坚持实践为要。实践教育与理论教育同等重要，有时更加重要。要通过组织主题鲜明、内容丰富、形式新颖的实践形式，增强吸引力和感染力，用有效的实践体验促进知行转化、知行统一，把思想政治教育的要求和目的，内化于心、外化于行。

四是坚持显隐结合。显性教育与隐性教育的结合是提升教育效果的策略性要求。既要在主课堂、主阵地上组织开展主题鲜明、形式多样、场面热烈的显性教育形态活动；也要注意春风化雨、润物无声，在学习工作环节和日常生活中，把思想政治教育的要素渗透到全过程和各领域，形成教书育人、科研育人、实践育人、管理育人、服务育人、文化育人、组织育人的长效机制，坚持全员、全过程、全方位育人。

五是坚持务求实效。实效性是衡量思想政治教育质量的主要标准。必须从实际情况出发，理论联系实际，综合运用各种教育方法，致力于解决存在的思想问题和现实问题。不搞花架子，不讲空话、假话、套话，反对主观主义、机会主义和形式主义。既讲道理又办实事，既以理服人又以情感人，细致扎实地开展工作，不断增强针对性，提高实效性。

5. 熟练运用思想政治教育的主要手段

思想政治教育手段是教育者为了实现教育目标、传递教育内容，对教育对象所采取的工作方式。教育者需要从思想政治教育的灵活性和针对性入手，熟练运用各种手段，这些手段主要包括：

一是理论宣讲。这是思想政治教育最基础的理论教育实现形式，核心是以理服人，关键在于逻辑缜密、把握本质、讲清现象、讲透道理。

二是主题活动。这是思想政治教育中最为常见的体验式教育形式，核心是促进受教育者在参与中体验，关键在于主题鲜明、内容生动、形式新颖、进展有序、富有实效。

三是行为规范。这是体现规范性、约束性要求的实现形式，核心是促进行为养成，关键在于管理与引导的结合、他律与自律的转化。

四是舆论引导。这是一种隐性教育的实现形式，核心是教育人、鼓舞人、引导人，关键在于牢牢把握话语主导权，主动设计议题，积极加以引导。

五是典型选树。这是示范引领教育的实现形式，核心是鼓励见贤思齐，关键在于先进典型的可学、可比、可亲、可敬。

六是激励支持。这是价值目标引领的实现形式，核心是引导向上向善、内在超越，关键在于完善激励机制，激发行为动机，精神鼓舞重于物质奖励。

七是朋辈互助。这是人际互动、互帮、互教的实现形式，核心是形成利他的道德和情感支持力量，关键在于营造一种关爱、平等、和谐、向上的人际氛围。

八是心理辅导。这是心理健康教育的实现形式，核心是以心理素质开发为基础，构建思想政治教育运行的心理支持，关键在于疏导、调适、认同、超越。

6. 建立健全思想政治教育的工作平台

思想政治教育平台，是联结思想政治教育主体和客体并促使两者相互作用的中介与桥梁。教育者需要根据思想政治教育的环境、内容和对象，选择运用思想政治教育平台；也要围绕思想政治教育目标和内容，从多个方面、多个作用点进行组合运用；还要依据时代发展、社会发展和人的发展的需要进行创新运用。思想政治教育的工作平台包括：

一是理论教育平台。如思想政治理论课、党校团校教学课程、形势与政策报告、各类理论教学培训等，追求的是为理论武装提供知识系统、价值体系和目标要求。

二是团体活动平台。如各类文体活动中心、会展中心、文化广场、党团活动室等，追求的是功能齐全、环境舒适、组织有序。

三是成才服务平台。如文博育人基地、学习促进中心、一站式服务中心、心理辅导中心、思政专题工作室等，追求的是成才服务与隐性教育相结合。

四是宣传媒体平台。如报纸、广播、电视、网络等，追求的是鼓劲、激励、示范、引领。当前，要特别重视移动互联网平台建设。

五是社会实践平台。如志愿服务基地、文明共建基地、党性锻炼基地、实习见习基地、勤工助学基地等，追求的是通过实践出真知、长才干、作贡献。

六是集体组织平台。如党团支部、班级、社团、协会、兴趣小组等，追求的是组织的活力、凝聚力、战斗力。

七是生活环境平台。如社区服务中心、人文主题雕塑、文化长廊、休闲小站等，追求的是理念指导、精神彰显和氛围浸润。

八是管理数据平台。如各类信息管理系统和数据库，追求的是管理便捷、服务高效、数据应用。

7. 努力建设一支高素质的思想政治教育工作队伍

思想政治教育工作队伍是思想政治教育的承担者、发动者、组织者和实施者。必须按照“高进、严管、精育、优出”的基本原则，建设一支具有坚定的理想信念、高尚的道德品格、强烈的创新意识、深厚的理论功底、合理的知识结构、高超的教育艺术等特征的高素质队伍。

第一，合理规范流动。关键在于以促进队伍可持续发展和成员多样化发展为目标，严把入口，畅通出口，优化结构。

第二，实施科学管理。关键在于以激发主体能动性为目标，健全多维度考核机制和目标导向的激励机制，提高队伍管理的科学性。

第三，精心培养锻炼。关键在于以提高综合素质和工作能力为目标，坚持理论与实践相结合的原则，提高教育培训质量，拓展实践锻炼途径，走专业化培养、职业化发展之路。

参考文献

[1] 陈万柏，张耀灿. 思想政治教育学原理[M]. 北京：高等教育出版社，2007.

[2] 郝文武. 教育哲学[M]. 北京：人民教育出版社，2006.
[3] 郝文武. 教育哲学[M]. 北京：人民教育出版社，2006.
[4] 石书臣. 思想政治教育概念的学科梳理和探讨[J]. 思想教育研究，2008(8).
[5] 教育部思想政治工作司. 思想政治教育原理与方法[M]. 北京：高等教育出版社，2010.
[6] 熊建生. 论思想政治教育内容形态的层次结构[J]. 思想理论教育导刊，2006(9).
[7] 冯刚，沈壮海. 中国大学生思想政治教育发展报告 2013[M]. 北京：北京师范大学出版社，2013.
[8] 郑永廷. 思想政治教育基本规律研究：马克思主义唯物史观的科学揭示[J]. 思想理论教育导刊，2001(1).
[9] 张耀灿. 思想政治教育的特点和规律探析[J]. 思想理论教育(上半月综合版)，2005(2).
[10] 项久雨. 论思想政治教育价值的实现及其规律[J]. 江汉论坛，2006(11).
[11] 郑永廷. 思想政治教育基本规律研究：马克思主义唯物史观的科学揭示[J]. 思想理论教育导刊，2001(1).

02 推动党的创新思想“三进”的四维路径

◎ 推动习近平新时代中国特色社会主义思想入脑入心，是党的十九大提出的重大政治任务。高校必须按照“教材搞建设、课堂讲学理、头脑起风暴”的要求，深入推动习近平新时代中国特色社会主义思想进教材、进课堂、进学生头脑。笔者认为，应该坚持从四个维度进行系统设计、扎实工作、务求实效，即：抓好课堂主渠道、搭建实践主阵地、唱响网络主旋律、建强队伍主力军，从而促进青年学生学深悟透、深信笃行，培养德智体美劳全面发展的社会主义建设者和接班人。[①]

习近平新时代中国特色社会主义思想是马克思主义中国化的最新成

---

① 本节内容曾发表在2019年第6期《中国高等教育》上。收入本书时内容有删改。原文详见：宋来. 推动习近平新时代中国特色社会主义思想“三进”的四维路径[J]. 中国高等教育，2019(06)：28-30.

果，是党和人民实践经验和集体智慧的结晶，是中国精神的时代精华，是国家政治生活和社会生活的根本指针。推动习近平新时代中国特色社会主义思想入脑入心，是党的十九大提出的重大政治任务。

习近平新时代中国特色社会主义思想，特别是习近平总书记关于教育的重要论述，科学地回答了“培养什么样的人、怎样培养人、为谁培养人”这一根本性问题。高校承担着培养担当民族复兴大任的时代新人的重要使命，肩负着传播阐释科学理论、弘扬发展先进文化的重要职责，必须始终坚定办好中国特色社会主义大学的自觉自信，按照“教材搞建设、课堂讲学理、头脑起风暴”的要求，深入推动习近平新时代中国特色社会主义思想进教材、进课堂、进学生头脑（以下简称“三进”工作）。

笔者认为，深入推动“三进”工作，应该坚持从四个维度进行系统设计、扎实工作、务求实效，即：抓好课堂主渠道、搭建实践主阵地、唱响网络主旋律、建强队伍主力军，从而促进青年学生学深悟透、深信笃行，促进高校形成高水平的人才培养体系，培养德智体美劳全面发展的社会主义建设者和接班人。

一、提升质量，充分发挥课堂教学主渠道的作用

课堂教学始终是思想政治教育的主渠道，推动“三进”工作，必须发挥好课堂教学的基础性和系统性功能，占领、珍惜、用好课堂主渠道，实现全覆盖、无死角、无遗漏。

1. 教学内容要对标最新教材

课堂教学教什么，教材是关键。要全面使用新修订的哲学社会科学教材。中共中央宣传部和教育部组织有关专家修订了思想政治理论课教材，在教材中突出习近平新时代中国特色社会主义思想的基本内容、思想内涵和精神实质，课堂教学要及时将教案和讲义对标最新教材。要加快推进选修课程的教材编写进度，虽然思想政治理论课统编教材具有科学性、严谨性、权威性，但仍需对辅导读本进行补充和完善，共同组成相对完善的教材体系。要把好哲学社会科学教材选用政治关，在优先使用马克思主义理论

研究和建设工程重点教材的基础上，高校教材建设委员会要在哲学社会科学教材立项、建设和出版等环节，加强指导和督查，确保新教材全面融入习近平新时代中国特色社会主义思想。

2. 教学方法要灵活多样

习近平总书记强调，要用好课堂教学这个主渠道，思想政治理论课要提升亲和力及针对性，满足学生成长发展的需求和期待。教师要自觉运用马克思主义的基本原理和方法，用富有实践性、时代性、符合青年特点的话语体系，为学生答疑解惑，让学生对课程产生亲切感。另外，还要善于运用启发式教学、探究式教学、互动式教学、实践教学等方法，根据新时代大学生的特点，因材施教，让学生成为课堂的主体，实现师生对话、生生对话、生本对话，提高课堂的抬头率和点头率。要善于运用习近平新时代中国特色社会主义思想指导实践，解决实际问题，促进学生的理性认知，让学生感受到理论体系的魅力，切实让课堂活起来。

3. 教学效果要让学生有获得感

高质量的思想政治教育，除了配方先进、工艺精湛之外，还得包装时尚。要推动思政课程向课程思政转变，建立思想政治理论课、综合素养课、专业教育课三位一体的教育体系，组织专任教师开展课程思政名师示范活动和案例大赛活动，把思想引导和价值观塑造融入每一门课的教学中，与思想政治理论课同向同行。要大力推动在线开放课程和慕课建设，运用好信息化手段和网络阵地，实现师生教学有效互动，提高学生的课堂参与度，增强学生的课堂体验感，改善教学效果。要注重学术成果向课堂教学的转化，努力将学者们最新、最有价值的成果转化为课堂教学资源，让学生接受到最新知识，从而有更强的获得感。积极举办教学和学术方面的培训与研讨，以改进教学方法，增强教学效果。

二、系统建构，积极搭建实践育人主阵地

课外实践是对“第一课堂”教学效果的夯实与巩固，必须强化“两个课

堂”的有机结合，综合运用主题教育、文化体验、实践锻炼等方式，以实践育人为载体，推动新思想入脑入心。

1. 构建内容丰富的主题教育活动体系

围绕习近平新时代中国特色社会主义思想，必须系统设计思想教育活动，注重实践活动与课堂教学的联系。要深入开展学习宣传贯彻习近平新时代中国特色社会主义思想主题教育，重在学深悟透，引导青年学生深刻理解把握习近平新时代中国特色社会主义思想的科学体系、丰富内涵、精神实质和实践要求。要深入开展中国特色社会主义和中国梦、社会主义核心价值观、改革开放再出发等主题教育活动，将习近平新时代中国特色社会主义思想贯穿始终，引导学生学会深思笃行。要狠抓学生党员教育，深化共青团改革，通过党支部专题组织生活、党性实践锻炼、主题班会、主题团日等形式，立体式覆盖全体学生，有效引领学生在坚定理想信念、厚植爱国主义情怀、加强品德修养、增长知识见识、培养奋斗精神、加强综合素质方面下功夫。要依托马克思主义学院的专业优势和师资力量，组建习近平新时代中国特色社会主义思想宣讲团，深入师生中开展学习宣讲活动。

2. 开展形式多样的文化育人系列活动

要将“三进”工作融入校园文化建设，形成良好的校园文化氛围，努力提升师生文化素养，提升校园文化品位。要搭建面向全体学生的讲座平台体系，深入推动新思想的深度阐释和实践引领，促进青年学生将其转化为知识体系、价值体系和行动指南。要突出思想性，组织好校园重大文化活动，组织好开学典礼、毕业典礼、奖学金颁奖大会等大型主题活动，努力把各类大型活动办成育人的“超级大课堂”。要突出氛围，形成声势，集中在一段时间内开展主题教育、学习讲坛、交流活动等，迅速掀起学习热潮，让身处其中的学生受到感染。

3. 建设特色鲜明的学生社会实践平台

要围绕习近平新时代中国特色社会主义思想的“八个明确”①和“十四个

① 党的十九届六中全会概括为“十个明确”。

基本方略”，分层分类组建专题实践小组，推动寒暑期社会实践机制创新和项目创新，着力引导学生在接触社会、了解国情、增长才干的过程中，树立“砥砺青春，成才报国”的坚定信念。要深入推动大学生志愿服务工作创新，完善选拔、培训、考核、激励机制，着力引导大学生志愿者在服务防范化解重大风险、精准脱贫和污染防治三大攻坚战中，受教育、长才干、作贡献。要围绕国家“创新驱动”战略，深化学生课外科技创新创业教育改革，着力引导优秀大学生投身创新创业活动中，支持大学生开展创新性实验、创业训练和创业实践项目，寓价值引领于能力提升之中。

三、主动作为，坚持创作精品，唱响网络主旋律

互联网深刻影响着“网络原住民”的思维方式、学习方式和生活方式，要充分利用新媒体技术和大数据技术，将思想政治工作与互联网深度融合，使“三进”工作活起来。

1. 创新网络文化产品的生产机制

必须树立互联网思维，学习应用融媒体的新理念新技术，聚焦习近平新时代中国特色社会主义思想，围绕重大主题、重要节点，丰富网络呈现形式，着力打造一批网络文化产品，重点创作一批主题鲜明、正能量强劲的网络精品，唱响网络好声音。要对接学生需求，寓教于乐，有针对性地培育校园网络文化创新项目，变“大水漫灌”为“精准滴灌”，认真组织开展校园网络文化节活动，培育、发现、传播网络文化特色项目和产品。要掌握青年话语体系，力求用鲜活、接地气的语言，用讲故事的方式，注重逻辑性和通俗性的统一，进行知识传授和价值引领，让习近平新时代中国特色社会主义思想成为新时代大学生成长成才的行动指南。

2. 构建同频共振的网络传播体系

习近平总书记指出，党员领导干部要自觉学网、懂网、用网。“三进”工作的推动者，也要懂网、善于用网。要建立可信、可管、可控的网络宣传平台，及时宣传习近平新时代中国特色社会主义思想的新实践成果，同步传播

国家重点媒体的宣传产品。要建设若干网络内容生产工作室，形成覆盖全网的、协同联动的传播矩阵，增强学习宣传贯彻的传播效应和力度。要综合运用网络直播、公开课、内容众筹、线上线下互动等方式，创设情境、丰富形式、营造氛围，增强思想政治教育的吸引力、感染力。

3. 整合资源，壮大网络育人合力

优化资源配置，强化考核培训，加强政策激励，着力建设一支政治强、业务精、作风硬的"三进"工作网络队伍，在思想引领、价值引导、舆情应对等方面发挥主力军作用。要推进思政工作队伍与校园"网红"的联动，及时回应网络舆论热点，做到正面舆论有声有理有据，引导大学生正确认识和看待网络热点问题。要组建一支网络文明学生示范队伍，加强正面引导，共同营造清朗的网络生态环境。要运用大数据挖掘等新技术，有效对接青年学生的关注点和疑惑点，通过微视频、微动漫等形象化方式，讲好师生学习贯彻习近平新时代中国特色社会主义思想的"微故事"，示范推动习近平新时代中国特色社会主义思想入耳入脑入心入行。

四、压实责任，健全建强工作队伍主力军

"三进"工作的效果如何，关键在教师。思想政治工作队伍必须以高度的政治责任感和使命感，先学一步、学深一步，精心组织、扎实工作，确保"三进"工作落到实处。

1. 建设一支由新思想武装的教师队伍

建立多形式、分层次、全覆盖的学习培训体系，将习近平新时代中国特色社会主义思想作为高校党委中心组学习、党员干部教育培训、党校学员培训、教职工培训等各级各类学习培训的重要内容。思想政治理论课教师要坚定地"学马""讲马""信马""用马"（"马"指马克思主义理论），要有深厚扎实的理论功底，提高对课堂的掌握能力，设计好教学内容、教学语言、教学形式、教学素材，切实提高课堂教学效果。辅导员队伍和共青团干部队伍要得到系统培训，要建立多形式、分层次、全覆盖的学习培训体系。教师是做好

实践育人和网络育人的关键,要积极组织辅导员、共青团干部的素质能力大赛,通过具体案例分析、理论宣讲等方式,切实提高队伍的工作能力。

2. 发挥学生骨干的示范带动作用

抓好学生党员队伍建设,积极推进青年马克思主义者培养工作。办好各类入党积极分子培训班和团校,通过组织主题报告、学习读书会、征文活动、主题实践等形式,分层分批培训学生骨干,促进学生骨干队伍先行武装思想,并带动周围同学形成浓郁的学习实践氛围。建立学生宣讲队伍,运用学生喜闻乐见的方式,开展习近平新时代中国特色社会主义思想宣讲活动,强化朋辈影响和示范带动。评选、树立并宣传一批学习实践新思想的学生先进典型。

3. 提供"三进"工作学科支撑和学理支持

加强马克思主义理论学科建设,为深入推动"三进"工作提供学科支撑。通过带方向、带队伍、带项目,进行深入的理论研究和理论阐释,为解疑释惑、阐释引导、宣传宣讲提供学理支持。通过集聚人文社会学科资源,进一步增强高校思想政治工作研究会和党建工作研究会立项课题的针对性。组建研究团队,建设专家资源库,将理论水平高、社会经验丰富的领导干部、校外知名专家学者等纳入其中,聚焦习近平新时代中国特色社会主义思想,开展专项研究、协同研究,不断提高研究质量,努力推出一批有深度、有影响、高质量的研究成果。

推动习近平新时代中国特色社会主义思想进教材、进课堂、进头脑,关键在于落实、落细、落小。必须以"踏石留印、抓铁有痕"的精神,提升站位、强化基础、抓住重点、落实责任,在抓好课堂主渠道、搭建实践主阵地、唱响网络主旋律、建强队伍主力军方面下功夫,真正推动"三进"工作落地见效,切实培养德智体美劳全面发展的社会主义建设者和接班人。

03 要从“云思政”发展到“融思政”

——抗击新冠肺炎疫情防控期间高校思政工作的经验成果与转型升级

◎ 依托互联网优势，高校开展大规模线上思想政治工作，形成了疫情防控期间特有的“云思政”现象。这种方式虽让人眼前一亮，但需要进一步提升和完善。后疫情时代，需用好“云思政”教育成果，补齐短板，精准施策，优化升级为“融思政”。要坚持知识传授与价值引领同频共振，坚持思政小课堂与社会大课堂有机统一，坚持“线上键对键”与“线下面对面”紧密结合，坚持有形教化与无形浸润同向同行，优化做实课程思政、实践育人、以文化人、队伍协同、制度配套等关键领域，从而促进思想政治工作全面融入和有效贯穿人才培养的各环节与全过程。[①]

① 本节内容曾发表在2020年第17期《中国高等教育》上，收入本书时内容有删改。原文详见：宋来，张驰，汪斌锋. 从“云思政”到“融思政”——抗疫期间高校思政工作的经验与升级[J]. 中国高等教育，2020(17)：27－29.

新冠肺炎疫情防控阻击战，对国家治理体系和治理能力进行了一次大考，也对新时代高校思想政治工作提出了现实挑战。疫情防控期间，传统思想政治教育纷纷转战“线上”，实现了“停课不停教”“停课不停学”。这种大规模依托互联网开展线上思政工作的方式，形成了疫情防控期间特有的“云思政”现象。借鉴“云思政”的经验成果，补齐“云思政”短板，将“云思政”转型升级为“融思政”，深入推动习近平新时代中国特色社会主义思想进教材进课堂进头脑，培养担当民族复兴大业的时代新人，不仅是疫情防控常态下的现实所需，更是后疫情时代高校思想政治工作守正创新的使命担当。

一、抗疫期间“云思政”成效显著

抢抓重大突发疫情这一特殊情境，主动开展大学生思想政治教育，既是疏导大学生焦虑情绪，做好疫情防控工作的客观需要，也是提升思想政治教育针对性和亲和力的有利契机。高校充分依托互联网优势，将思政教育与信息技术深度结合，思想政治理论课程教学和思想政治教育活动纷纷走到线上，亮点频显，正能量满满，引起了社会各界的广泛关注和积极评价。

1. 精心设置议题，讲好抗疫生动故事

面对新冠肺炎疫情的持续蔓延，高校思政工作者及时发声，自觉当好“解读者”和“串讲人”。他们借助互联网平台，用好疫情防控这本鲜活教材，精心设置观点鲜明、指向性强的议题，对中国共产党坚持以人民为中心，领导全国人民团结一心奋力战“疫”的历程和成果进行深度挖掘。通过鲜活生动的案例，讲述中国共产党在抗击疫情中，举全国之力快速有效地调动资源，不惜一切代价维护人民生命健康和安全的强大组织领导能力；讲述中国共产党用实际行动，诠释“为人民谋幸福，为民族谋复兴”的初心和使命；讲述中国秉持人类命运共同体理念，及时同国际社会分享抗“疫”经验、提供人道主义援助的大国担当。教师通过多维度展示中国特色社会主义的制度优势，使大学生进一步坚定了战胜疫情的信心，也增强了中国特色社会主义的制度自信。

2. 创新传播渠道,实现优质资源共享

各高校结合自身实际,加快了思想政治教育数字化、网络化、移动化的转型升级步伐,积极打造疫情防控专题“云思政公开课”,借助“云思政”实现了更多优质思想政治教育资源的整合与共享。2020 年 3 月,由教育部社会科学司与人民网联合组织的“全国大学生同上一堂疫情防控思政大课”在人民网“云开讲”,全国高校学生共计 5 027.8 万人次在线收看了直播,有关网站、客户端、社交媒体总访问量达 1.25 亿人次。课程以“最美逆行者”的大爱精神、牺牲精神和奉献精神为生动教材,让大学生在感动中感悟、在感悟中成长,将高校思想政治理论课教学优势转化成支持防疫抗疫斗争的强大力量。

3. 社会积极参与,凝聚强大育人合力

作为互联网思想政治工作的生动实践,“云思政”也展现了“开门办思政”的理念。在抗疫过程中,社会各界人士纷纷加入“云思政”队伍,以钟南山、李兰娟、张文宏为代表的医学专家,临危不惧,主动请缨,借助“云平台”在线发声,为广大青年展示了科学家严谨求真的治学态度和大医精诚的家国情怀;一批知名企业家发扬“人道、博爱、奉献”的精神,用实际行动诠释人民群众对医务工作者的感激之情和同舟共济的责任担当。这种融合了多元社会力量的“隐性思政工作”,拓宽了全员育人的协同机制,使大学生在全民的场域中,身临其境地感受到党带领人民,坚决打赢疫情防控阻击战的政治勇气、政治智慧和政治担当,进一步坚定信党爱党忠于党的思想自觉和行动自觉。

4. 回应思想关切,提升思想政治教育实效

疫情防控期间,“线上直播思政课”的教学新模式迅速崛起,其体验效果相比于其他形式的在线教育有较大改善。将“大班教学、小班辅导”转移到虚拟空间,实现了思政课直播教学全覆盖,“云思政教学共同体”初现雏形。通过实时在线直播互动,教学内容能完整地传递给学生,沟通互动过程快捷有效,教师能及时了解了学生的思想动态与困惑。在直播教学过程中,教师

对学生的学习过程具有监督作用，促使学生的注意力集中在课堂，不仅保证了学生的有效学习时间和完成率，也为学生营造了良好的学习氛围及学习场景，最大限度地消除了在线教学中教师“盲教”、学生“独学”的困境。同时，借助数据统计，教师还可以及时掌握学生的学习状态和学习效果，根据学生的思想变化给予有针对性的引导，进一步提升思政育人的实效性。

二、后疫情时代“云思政”还需优化升级

针对疫情防控这场大考，广大思政工作者顺势而为，实现了理念和方法的与时俱进和改革创新。作为疫情防控期间出现的新生事物，“云思政”在让人眼前一亮的同时，还需要进一步提升和完善。

1. “云思政”的教学技能仍需针对性提升

重大疫情突如其来，留给整个思想政治工作队伍作出反应的时间极为有限。面对各种云平台，部分教师因缺乏实操经验不知所措，不少教师“技艺”不精便仓促上阵。从掌握信息化教学的能力上讲，大部分思政工作者并非熟手能手。尽管此前他们也曾接受过一定的培训，但内容相对简单。教师在开展线上教学前，因时间紧、任务急，没有精力对各类直播软件进行全面的比较与演练，难以做到择优选择、熟练应用。相较于传统教学模式，思政工作者在信息化教学能力的培养上普遍投入少、底子薄。如今从“PPT”教学阶段一举跨越到在线直播互动教学阶段，对大部分教师而言都是一个不小的挑战。教师不仅要有良好的随机应变能力，还要熟练使用多种软件，自由切换，这不是一朝一夕可练就的。

2. “云思政”的教学内容仍需实质性深化

疫情之下，网络信息以几何级的速度增长，既有正能量话语，也有危言耸听的歪理邪说。随着热点事件关注度的持续上升，部分网民凭借道听途说而夸大其词，给人们接近事情真相制造了巨大障碍。受此影响，部分大学生不自觉地出现认知夸大等过度反应。当这些认知与主流价值观念发生分歧时，大学生就会产生很多困惑和疑问，迫切需要解答。其信息量之大、专

业性之强，对教师的知识储备、政治定力、解惑耐力提出了较高要求。部分教师由于缺乏深入思考，导致热点事件简单化解读、教学内容趋同化现象较为明显，弱化了“云思政”的教学实效。

3. “云思政”的教学设计仍需精准性细化

部分教师认为，既然还要遵循课表进度，在课时量没有变化的情况下，便把实体课堂上的教学设计直接“整体搬迁”到线上，以前怎么讲，现在还怎么讲；有的教师虽有所调整，但精细化不足，导致出现互动主题不够聚焦、互动手段单一匮乏、互动时间把控不严、互动讨论组织失序等一系列问题。事实上，师生互动本是“云思政”教学的主要优势，如何促进有效且充分的互动，从而提升教学实效，需要教师进行认真、充分的教学设计。既要考虑在互动环节提出哪些问题，针对不同问题采取何种互动样式；又要顾及突发情况，如有学生发弹幕质疑，是否应中断授课及时回应。只有对这些问题进行课前周密谋划、课上精准实施、课下及时总结，才能保证“云思政”的教学质量。

4. “云思政”的教学评价仍需系统性优化

无论采取何种教学方式，最终都要给学生合理的学习效果评价。部分教师通过在线考核生成学生成绩，但考核方式、计分标准、组织形式等如何落实落细？对“云思政”而言，这显然是个不小的挑战。如在线答题时，学生分屏查询答案；在线考核时，学生突然设备掉线等，这些在实体课堂单靠教师监督就可完全控制或者不会出现的情况，却在云平台上难以应对。当课堂、考场均是虚拟空间时，教师既看不到也管不了学生的情况，需求助技术人员协助处理。这些现实问题都增加了“云思政”教学评价的难度。

三、创新思路：“云思政”转型升级为“融思政”

在思想政治工作中，“键对键”代替不了“面对面”。疫情防控期间，“云思政”一些好的经验做法，无疑丰富了思政工作的多样性和时代性，但暴露出的一些问题也值得深思。后疫情时代，我们需要用好“云思政”的教育成果，精准施策，转型升级。习近平总书记强调："好的思想政治工作应该像盐，但不能光吃盐，最好的方式是将盐溶解到各种食物中自然而然吸收。"[1]思政工作要润物无声地"融"入教育教学和人才培养的各环节与全过程，实现与青年成长成才过程的有机融合。也就是说，我们需要在"云思政"的基础上，构建"融思政"工作格局和模式。这种"融思政"有四个方面的重要特征。

1. 坚持知识传授与价值引领同频共振

教育的目标在于育人，而立德是育人之本，正确的政治方向和道德价值观又是德育之核心。高校肩负着培养合格建设者和可靠接班人的重大任务，要做到这一点，必须大力加强思想政治教育，提高思政理论课的德育功能。然而，德育是一个综合影响的过程，如果只有思政理论课教学，缺乏其他课程的同向协同，依旧难以达到预期目标。因为"在价值传播中凝聚知识底蕴，在知识传播中强调价值引领"是育人的基本路径。[2]各门课程应根据自身的专业基础和学术背景找到最适合的联结点，探索各具特色的育人路径，通过隐形渗透、元素融合等方式，在专业教学中开展包含精神指引在内的综合素质教育[3]，实现知识传授和价值引领的同频共振。

2. 坚持思政小课堂与社会大课堂有机统一

实践性是马克思主义的理论特色，也是马克思主义传播必须坚持的根本原则。实践教学作为课堂教学的延伸拓展，重在帮助学生巩固课堂学习效果，深化对教学重点难点的理解。在实践教学过程中，通过诸如重走长征路、国情考察、参与志愿服务等活动，可加深学生对革命文化、社会主义先进文化和中国道路的认同，体悟到中国共产党人探索实现民族独立、国家富强、人民幸福的社会主义现代化道路的不易。学生在实践过程中发现的问题，可以激发自己学习的内在动力。通过社会大课堂的体验和历练，学生能更加理性客观地认识问题的本质，了解国情社情民情，从而结合所学理论知识，深入思考，积极探索，找到问题的解决之道。

3. 坚持"线上键对键"与"线下面对面"紧密结合

习近平总书记强调："推动思想政治工作传统优势同信息技术高度融

合，增强时代感和吸引力。”[4]作为对传统思政工作的重大拓展，“云思政”通过人机交互的方式进行思想对话，对于被称为“互联网原居民”的新一代大学生而言，更具有吸引力。同时，线下教育在教育者与受教育者之间，以面对面、心贴心的交互方式进行，更有利于以理服人、以情感人。因此，推动思想政治教育线上线下高度融合，既是扬长避短、优势互补的必然要求，也是体现教育双方主体地位的正确选择。在整个过程中，师生共同商定学习计划，共同分析困难疑惑，既兼顾个性的需求和差异，也增进了情感交流，达到了教学相长。

4. 坚持有形教化与无形浸润同向同行

思想政治教育要想取得实效，必须符合大学生的思想特点和认知规律，既要坚持教育过程的渐进性，又要坚持教育方式的渗透性。高校应贴近大学生特点，打造载体、项目和环境，实现贯穿教育教学各环节的“全程浸润”。从日常生活中的点滴事例着手，将理论知识融入学习生活中，引导思政课教师在教学中转变传统的“单向说教者”角色，代之以知心朋友的身份与大学生共同探讨，使教师成为大学生感受学术真谛与道德力量的身边榜样，通过教学改革激发大学生对思政课的学习兴趣，使之浸润在教学题旨中，增知识、受启迪。同时，激活育人载体，充分发挥校园文化环境对大学生成长的浸润功能，将学校校史、校训中蕴含的精神力量转化为对大学生的正向价值引领，用大学生身边可见、可感、可接触的案例来激励其不断奋进，使其在接受知识的同时产生内心世界的共鸣。

四、切实抓好“融思政”的关键领域

1. 优化课程思政教育，用先进理论和科学知识武装青年头脑

课程思政是“融思政”铸魂立根的主渠道之一。课程思政建设要取得实效，关键是做好专业知识与思政理论的结合。要像“如水化盐”那样，把结合的流程设计好，达到润物无声、春风化雨的效果。不同课程都要找准切入点和着力点，既要从经济社会发展大局找准育人角度，把专业知识放在中华民

族伟大复兴的战略全局、世界百年未有之大变局的背景下讲深讲透；又要找准专业知识与社会主义核心价值观之间的关联度，挖掘思政资源，构建专业课程与思想引领之间的价值联系，将专业知识传授与价值观培育结合起来，寻找两者的最佳结合点。

2. 发挥实践育人功能，用学思践悟和知行统一锤炼意志品质

实践育人是“融思政”固本塑行的主阵地。习近平总书记指出：“一种价值观要真正发挥作用，必须融入社会生活，让人们在实践中感知它、领悟它。”[5]高校要把社会实践活动纳入教学计划，明确实践目的、任务、要求和时间，做到前期有计划、中期有指导，后期有总结，从学生的成长需求出发，分层分类开展社会实践活动。低年级学生着重于体验式实践，以国情考察、红色教育为主，学生在教师带领下进村、进厂、入户，感受中国特色社会主义建设的伟大成就。高年级学生着重于专业性实践，重点开展专业实习实训，既可在实践中运用所学理论，分析观察，也可参与实际工作，尽早树立正确的就业观。研究生着重于学术服务性实践，深入村镇、企业，为地方经济发展规划、农业综合开发和乡镇企业技术改造等，提供力所能及的帮助，在服务中彰显人生价值。

3. 深化以文化人方法，用多样载体和丰富活动净化学生心灵

以文化人是“融思政”明德守正的主要着力点，就是帮助大学生在文化生活中完成自我教育。实现这一目标，需要激发文化现象中的感召力，引起大学生的思想共鸣。要科学把握青年学生的思维方式和文化特征，寻找思想政治教育与优秀文化浸润的结合点，将思想政治教育内容融入知识文化和制度文化等形式中，在校园文化活动中放大这个共鸣点，使思想政治教育内容隐含于丰富多彩的校园文化活动中。使大学生在感动、感化、感悟中审视自身的思想与行为，在吸引的基础上接受，在接受的基础上认同，在认同的基础上内化，在内化的基础上践行。

4. 创新队伍协同机制，用资源整合与平台搭建汇聚育人力量

队伍协同是“融思政”提质增能的合力支撑。分散在高校各部门的思政

工作力量，只有加强协同联动，把力量汇集起来往学生成长需要上聚焦，才能使各条战线的优势充分迸发，真正形成“融思政”全员育人体系。实现各方面力量的有效联结，既要考虑系统的力量，也要考虑个体的力量。系统层面，高校党委和行政的力量要有效联结，更加自觉地加强党对学校的全面领导，做好顶层设计。各机关和各学院的力量要有效联结，形成围绕重点育人环节的研究谋划、交流会商、协调协作的有效机制，确保机关的服务能对接学院的需要、机关的指导能对准学院的困惑，进而共同汇聚形成“融思政”育人体系的强大合力。个体层面，要将各条战线教职员工的优势充分交叉融通，将学生中的先进分子充分调动起来，形成“联合作战”，共同研讨学生关注的热点问题，共同探析学生深层次的思想困惑，共同引领学生的价值追寻。

5. 完善配套制度保障，用政策支持和奖惩激励确保运行有效

制度保障是“融思政”行稳致远的条件保证。实现“融思政”的育人目标，需要高校各方都能明确所承担的职责，以分层、分类、分众为原则，对有关职责进行梳理，完善相应的制度配套保障。所谓分层，就是分别站在学校、机关部处和学院、个体三个视角来考察制度需求，使其都能明晰各自任务，提升制度的适用性。所谓分类，就是围绕思政课程、课程思政等不同类别的重点任务，形成相应的标准化规范，既明确工作目标、考核指标，也明确实施路径、推进策略。所谓分众，就是根据教师、干部、职工、学生的不同特点，重新梳理各类制度，并以生动简洁的形式展示，形成“说明书”式的操作手册，让教师清晰地了解其在课程育人、科研育人、服务育人等过程中的育人着力点、能力提升点、发展激励点，让干部、职工清晰地了解其管理服务各环节的育人职责、育人规范，让不同阶段的学生清晰地了解在德智体美劳各方面应完成的学习任务、实践任务。让制度真正用起来，形成促进个体目标与组织目标深度融合的制度配套保障体系，从而建立“党委统一领导、党政齐抓共管、有关部门各负其责、全社会协同配合的工作格局”。[6]

参考文献

[1] 习近平. 把思想政治工作贯穿教育教学全过程　开创我国高等教育事业发展新局面[N]. 人民日报,2016-12-01.
[2] 邱伟光. 课程思政的价值意蕴与生成路径[J],思想理论教育,2017(7).
[3] 张驰,宋来. "课程思政"升级与深化的三维向度[J]. 思想教育研究,2020(2).
[4] 习近平. 把思想政治工作贯穿教育教学全过程　开创我国高等教育事业发展新局面[N]. 人民日报,2016-12-01.
[5] 习近平. 习近平谈治国理政:第1卷[M]. 北京:外文出版社,2014.
[6] 习近平. 用新时代中国特色社会主义思想铸魂育人　贯彻党的教育方针落实立德树人根本任务[N]. 人民日报,2019-03-19.

04　加快改革铸魂育人的关键课程

◎ 建立在教育部“05 方案”基础上的高校思想政治理论课，由于受到课程设置、教师队伍结构、学科研究等限制，还没有充分发挥主渠道作用。原因是多方面的，既有客观的、历史的因素，又有现行师资队伍和办学条件限制等因素。我们应深化思想认识，加快改革课程设置顶层设计，加快改革教师队伍培养激励机制，加快改革教学效果评价体系。[①]

全面推动习近平新时代中国特色社会主义思想“进教材、进课堂、进学生头脑”（以下简称“三进”），是新时代高等教育的一项重大政治任务和战略工程。中共教育部党组在《关于印发“新时代高校思想政治理论课创优行

① 本节内容是国家社科基金高校思政课专项研究项目“全面推进习近平新时代中国特色社会主义思想进教材进课堂进头脑创新设计与实施路径研究”（项目编号：19VSZ011）的阶段性成果。徐国民、陈俊傲、汪斌锋等亦有贡献。

动”工作方案的通知》(教党函〔2019〕90号)中明确指出,新时代学校思想政治理论课,要“聚焦全面推动习近平新时代中国特色社会主义思想进教材进课堂进学生头脑”“发挥思政课全面推动习近平新时代中国特色社会主义思想‘三进’主渠道作用”。因此,深入研究思政课主渠道作用的现状、问题及对策,意义重大。

一、思政课发挥“三进”主渠道作用的现状及问题

近年来,高校思政课在教材修订、队伍培训、教辅材料编撰、教学改革等方面做了大量工作,不少高校陆续开设了“全面推动习近平新时代中国特色社会主义思想概论”课程。然而,从全国高校整体来看,建立在教育部“05方案”基础上的高校思想政治理论课,由于受到课程设置、教师队伍结构、学科研究等限制,其主渠道作用还没有充分发挥出来。

1. 课程体系调整不够及时

习近平新时代中国特色社会主义思想概论课程只在部分高校试点开设,还没有被正式纳入高校思想政治理论课程体系之中,在全国范围内覆盖面不高。现有思政课如何融入习近平新时代中国特色社会主义思想的内容,还没有形成一定的规范和标准。在大中小学思政课程一体化衔接工作体系中,还没有对习近平新时代中国特色社会主义思想“三进”工作进行过有效的总体设计。

2. 教学质量难以有效保证

思政课教师数量不足,目前达到教育部规定的专职教师队伍师生比1∶350的高校不多。如果考虑马克思主义理论本、硕、博专业建设的话,教师缺口则更大。而且,教学质量参差不齐,教学效果因人而异现象非常明显。从总体上看,教学手段和教学方法比较单一,很多教师在讲课过程中还不能做到用鲜活的素材、生动的语言、理论联系实际地讲解。

3. 学科建设未能充分支撑

少数拥有马克思主义理论学科学位授权点的高校存在学科定位不准、

学科边界不清、研究方向混乱等现象，研究成果很难为习近平新时代中国特色社会主义思想“三进”工作提供有力支撑。而绝大多数没有马克思主义理论学科学位授权点的高校，则存在如何强化思政课教师的学科意识、学科归属感等问题。

此外，还存在课堂教学评价标准单一、课程思政与思政课程不够同向同行、实践教学和课堂教学内容衔接不够紧密、全员全程全方位育人体系还不够完善等问题。

二、存在问题的原因分析与改革突破点

目前，发挥思政课“三进”的主渠道作用还存在不少问题，其原因是多方面的，既有客观的、历史的因素，又有现行师资队伍和办学条件限制等因素。我们应深化思想认识，加快教学改革。

1. 学分和课时结构刚化

教育部“05 方案”运行十几年以来，全国高校大体上已确定了思政课程和专业课程的比例关系，并在此基础上建立了相应的学分课时结构。因此，要想合理解决这一问题，从改革、发展、稳定的关系和专业建设的规律来说，应该在不增加甚至略微减少思政课学分和课时量的基础上，聚焦于课程设置调整、教学质量提升，全面开设习近平新时代中国特色社会主义思想概论课程，并加大各专业课程融入习近平新时代中国特色社会主义思想的力度。

2. 师资队伍供求存在缺口

目前各高校对于马克思主义理论专业博士生的需求与供给比为 15∶1，再加上各高校在人才引进上的“高标准”“高要求”，很难在短时间内迅速扩大思政课教师队伍规模。在这种情况下，高校应该坚持以盘活现有教师存量为主、高质量人才引进为辅的队伍建设思路，通过转岗、培养、激励、退出等机制创新，盘活各校现有教师资源。通过高质量人才的引进，调整师资队伍结构、激发教师活力、提升教师的整体素质。

3. 学理研究有待夯实提升

习近平新时代中国特色社会主义思想是不断发展的科学理论，是21世纪的马克思主义。现有的学理研究还不能及时跟上理论发展，理论成果转化为实践成果的并不多。马克思主义理论学科，既要深入研究这一理论的丰富内涵和学理基础，又要为这一理论的丰富和发展提供智力支持。我们不仅要以此规范马克思主义理论学科建设，更要以此来提升思政课教师的学科意识和学科归属感。

三、深化思政课“三进”主渠道作用的改革路径

全面推动“三进”工作，应着力抓好课堂主渠道、搭建实践主阵地、唱响网络主旋律、建强队伍主力军，尤其应深化思想政治理论课的主渠道作用。高校需要在三个方面加大改革力度，加快改革步伐。

1. 加快改革课程设置顶层设计

一是成立大中小学德育一体化的领导机构和教学指导委员会。研究制定大中小学德育课程体系，指导教学研究工作，为全面推动习近平新时代中国特色社会主义思想“三进”工作，提供组织保证和技术支持。

二是调整高校思想政治理论课程设置。合并中国近现代史纲要和毛泽东思想和中国特色社会主义理论体系概论为马克思主义中国化的历史进程与理论成果概论课；增设习近平新时代中国特色社会主义思想概论课；根据习近平总书记在纪念马克思诞辰200周年大会上的讲话精神，改写《马克思主义基本原理概论》教材；把《思想道德修养与法律基础》改为《社会主义核心价值观概论》。

三是推动课程思政与思政课程同向同行。定期对专业课教师进行培训，推动习近平新时代中国特色社会主义思想融入专业课程课堂教学中。鼓励教师开设党史、新中国史、改革开放史、社会主义发展史等系列选修课。

2. 加快改革教师队伍培养和激励机制

一是构建与自然科学相对应的人才选拔与培养体系。健全马克思主义

理论学科人才培养计划,在各类人才项目中,逐步提高马克思主义理论学科人才比例。设立哲学社会科学领域,尤其是马克思主义理论学科国家荣誉制度和奖励制度等。

二是加大对青年教师教学与科研能力的培养。将青年教师纳入相应的教学科研团队进行培养。鼓励青年教师向教研复合型人才方向发展。强调青年教师对马克思主义经典著作,尤其是对党中央重大会议文件和习近平系列重要讲话原文的学习和研究。

三是有效提升教师队伍的整体素质。制定思政课教师退出机制,规范思政课教师晋级、晋升、激励、培训和集体备课制度等。制定思政课教师职称申报“代表课”与“代表作”制度,把研究成果能否转化为教学资源,能否为习近平新时代中国特色社会主义思想“三进”工作提供学理支撑,作为教学评价的首要标准。

3. 加快改革教学效果评价体系

一是研究制定课堂教学评价标准。构建一个较为科学的课堂教学评价标准,突出高校思政课的课堂教学规范,着力改变对课堂教学效果评价的主观性、片面性,尤其是简单地以学生测评分数为标准的现象,引导教师在课堂教学中更加重视教学内容的思想性、理论性和针对性,更加重视教学方式的亲和力。

二是研究制定学生成绩评定办法和标准。着力改变目前单一的分数评定课程成绩的做法,在中、小规模的教学班级中,有针对性地增加任课教师的评语与签名制度,对大学生侧重于进行马克思主义立场、观点和方法的考察与培养,侧重于对大学生养成与践行马克思主义世界观、人生观、价值观方面的考察与培养。

三是研究制定马克思主义理论学科的建设标准。加强对学科规范化的管理,着力改变学科功能定位不准、边界不清、研究方向混乱等现象。加强马克思主义理论学科建设,既要深入研究习近平新时代中国特色社会主义思想的科学内涵和学理基础,又要为习近平新时代中国特色社会主义思想的丰富和发展提供智力支持。

05　当代青年网络文明素养的现状审视与提升路径

◎ 互联网与青年，是当今国家发展的两个重要维度。提升青年网络文明素养，对新时代落实立德树人根本任务、全面推进网络强国建设、助力民族复兴大业具有重要而深远的意义。提升青年网络文明素养，需要全面阐释青年网络文明素养的本质内涵，客观剖析青年网络文明素养的现状和现实困境。把价值、规范、知识、人员和内容，嵌入青年所处的组织场域中，通过外在的"教化"和自身的"内化"，有效提升新时代青年网络文明素养水平。①

网络文明素养，是人们在正确认识网络媒介的基础上，以自身成长和社会发展为目的，在理性获取、客观评价、科学传播、交互运用网络信息过程中

① 本节内容曾发表在 2019 年第 2 期《思想理论教育》上，收入本书时内容有删改。原文详见：宋来. 当代青年网络文明素养的现状审视与提升路径[J]. 思想理论教育，2019(02)：77－80.

形成的意识、能力和修养。与其他互联网用户群体相比，青年群体与网络有着较高的结合度，是网络运用最活跃的社会群体，青年的生活方式、人际交往、社会参与、成长发展都与互联网深度融合。阐释新形势下青年网络文明素养的本质内涵，剖析当前青年网络文明素养的现状和困境，研究青年网络文明素养提升的路径，对推进网络强国战略具有深刻的现实意义，对国家发展和民族复兴具有强烈的时代意义。

一、新时代提升青年网络文明素养是迫切之需

我国正处于一个大有可为的历史机遇期。互联网事业是与新发展理念契合度最高的行业，代表着新的生产力和新的发展方向。以互联网为代表的信息技术的发展，是人类继农业革命、工业革命之后又一次重大的社会技术变革，并将继续塑造互联网驱动型的社会形态。随着网络的发展，全球的政治、经济、社会活动与网络深刻地联系在一起，形成了网络空间命运共同体，休戚相关，命运与共。提升青年网络文明素养，有利于传播社会正能量，有利于营造风清气正的网络空间，有利于培养担当民族复兴大任的时代新人，有利于推进网络强国建设，因而是教育面临的紧迫而现实的课题。

1. 提升青年网络文明素养，是传播社会正能量的现实需要

2017 年 12 月，我国网民规模已达 7.72 亿。被互联网关联的亿万网民，蕴藏着巨大的社会政治能量，深刻改变着既有的媒体格局、舆论态势和话语权。网上流动的信息，网络空间产生的态度意见、行为倾向和群体行动，影响着我国的舆论氛围和执政环境，对社会稳定、公共治理和国家安全带来巨大的挑战。中国互联网信息中心发布的第 40 次《中国互联网络发展状况统计报告》显示，截至 2017 年 12 月，我国青少年网民占比超过 70%，青年已然成为互联网运用最活跃的社会群体。提升青年的网络文明素养，有助于在网络虚拟社会中形成正向积极的生活形态、文化模式、组织方式，对其他群体产生引导和示范作用；有助于培养广大青年勇于担当的自觉和自信，使其成为国家政策的宣传者、网络民意的收集者、社会矛盾的化解者、网络舆论

的引导者、网络文明的传播者。如果将网络认知、道德养成和主题实践紧密结合，就可以使社会主义核心价值观在青年群体中引发共鸣，使青年在思想上认知、在情感上认同、在行为上践行，成为引风气之先的强大社会力量。

2. 提升青年网络文明素养，是营造风清气正网络空间的主体条件

习近平总书记指出："网络空间天朗气清、生态良好，符合人民利益。网络空间乌烟瘴气、生态恶化，不符合人民利益。"[1] 营造风清气正的网络空间，已成为全社会的共同呼声和期待。新时代青年，是互联网的享用者、参与者，更应该是建设者，只有广大青年充分发挥生力军作用，建设安全、文明、和谐的网络空间才具备强有力的保障。提升青年网络文明素养，有助于强化青年网络自律意识，使其形成良好的网络行为习惯，提高网络道德规范的能力；有助于提升网络文化建设水平，使互联网成为传播中国特色社会主义文化的重要途径、公共文化服务的重要平台、弘扬新风正气的精神家园；有助于推动形成多元参与、平等参与、自律参与的多样化、可共享、可持续发展的网络生态环境。

3. 提升青年网络文明素养，是培养担当民族复兴大任时代新人的必然要求

习近平总书记在党的十九大报告中明确指出："青年兴则国家兴，青年强则国家强。青年一代有理想、有本领、有担当，国家就有前途，民族就有希望。"提升青年网络文明素养，有助于坚定青年的理想信念，指引青年在纷繁复杂的环境中保持定力，明辨是非，明确方向，旗帜鲜明地抵制错误思潮的影响。青年是最富有开拓创新意识的群体，在国家创新驱动发展战略中扮演着重要角色。提升青年网络文明素养，凝神鼓劲加油，有助于提高与时代发展和事业要求相适应的素质和能力，促进青年积极投身经济建设主战场、科技创新最前沿、创业创造大天地、社会建设新领域和民生发展第一线，在新时代的伟大实践中筑梦、追梦、圆梦。

4. 提升青年网络文明素养，是建设新时代网络强国的基础工程

我国正处于从网络大国迈向网络强国的关键阶段。加快推进新时代网

络强国建设，需要从构建新一代信息基础设施、抢占科技竞争制高点、打造数字经济新形态、提升网络安全防护能力、推进国家治理体系和治理能力现代化、共建网络空间命运共同体等方面下功夫。然而，仅有这些还远远不够，高校还要在加大软硬件建设的基础上促进人的高素质发展。青年是先进社会力量的代表，善于接受新观念、学习新知识、掌握新技术，是互联网技术和应用发展的重要推动力量。提升青年网络文明素养，有助于青年积极融入网络社会建设中，推动国家网信事业健康蓬勃发展，这也是建设新时代网络强国的基础。

二、新时代青年网络文明素养的本质内涵

网络文明素养是青年综合素养的重要组成部分，是青年进步的重要标志，更是建设网络强国的必然要求。与其他文明素养相比，网络文明素养具有独特的外在特质与本质内涵。网络虚拟空间以数据和非物质化的方式构成人类信息交流的虚拟社会，这使现实社会成熟的行为准则在网络空间中呈现较强的不适应性。网络全球化使道德逾越了国土疆域、本土文化和社会制度，使维持青年社会交往、个人发展、价值观践行的基本道德规范，容易出现分化、扭曲或者偏离的现象。[2]信息革命带来生产力质的飞跃，“互联网＋”行动计划的实施，推动了互联网跨行业、跨领域的快速发展。培养青年网络文明素养，就是培养青年获得知识、取得技术突破的基本能力与水平，更好地为国家建设和发展服务。

1. 从科技与人文的关系看，网络文明素养是青年保持对网络技术的价值理性

马克思曾说：“在我们这个时代，每一种事物好像都包含有自己的反面……技术的胜利，似乎是以道德的败坏为代价换来的。”[3]在工业时代并未解决的科技与人文的平衡问题，到了信息时代愈发凸显。当前，人们利用信息技术赚取物质利益，容易忽视对自身生存与发展的价值探寻。青年由于价值观尚未形成，对信息技术盲目跟从，加剧了人文与科技的本末倒置。

网络文明素养就是帮助青年保持对网络技术的价值理性。通过对网络技术的制度约束和道德自律，使青年成为网络的主人，最终达到网络技术与人性修养的统一。网络是科技进步的表现，网络文明素养才是人自身进步的标志。只有科技进步与人的进步协调一致，社会才能全面发展进步。提升青年的网络文明素养，就是在呼唤信息时代人文精神的回归。

2. 从虚拟与现实的关系看，网络文明素养是青年在信息时代应有的交往文明

交往是人与人发生社会关系的一种中介。马克思指出："一个人的发展取决于和他直接或间接进行交往的其他一切人的发展。"[4]网络技术的出现和发展，是人类交往方式的一次重大变革。与传统的现实社会交往不同，网络交往具有超时空性、虚拟性、弱社会性等新特点。网络空间的虚拟交往，克服了传统交往方式的诸多缺陷，但也凸显了与现实交往的矛盾。青年过度沉迷于网络社会，会导致虚拟角色与现实角色之间的人格冲突，对现实人际关系产生负面影响。提升网络文明素养是对网络交往冲突的校正，可使青年对自身角色有客观的认知把握，使广大青年尽情享受网络交往乐趣的同时，又能规避网络交往的负效应。从这个意义上讲，网络文明素养是信息时代特有而且必备的交往文明素养。

3. 从外部与自身的关系看，网络文明素养是青年自由全面发展的网络保障

人的自由全面发展也是网络社会中的价值理想。网络社会的存在规律、科学技术的发展逻辑、公民社会的内在要求、马克思主义的终极目标，是构成价值理想的决定因素。[5]促进青年全面发展，既是中国特色社会主义伟大事业的奋斗初心，也是新时代实现"两个一百年"目标的基础性工程。提升青年网络文明素养，就是摒弃工具主义的价值理念，以青年的自由、全面发展为目标，把法制、伦理等理性精神融入互联网技术发展的全过程，既遵循网络社会的发展规律，又从操作层面为其提供技术保证，也从文化层面为其提供精神支持。

4. 从理想与现实的关系看，网络文明素养是青年在网络时代真善美的弘扬

习近平总书记在中国政法大学考察时讲道："广大青年人人都是一块玉，要时常用真善美来雕琢自己，不断培养高洁的操行和纯朴的情感，努力使自己成为高尚的人。"[6]青年是社会主义核心价值观的践行者，是新时代社会风尚的引领者。提升青年的网络文明素养，有助于促进青年传递向上向善的价值观，有助于中国优秀文化资源进行创造性转化和创新性发展，有助于将社会主义核心价值观教育融入日常工作生活、行业行风建设和各类道德实践活动中，使青年增强道德判断力，树立道德荣誉感，自觉地追求积极向上的精神文化。

三、青年网络文明素养的现状审视

网络文明素养有助于促进青年社会化和青年思想道德修养的提升，促使青年在平等对话、自我彰显、政治参与等方面迅速成熟起来，在人才培养和国家发展建设中发挥积极作用。要客观审视当前青年网络文明素养现状，准确抓住网络认知较为薄弱、网络规范理解存在偏差、网络政治意识较为缺乏等主要矛盾，全面提升新时代青年网络文明素养的整体水平。

1. 平等对话思维流行，但网络社会认知较为薄弱

网络社会是客观存在的，且具有全球一体化、时空压缩性、数字化和虚拟性等特征。[7]网络的全球一体化使得网络活动几乎没有什么门槛，每个人都是网络社会中的普通一员。这打破了原有的强势群体对信息的封闭与垄断的惯习，任何个人或组织都可以通过网络实现全球性的信息平等传递。公民意识不断觉醒，网络参与得到了激发，互联网的"无中心性""去势性"，使青年在网络上有了平等发声的权利，但因其人格、思考能力等尚未发展成熟，对网络社会认知不充分、不全面，缺乏甄别和筛选信息的能力，容易在各种舆论的相互交织下被诱导，在各种意见感召之下产生价值观的偏差，从而走向群体极化，自觉或不自觉地充当某种力量的应声虫和代言人。

2. 自我彰显意识觉醒，但行为规范理解存在偏差

近年来，自媒体迅速发展。微博、微信、QQ、抖音等新平台的出现，使青年不再局限于在现实社会发声，而是通过网络空间的文字、照片、视频向世界展示自己、张扬个性，自我彰显意识在网络空间中得到空前释放。网络社会脱胎于现实社会，又存在和发展于现实社会中，其全民性与草根性、即时性与异步性、开放性与共享性、交互性与多位性、直接性与匿名性等特点，使体制化社会的法律规范在网络社会中无法发挥其应有作用，在一定程度上消解了青年的自律、理性和品德，催生了歪曲、偏激、过度等情绪化表达。青年因缺少网络规范的制约，很容易出现"本我"角色，产生行为失范，成为不良信息的存储者、传播者和受害者。

3. 网络参与热情高涨，但政治安全意识较为缺乏

网络空间一方面拓展了公众的参与渠道，扩展了公众的自由权利，促进了政治参与，强化了对政府行为的监督和制约，成为促进政治发展的"催化剂"；另一方面，它是各种思想观点、意识形态和价值理念的集散地，给国家政治发展带来了诸多挑战，使政治安全面临巨大的风险。青年网络参与热情高，但处理、过滤信息的能力较弱，对政治知识理解掌握程度深浅不一，很容易受到别有用心的组织蛊惑，对国家主权、意识形态、运行机制、政治基础和信息安全造成威胁。[8]前些年一些国家的政局动荡和政权颠覆等，都充分说明了青年网络政治安全意识薄弱对国家政治安全产生的巨大影响。

4. 应用互联网能力提升，但网络道德责任缺位

近年来，互联网技术飞速发展，使青年运用网络、驾驭网络的能力得到了快速提升。在享受互联网应用"红利"的同时，我们也应该清醒地看到网络双刃剑的弊端。网络空间的特殊性弱化了网络主体的道德认知和道德责任，自由通信与责任担当、私人秘密与大众监督、信息资源共享与独占独有、网络开放与网络安全等矛盾和冲突，引发了诸多网络道德问题，给社会和个人带来很多不良后果。[9]比如，在网上散布虚假信息，对他人进行网络语言暴力攻击，人肉搜索他人，观看和传播网络淫秽色情信息，网络欺诈等，就属

于网络道德问题。2018 年 11 月，重庆万州公交坠江案中关于女司机逆行的网络起底，还有某位网红直播篡改国歌等，就是网络道德失范的典型案例。

四、新时代青年网络文明素养提升的有效路径

提升青年网络文明素养需要“教化”。引导青年正确认知网络，规范使用网络，充分利用网络，发挥青年在网络文明建设和网络强国建设过程中的主体性作用，是新时代高校思想政治教育工作的重要使命。将价值、规范、知识、人员和内容，嵌入青年所处的组织群体场域中，是实现青年网络文明素养提升的有效手段。

1. 嵌入价值，形成强大的凝聚力和引领力

价值的本质决定了其两个基本特征：一是主体和客体的统一，二是客观性与实践性的统一。[10] 由于生活环境、社会地位、教育背景和利益关系的差异，不同个体在网络社会中呈现的需求复杂多样，属性千差万别，对同一事物或事件产生的看法具有多元性和主观性。将价值嵌入网络文明素养提升这一复杂的系统工程中，影响和规定青年网络价值取向、行为选择，使之逐渐成为青年共同遵循和维护的行为准则，并根植于青年的思想深处。价值的引导，应包括建立在人性基础上的德育。要充分挖掘中华传统文化内蕴的丰富道德情感、道德原则、道德理想，阐发中华优秀传统文化的德育价值，引导青年深刻理解和把握崇高的价值追求。价值的引导，也应包括理想信念教育。志存高远作为内在驱动力，对青年的成长和发展具有培根固基的作用。嵌入理想信念价值有助于促使个体坚持不懈地追求价值目标，并最终成就事业与人格。价值的引导，还应包括科学素养教育。科技是国家强盛之基，也是建设网络强国的“原动力”。通过浸润科学知识、弘扬科学精神、传播科学思想、倡导科学方法，在网络社会中营造科学报国、追求真理、勇于创新、严谨求实的浓厚氛围，使青年自觉地融入国家创新发展战略中，在科学前沿孜孜求索，在重大科技领域不断取得突破，成为有思想、有情怀、有责任、有担当的社会主义建设者和接班人。[11]

2. 嵌入规范,制定科学有效的网络行为准则

青年的心理发育尚不成熟,适度的规范化管理可以促进青年行为的规范化和个体的社会化。网络行为规范作为一种外在引导青年行为、维持网络秩序的工具,发挥着奖惩和强化作用,是帮助青年形成网络规则意识的必要手段。以新颁布的《中华人民共和国网络安全法》为基础,将有关要求渗透到组织规范、行为准则中,例如政府部门牵头制定和推广网络行为规范,有效约束青年的网络行为,增强青年抵制信息污染、甄别网络信息的能力,增强青年的网络诚信意识、社会责任意识和公德意识。加强对局域网、校园网、微信公众号等新媒体平台的管理,制定出台网络载体的自律公约,建立用户实名登记制度,对网络平台中的敏感问题或社会焦点问题及时进行信息甄别,对制造谣言、传播谣言或散布虚假信息的网络用户要予以警告,影响严重或造成损失者要坚决追究其法律责任。促进网络媒体机构及其从业人员的行业自律和道德规范建设,培养网络媒体人的社会责任感和职业道德意识,守住"信息真实"和"法律法规"两条底线。吸引更多的青年参与规范的制定、实施和管理,增强青年对网络规范的感受力,使青年在参与和协商中,形成对网络行为规范的共同理解和共同价值观,从而产生对网络行为规范的认同感。促进青年从制度约束到道德自律的升华,青年对网络规范制度体系在价值上的承认和肯定是其遵守规范的前提,也是其自觉行为的动力,运用青年理智力进行辩证思考,使青年的理性上升为"精神"[12],最终在自我规约中实现网络自律精神和主体意识,达到提升网络文明素养的目的。

3. 嵌入知识,构建与时俱进的课程体系

我们要注重建构网络文明素养理论知识体系。在课堂中,学生网络文明素养的生成,是在课程和教材文本双重意义共同作用下实现的;其文明素养的内化,是在课程文本的价值引导与学生体验的价值重构相互作用中实现的。不能仅仅把课程看作传授知识、技能的工具,还要将其看作提升青年网络文明素养的有效载体,将课本中的知识通过课堂的交流互动传递给青

年学生，使青年在获得知识后积极自觉追溯知识本原，获得价值体验，从而内化为价值认同，增强青年的网络自律意识、规则意识、底线意识，使课堂教材所蕴含的价值意义得以充分体现。要科学设计网络文明素养培育课程大纲，开设网络传播学、网络伦理学、互联网信息安全、网络文化等系列课程，通过文本知识的传授提升青年信息技术运用的能力和网络安全意识，增强青年对网络文明素养内涵的理解和对事实的分析研判。要准确把握课堂场域的内涵，以课堂规范为保障、以群体文化为场景，发挥课堂教学的育人功能，促进价值判断和道德追求，培养高雅的审美情趣，使青年主动远离有害信息，自觉抵制低俗网络风气。注重挖掘内隐于文本语言背后的价值，通过青年的课堂体悟实现青年对网络道德的把握。注重跨界融合的课程体系构建，推动课程体系改革，不仅要发挥专业课程、思政教育类课程的主渠道作用，还要落实其他课程的协同育人机制，让所有课程与网络文明素养课程同向同行。

4. 嵌入人员，在网络社群中渗透理性的声音

把具有较高网络文明素养的思想政治教育工作者、学生骨干、专业技术人员嵌入网络社群中，使他们成为网络社会主流和理性的代言人，在网络出现大量虚假信息或极端言论时为公众答疑解惑，在青年网民中树立威信，发挥影响力，有效辐射和影响青年网民的网络行为，提升整体网络素养水平。培养一批有影响、有能力的网络文化建设者，引导他们主动参与网络文化工作室等平台建设，在保持网络文化创造力的同时培育积极健康、向上向善的网络文化，为青少年营造一个风清气正的网络空间。打造一支高素质的网络评论员队伍，将代表官方公开署名的显性评论与观点正确、淡化官方色彩的隐性评论巧妙结合，形成让青年网民易于接受、能较好引导舆情的网络评论氛围，正确引导民声民意，防止负面网络舆情的“放大作用”和“滚雪球效应”，引导青年网民在重大事件发生时保持理性、客观的态度。在网络社群中，招募具有较强政治敏锐性、知识渊博、视野开阔的青年骨干志愿者，发挥他们在网络建设中的主动性、能动性、创造性，实现网络文明规范在网络组

织内的传播和交换，形成天朗气清、生态良好、行为有序的网络空间。吸纳一批专业性强、学以致用的网络信息安全员，夯实信息基础设施，加强网络安全防护，强化网络安全平台建设，提升对网络安全事件的应急指挥能力，在网络社会中培育和践行正确的网络安全观，做到关口前移，防患于未然。

5. 嵌入内容，挖掘主题活动的隐性教育功能

遵循成长规律，引导青年积极参与网络文明素养主题实践活动。选取契合青年利益的内容和形式，策划线上线下主题活动，使青年在参与中促进网络价值判断、道德追求、审美情趣的养成，得到思想的启迪、文化的熏陶和价值观的塑造。[13]要让青年愿意参与，选择契合青年群体多元需求的主题，抓住大学生的“痛点”“痒点”“兴奋点”，实实在在帮助青年解决思想困惑、舒缓心理压力、化解成长烦恼，满足其成长发展的需要。要让青年有所期待，选择贴近青年的活动素材，既要注重教育的真理性、导向性，也要强调内容接地气、聚人气，要从不同层次、不同维度，做到聚焦重点、挖掘热点，引发共鸣。要精准“把脉”青年，运用大数据思维，有针对性地将青年个体需求与文化供给相连接，增强针对性和实效性。要与时俱进，平台设计要符合青年喜好且具有美感，语言表达要接地气和富有魅力，给青年带来话语感染力、视觉冲击力和情境震撼力，建立青年信任喜爱、愿进愿听的网络平台。要扩大网络育人的覆盖面，把官方微信、官方微博、政务服务平台、学术网站、社区数字文化平台等官方网络，重点打造成具有广泛影响力的思想文化传播平台，牢牢掌握网络话语权。树立官方网络的权威性和公信力，提高主题活动的正面引导力，提高网络有效发声的能力，牢牢抓住网络舆论的主动权，不断增强高校网络主流意识形态的影响力，使活动内容具有穿透力与说服力，提升青年网络文明素养的整体水平。

参考文献

[1] 习近平. 在网络安全和信息化工作座谈会上的讲话[N]. 人民日报，2016-04-26.
[2] 张元. 网络虚拟社会的道德困境与规范建构[J]. 理论月刊，2017(9).

[3] 中共中央马克思恩格斯列宁斯大林著作编译局. 马克思恩格斯文集：第 2 卷[M]. 北京：人民出版社，2009.
[4] 中共中央马克思恩格斯列宁斯大林著作编译局. 马克思恩格斯全集：第 3 卷[M]. 北京：人民出版社，1960.
[5] 陈联俊，闫自超. 网络社会中的价值理想：人的自由全面发展[J]. 长沙理工大学学报(社会科学版)，2016(9).
[6] 习近平. 立德树人德法兼修抓好法治人才培养　励志勤学刻苦磨炼促进青年成长进步[N]. 人民日报，2017-05-03.
[7] 李伦. 网络传播伦理[M]. 长沙：湖南师范大学出版社，2007.
[8] 刘远亮. 网络政治安全内涵探析[J]. 中南大学学报(社会科学版)，2016(12).
[9] 孙继红. 当前网络道德建设面临的挑战及对策[J]. 人民论坛，2013(14).
[10] 于世华. 价值引导的界定、发现与实施[J]. 思想政治课教学，2014(4).
[11] 参见习近平同志在中国科学院第十九次院士大会、中国工程院第十四次院士大会上的讲话。
[12] 包雅玮. 高校社会主义核心价值观教育研究[M]. 北京：中国社会科学出版社，2016.
[13] 冯刚. 互联网思维与思想政治教育创新发展[J]. 学校党建与思想教育(高教版)，2018(3).

06　如何做好高校少数民族学生教育引导工作

——以华东理工大学为例

◎ 调查发现，当下的少数民族学生表现出较强的环境适应能力，见多识广，乐于接受新鲜事物；条目经济状况相对较差，贫困生比例较高；压力主要来源于学习、就业和经济等方面；部分学生有明确的职业规划，认为自己有能力找到一份满意的工作。主要存在的问题是：民族意识较强，社会经验不足，易受境内外敌对势力的影响；具有较强的民族自尊心，心理世界敏感而复杂，遇到问题或困难时寻求帮助的途径单一；各种现实困难交织，现状亟待改善。对少数民族学生要重视思想教育，加强人文关怀，充分整合资源，切实做好引导、管理、关爱和支持等工作。①

① 本节内容曾发表在 2016 年 8 月 5 日《中国民族报》上，收入本书时内容有删改。原文详见：宋来，沈洁蕴，宋晓涛，刘嘉．如何做好高校少数民族学生教育引导工作[N]．中国民族报，2016-08-05(006)．

习近平总书记在2014年9月召开的中央民族工作会议上指出，要把建设各民族共有精神家园作为战略任务来抓，抓好爱国主义教育这一课，把爱我中华的种子埋在每个孩子的心灵深处，让社会主义核心价值观在祖国下一代的心田生根发芽。随着国家西部大开发战略的实施，越来越多的少数民族学生进入上海的高校学习，少数民族学生已然成为高校中一个重要的群体，对少数民族学生的教育引导问题也成为高校的重要课题之一。少数民族学生在语言、宗教、民族文化等方面与汉族学生存在较大差异，为客观了解这一群体，我们以“大统战”格局构建为理论视角，开展了“高校少数民族学生教育引导研究”课题调研。此次调研，课题组向华东理工大学的250位少数民族学生发放了调查问卷，回收问卷246份，回收率为98.4%。

一、高校少数民族学生现状分析

2015年5月，华东理工大学课题组开展了高校少数民族教育引导研究的情况调研，对少数民族本科学生的政治思想、心理适应、人际交往、学习、经济、就业等状况进行了问卷调研。通过数据来分析高校少数民族学生的群体特征和需求，针对其需求找到教育引导工作的着力点和有效途径。

1. 基本情况

接受调研的少数民族学生中，男生占45%，女生占55%；家庭所在地中县级市占25%，乡镇占13%，农村牧区占21%（见图1-6-1）；共涉及少数民族27个，其中藏族占18%，回族占14%，是占比最高的两个少数民族。（见图1-6-2）

2. 政治思想状况

接受调研的少数民族学生中，共青团员占90.7%，群众占5.6%，中共党员占3.7%；已递交入党申请书者占29%，正考虑递交申请者占27.2%，计划毕业后考虑者占24.8%。（见图1-6-3）

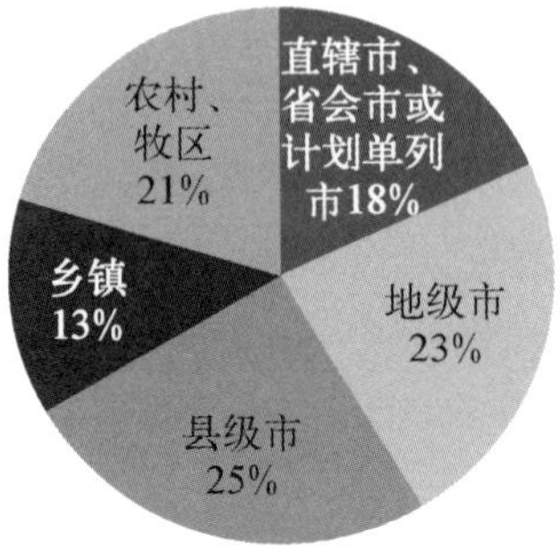

图 1-6-1　家庭所在地分布情况

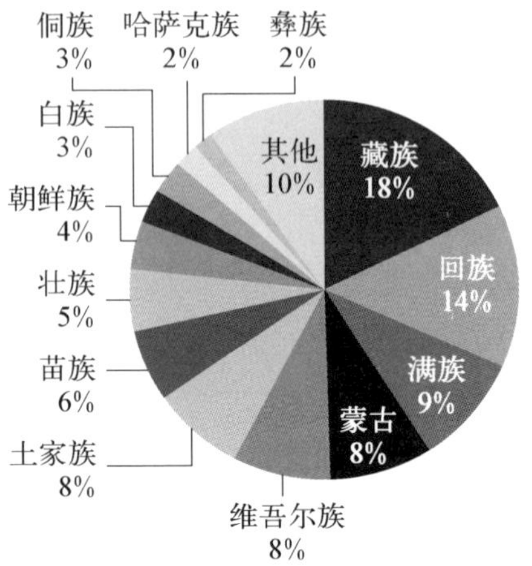

图 1-6-2　民族构成比例

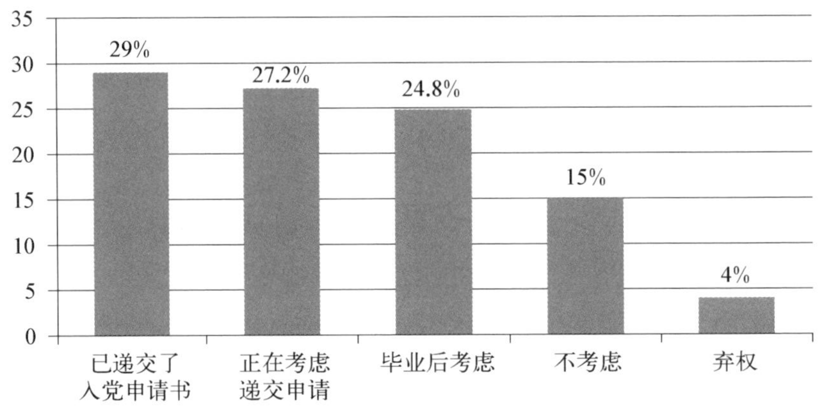

图 1-6-3　加入中国共产党的愿望

宗教信仰方面，由于受到民族文化熏陶、家族信仰等因素的影响，有 40.2%的学生有宗教信仰，并以信仰佛教和伊斯兰教居多(见图 1-6-4)，有 24%的学生参加宗教活动。他们对于民族敌对势力和民族分裂势力的态度非常鲜明，有 96%的学生表示要坚决抵制。对于国内外时事的关心程度，19.1%的学生表示很关心，50.4%的学生表示较关心。

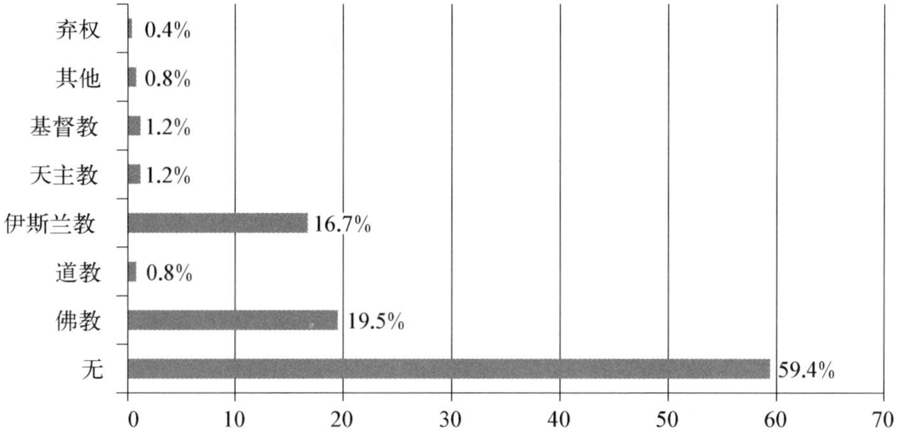

图 1－6－4　宗教信仰情况

3. 心理适应及人际交往状况

据调查，当下的少数民族学生表现出较强的环境适应能力。他们见多识广，乐于接受新鲜事物，90％的学生能较好地融入大学生活；10％的学生还不能较好地适应，主要体现在课程学习、饮食环境等方面。（见图 1－6－5）他

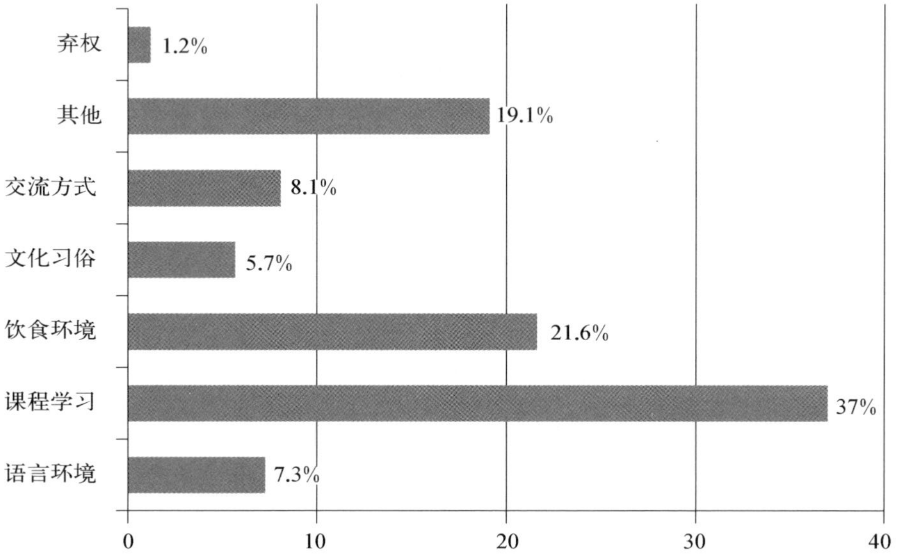

图 1－6－5　对大学生活不适应的方面

们乐于结交不同文化、生活背景的朋友，抱着比较开放的心态，努力扩大自己的交往范围，85%的学生能和同学和睦相处，85%的学生有要好的其他民族的朋友。当他们遇到困惑、烦恼时，寻求帮助的对象主要还是同学和亲属，占75.5%（见图1-6-6）。

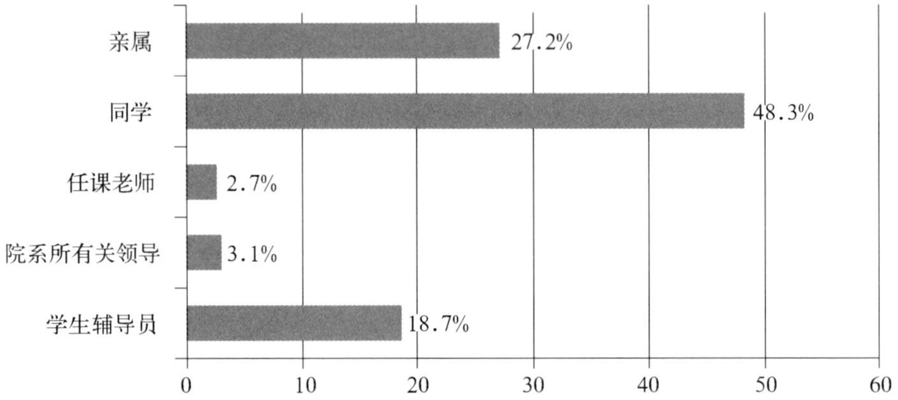

图1-6-6　遇到困难时寻求谁来帮助

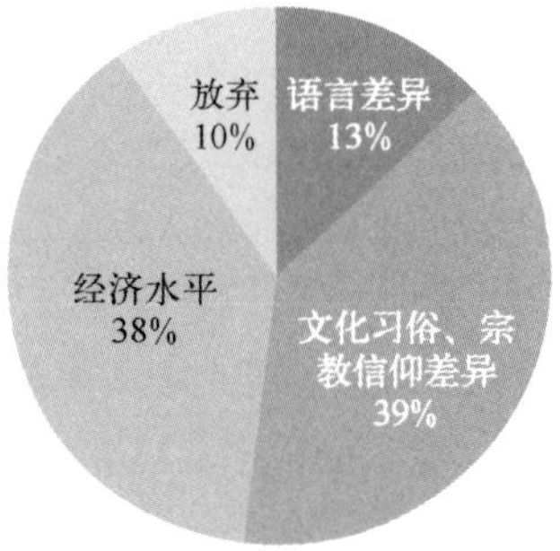

图1-6-7　影响参加其他活动的因素

调查发现，51%的学生乐于参加丰富多彩的课外活动，49%的学生受文化习俗、宗教信仰、经济水平和语言等因素的影响，活动参与度受到影响（见图1-6-7）。

4. 经济压力

调查发现，少数民族学生经济状况相对较差，贫困生比例较高。有59%的学生来自偏远的县级市、乡镇、牧区和农村；52%的家庭为多子女家庭，家庭负担沉重。尽管随着国家经济发展，少数民族地区建设发展卓有成效，少数民族学生的家庭收入有了明显增长，生活得到了改善，但由于物价上涨、上海生活成本较高等因素，少数民族学生每月的生活费仍然占家庭收入的很大比重。（见表1-6-1）在接受调研的学生中，有11.4%的学生感受到了明显的经济压力，67.1%的学生有一定的经济压力；16.7%的学生迫切希望获得经济援助,60.5%的学生希望得到经济援助。

表 1-6-1 家庭月平均收入和学生月平均支出

家庭月平均收入/元	占比/%	学生月平均支出/元	占比/%
100 以下	2.4	150 及以下	0.8
101～300	8.1	151～200	2.4
301～600	13.8	201～300	6.5
601～1 000	16.3	301～500	16.3
1 001～2 000	23.6	501～1 000	42.3
2 001～5 000	23.6	1 000 及以上	31.7
5 000 以上	12.2		

5. 学习压力

接受调研的少数民族学生表示,其压力主要来源于学习压力(占 56%)、就业压力(占 20%)和经济压力(占 13%)。这些学生大部分来自偏远地区,学习基础比较薄弱,84%的学生感到学习压力大或者较大,认为压力主要来源于课程本身(占 37.7%)、自我要求(占 34.4%)以及老师和学校的要求(占 11.6%)。在所学课程方面,认为专业课学起来比较吃力的占 28.3%,认为英语和计算机课学起来比较吃力的各占 27.5%和 22.9%。调查发现,学习成绩属于中游或下游的学生分别占 42.3%和 30%,76%的学生从未获得过奖学金。尽管学习压力很大,但大部分学生的学习态度很端正,表现出了强烈的求知欲望和进取心,63%的学生想进一步接受研究生教育。

6. 就业状况

调查发现,48%的少数民族学生有明确的职业规划,77%的学生认为自己有能力找到一份满意的工作。对于就业地域的选择,40.1%的学生希望留在上海就业,38.2%的学生选择回家乡就业。(见图 1-6-8)可见,上海对少数民族学生充满了吸引力，但家乡也是他们眷恋的地方。

对于未来就业的行业，少数民族学生的选择相对比较集中，想去国有企业、国家机关的比例最高，分别占27%和18%；选择毕业后自主创业的比例仅为9%。（见图1-6-9）可见，少数民族学生还是渴望稳定的工作环境，对于风险较高的选择不是很积极，择业态度略显保守。

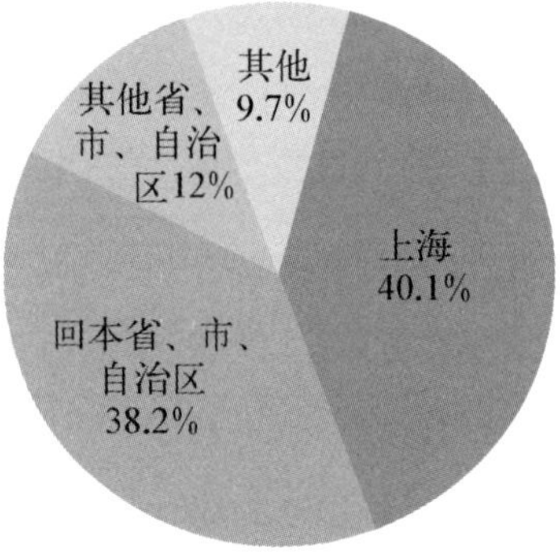

图1-6-8　毕业后希望的工作地域

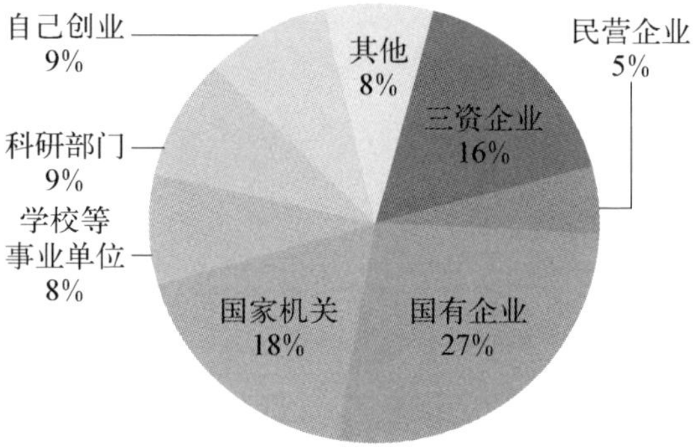

图1-6-9　毕业后希望的工作单位性质

二、目前主要存在的问题及分析

1. 少数民族学生民族意识强烈，社会经验不足，易受境内外敌对势力的影响

少数民族学生进入高校后，经过一系列的政治思想教育，大多拥有正确的世界观、人生观、价值观、民族观、宗教观和祖国观，拥护中国共产党的领导，思想上积极要求进步，愿意加入中国共产党。但不可忽视的是，由于受家庭等因素的影响，有40%的少数民族学生拥有宗教信仰，并有24%的学生参加宗教活动。近年来，世界范围内的民族分离主义浪潮兴起，各种敌对势力相互勾结，他们运用各种手段和途径向境内渗透，尤其通过宗教活动对少数民族学生进行思想和文化渗透，企图培养“后备力量”。单纯的少数民族学生往往没有任何戒备，缺乏经验，易受敌对势力的蒙蔽、诱骗而走上与国

家对立的错误道路。

2. 少数民族学生具有较强的民族自尊心，心理世界敏感而复杂，遇到问题或困难时寻求帮助的途径单一

少数民族学生渴望被理解和被认同，希望建立和谐稳定的人际关系。他们在语言、经济水平、文化习俗等方面与汉族学生存在较大差异，且自尊心较强、心理比较敏感，一定程度上影响了自身的人际交往能力和参加社交的主动性，甚至因此产生强烈的自卑情绪。同时，少数民族学生大多在性情上直来直往、爱憎分明，遇到困难或者问题时寻求帮助的途径单一，求助对象以同学和亲友为主，当得不到及时的帮助或问题无法解决时，会出现情绪的相对不稳定甚至是暴躁。这些负面情绪极易造成心理偏差。

3. 少数民族学生各种现实困难交织，现状亟待改善

少数民族学生大多来自农村、牧区或是偏远山区，家庭收入普遍较低，在上海学习生活花费很高，经济负担沉重，由此产生了巨大的心理压力，在一定程度上影响了学习效果。在学习上，少数民族学生接受的基础教育比较薄弱，由于语言障碍、自觉性欠佳等因素，因而学习压力大，学习成绩较差，进而直接影响了他们进一步深造以及就业的机会。在就业过程中，个别用人单位认为聘用少数民族大学毕业生会有很多后续麻烦而拒绝接收他们，导致其就业困难。因此，在少数民族学生身上各种现实困难交织，这种现状亟待改善。

三、做好高校少数民族学生教育引导工作的可行途径

1. 应重视思想政治教育，帮助少数民族学生树立正确的“六观”

党和国家充分认识到，思想政治教育是少数民族学生教育引导工作的关键，对于中华民族的伟大复兴发挥着举足轻重的作用，是国家长治久安的重要保障。我们只有通过长期不懈的思想政治教育，才能让少数民族学生深刻认识到，汉族离不开少数民族，少数民族离不开汉族，各民族之间相互离不开，各民族要互相尊重、互相团结、互相合作、互相帮助，始终同呼吸、共

命运、心连心；才能让他们充分做到对伟大祖国的认同、对中华民族的认同、对中华民族文化的认同、对中国特色社会主义道路的认同[1]；才能使他们树立正确的世界观、人生观、价值观、民族观、宗教观和祖国观，构筑起牢固的思想防线，抵御敌对势力的侵蚀和渗透。

一是形成“大统战”的格局，共同关注少数民族学生的成长。少数民族学生的培养和教育，是我们党始终坚持的基本教育方针、教育政策的重要组成部分。高校要从促进祖国统一、民族团结和边疆稳定发展的大局高度来认识少数民族学生培养工作，建立有效工作机制，形成在党委领导下，由民族工作领导小组、统战部、学生工作部等职能部门及学院少数民族学生工作小组、统战委员和民族联成员构成的大统战格局，共同做好少数民族学生的教育、管理及服务工作。聘请专家在党委中心组、分党委书记及学生辅导员等层面进行民族宗教理论培训，提高广大教师以及学生工作者对民族工作重要性的认识；召开座谈会、研讨会，探索少数民族学生引导教育的新方法、新途径；对辅导员、班主任等进行工作培训，帮助他们丰富民族知识，尊重少数民族文化，了解学生心理等，使少数民族学生教育引导成为大家共同关注的问题。

二是加强宣传引导，以活动为载体，实现“四个”认同。少数民族学生是民族团结的中坚力量，可以结合国家的大政方针开展形式丰富多样的教育活动，对其进一步加强引导。例如在少数民族学生中开展讲座，深入讲解党的民族理论、政策；通过校报、微信公众号等媒体，宣传民族团结的优秀事迹；通过召开主题班会、团队活动，让各族学生了解少数民族的风俗习惯、民族文化和传统礼仪；组织少数民族学生参观爱国主义教育基地、文物古迹和具有代表性的城市景观，让他们充分感受中华民族的悠久历史、中华文化的传承发展和伟大祖国的繁荣昌盛，从而增强对中华民族的归属感、对中华文化的认同感和对伟大祖国的自豪感；凝聚一批优秀的少数民族学生骨干和积极分子，扎实推进少数民族学生党员的发展工作，充分发挥他们良好的示范作用，用其实际行动影响和带动周围的少数民族同学向积极的方向发展。

三是充分发挥少数民族教师在少数民族学生思想政治工作中的独特作用。少数民族教师在少数民族学生的思想教育工作中有着独特的优势，他们懂得少数民族学生的心理，了解少数民族地区实际情况，能有针对性地开展少数民族学生的思想政治教育工作。例如，华东理工大学教职工少数民族联合会充分认识到，少数民族教师在少数民族学生思想政治工作方面具有独特优势，他们与少数民族贫困学生“一对一”结对子，关注少数民族学生的思想动态，以形式多样的活动为载体，做好团结引导工作，增强学生的自信心和荣誉感，发挥学生在民族团结中的表率作用，使学生树立正确的“六观”。这一做法取得了较好的成效，也得到了上海少数民族联合会领导的高度肯定。

2. 应加强人文关怀，关注少数民族学生的精神需求

少数民族学生与汉族学生在民族文化习俗与生活习惯上有较大的差异，我们要因时、因地、因事灵活运用各种方式和资源对少数民族学生开展人文关怀，走进他们的生活，走进他们的内心世界，关注他们的精神需求。教师要加强与学生交流和沟通，真正拉近彼此的距离，有效解决他们遇到的各种困难。

一是建立完善的交流机制。高校要不断丰富沟通手段，让少数民族学生能有各种畅通的渠道充分表达自身的意愿、反应需求，体会到关爱与温暖。例如高校应通过学生辅导员加强与少数民族学生的日常沟通交流；可以定期召开少数民族学生工作恳谈会，听取他们的意见或建议；可以借助网络手段，建立微信群等沟通渠道，掌握学生的心理动向和关注的热点问题，并进行有效引导；可以建立健全心理咨询机构，配备专业的心理咨询工作者，为少数民族学生提供及时有效的心理健康指导与服务，帮助他们弥补思想意识、社会交往等方面存在的不足，校正自卑、敏感等不健康的心理现象。

二是营造良好的人文环境。良好的人文环境能给学生以宽松、和谐、美感的氛围，是一种无形的力量，具有强烈的导向作用和规范作用，是加强少数民族学生教育引导工作的最佳载体。高校在提倡汉族师生多接触少数民

族学生时，首要的是加强汉族师生对其民族文化、民族习惯的认识，特别强调要做好清真食堂、重要的民族节日等工作。以华东理工大学为例，学校不断加强清真食堂建设，在物价高涨的情况下，仍坚持做到菜价不上涨，确保伙食质量，保证民族学生的利益。在一些重大民族节日期间，学校还为民族生组织联欢会、准备节日餐、安排收看新年晚会等电视节目，学校领导和各职能部门、各学院的领导与民族学生一起欢度节日，积极营造以民族平等、民族团结、民族互助和民族和谐为主要内容的校园文化，使少数民族学生切身感受到民族大家庭的温暖，增添认真学习、服务少数民族地区、回报社会的精神动力，从而成为维护民族团结、维护祖国统一，构建社会主义和谐社会的中流砥柱。

3. 应充分整合优势资源，帮助少数民族学生解决实际困难

为帮助少数民族学生解决经济、学习和就业等方面的实际困难，高校要从民族学生的特殊情况和实际需求出发，充分发挥“大统战”格局的优势，统筹各方面力量，扎实细致地做好各项服务工作。

一是落实经济资助，关心少数民族学生的生活情况。大部分少数民族学生在经济上与内地学生有较大差距。高校可以通过设立少数民族学生奖学金、为贫困少数民族学生申请助学金、提供勤工助学岗位等各种渠道做好在校少数民族学生的资助工作。例如高校可以在每年寒假为通过申请的学生发放回家路费补贴；寒暑假期间，为留校的少数民族学生安排校内勤工助学岗位；在各类奖助学金评定过程中，向少数民族学生倾斜，保证他们都能拿到助学金；校统战部可以通过上海少数民族联合会、上海市慈善基金会等机构为贫困少数民族学生申请助学金；建立少数民族学生的突发事件预警制度，对家庭有突发变故的学生及时给予关怀和资助等，用爱心助力他们完成学业。

二是加强学习帮扶，缓解少数民族学生的学习压力。针对少数民族学生的学习基础相对落后，特别是英语、计算机等课程水平不高的现象，学校可以通过各种政策措施帮助他们解决学习上遇到的困难。例如可以让专职

教师负责少数民族学生学业管理，为他们单独开设考前辅导课程，帮助他们提高成绩；对考试不及格的学生，学校聘请优秀教师开课辅导，帮助他们通过考试；学校专门设立少数民族奖学金，鼓励少数民族学生刻苦学习；安排成绩好的汉族学生与少数民族学生结对，以“一帮一”的形式对他们进行学习帮扶等，解决其具体困难。

三是加大指导力度，帮助少数民族学生解决就业困难。要保障和支持就业指导机构的建设，完善毕业生的就业信息网络建设，开展毕业生求职技能培训，给少数民族学生提供更多的社会实践机会；要帮助少数民族学生树立正确的择业观念，培养良好的择业心态，做好个人职业生涯的规划，让学生充分了解自己的特长，选择适合自己的职业；此外，还要大力倡导创业教育，给少数民族学生播下未来创业的种子。[2]

参考文献

[1] 中共中央政治局召开民族工作会议审议有关文件[Z]. 中国新闻网，2005-05-31.
[2] 国务院关于深化改革加快发展民族教育的决定(国办发〔2002〕14号).
[3] 中共中央办公厅、国务院办公厅印发《关于深入开展民族团结宣传教育活动的意见》的通知(中办发〔2009〕34号).

07　少数民族大学生学业支持体系构建与优化

◎ 优化少数民族大学生学业支持，不仅具有重要的现实意义，更具有长远的历史意义。高校要立足新时代，从激发少数民族大学生的内在学习动力和优化外部学习环境出发，着眼于价值引领、成才支持、政策激励、朋辈帮扶和管理服务等方面，构建全方位多维度的学业支持体系，建立一支素质过硬专兼结合的导师队伍，着力培养担当民族复兴大任的新时代民族人才。[①]

党和国家历来高度重视民族教育工作。高校积极贯彻党和国家的方针政策，在少数民族学生的经济生活、学业支持以及职业发展等方面给予大量投入，培养了一大批少数民族优秀人才，为加快民族地区经济社会发展、促

① 本节内容曾发表在2019年第1期《云南民族大学学报（哲学社会科学版）》上。收入本书时内容有删改。原文详见：宋来．新时代少数民族大学生学业支持体系构建与优化[J]．云南民族大学学报（哲学社会科学版），2019(01)：129－134.

进民族团结、维护祖国统一作出了重要贡献。党的十九大提出了我国发展新的“三步走”战略。实现这一战略目标离不开各民族的共同奋斗与智力支持，但由于历史、自然等因素，少数民族学生的成才发展仍面临一些特殊困难和突出问题，特别是在学业发展方面。因此，加强和改进对少数民族大学生的学业支持显得尤为紧迫和必要。

一、加强少数民族大学生学业支持责任重大、意义深远

学业发展是制约少数民族大学生成才的关键因素，加强和改进对少数民族大学生的学业支持，不仅具有重要的现实意义，更有长远的历史意义。

1. 加强学业支持是实现少数民族大学生成才报国的有效路径

成才是人的需要的重要组成部分。马克思认为，个体的需要是驱动个体行为积极性的源泉，需要越强烈，由它所引起的活动也就越有力，“人以其需要的无限性和广泛性区别于其他动物”[1]，少数民族大学生正处于人生积累的阶段，既需要不断提升知识和技能，也需要不断锤炼品格，更需要不断培养创新思维和增长才干。但是，少数民族大学生的成才受到学业发展的制约，学业发展不仅易受个人思想、意志、心理等内在动机的影响，也受社会思潮、经济生活、社会交往、学习环境等外部因素的制约。内部动机主要影响少数民族大学生的学习兴趣、学习态度、学习动力、学习动机等；外部因素除了影响内在动机外，还影响学业目标的确立、学习能力的提升、专业实践锻炼、职业发展规划等。高校应通过理念思路、内容形式、方法手段的创新，加强对少数民族大学生的思想引领和价值引导，引导其树立正确的历史观、民族观、国家观、文化观，激发内在动机，不断端正其学习动机，进而增强学习兴趣、学习需要和学习动力。通过精准、精致、精细的生活支持、学业帮扶和职业发展指导等服务，解决其生活之忧、思想之困和学业之惑，降低外部因素的负面影响，帮助其合理规划大学生涯，改进学习方式和方法，提高综合素质，顺利完成学业，积极投身报国实践。

2. 加强学业支持是高校培养高质量少数民族人才的题中之义

教育强则国家强。高校的目标之一，就是培养高水平高质量高层次人才，服务国家经济、政治、文化、社会和生态文明建设的“五位一体”总体布局。党的十九大发出了少数民族地区与全国一道全面建成小康社会的总动员，对高校加快培养少数民族人才提出了更高的要求。新时代背景下，面对新形势新任务新要求，高校要把少数民族人才培养工作作为一项重大战略任务，切实提升少数民族大学生的教育质量。“大学是立德树人，培养人才的地方，是青年学习知识、增长才干、放飞梦想的地方。”[2]高质量的人才培养离不开高水平的学业发展。学业发展是动态的过程，高校以培养高质量少数民族人才为目标，不断健全少数民族学生学业支持体系，在学业适应、学习态度、学习动机、学习动力、学习方法、学习目标、学业规划和成才报国等方面下功夫。要充分利用各方资源，创新学业支持机制路径，健全保障机制，增强少数民族大学生的意志品格，提升知识技能，培养创新思维，增强专业本领，助力其顺利完成学业发展目标。

3. 加强学业支持是深化民族团结进步教育的必然要求

党的十九大提出，“要全面贯彻党的民族政策，深化民族团结进步教育，铸牢中华民族共同体意识，加强各民族交往交流交融，促进各民族像石榴籽一样紧紧抱在一起，共同团结奋斗、共同繁荣发展”。[3]新时代，少数民族大学生不仅担当着实现“到本世纪中叶把我国建设成为富强民主文明和谐美丽的社会主义现代化强国”战略目标的大任，更担当着实现中华民族伟大复兴的大任。担当需要本领支撑，需要理想信念引领。加强学业支持，培养本领高强的少数民族人才，为各民族团结进步发展提供源源不断的人才支持。但是，当前历史虚无主义、民族主义、民粹主义等各种错误的社会思潮不断冲击校园，影响着少数民族大学生的思想认知。同时，国际国内形势不断发生深刻变化，以互联网为代表的新媒体迅猛发展，西方敌对势力和民族分裂主义不断通过互联网，对少数民族大学生进行思想渗透。因此，加强少数民族大学生的民族团结进步教育是高校人才培养的必然要求。高校要教育并引导少数民族大学生坚定成才报国的理想信念，牢固树立“五个认同”“三个离不开”的思想，把自己的人生发展同国家的前途、把自己的人生同民族的命运紧密联系在一起。教育、引导他们在大学期间深刻领悟“为什么学”“学什么”以及“如何学”等重要命题，树立明确的学业发展目标，不断端正学习态度、激发学习动力、增强学习能力，在求真理、悟道理、明事理中练就一身过硬本领，主动完成学业，为社会发展、国家富强、民族复兴提供智力支持。

二、当前少数民族大学生学业发展动力不足、阻力不小

当前的少数民族大学生，是爱国奋进、朝气蓬勃、好学上进、视野宽广、开放自信的一代，是可爱、可信、可为的一代，但知识体系尚未搭建完成，价值观塑造尚未成型，情感心理尚未成熟，易受思想、心理、环境等内外因素干扰，制约了学业发展。

1. 内生动力不足削弱了学习兴趣

少数民族大学生的学习兴趣，易受心理波动、思想观念、学习理念等内在动机的影响。在心理适应上，少数民族大学生较多来自边疆或经济相对落后的偏远地区，民族自尊心强烈，他们大多直率、豪爽、纯朴、团结，能够尽快适应大学生活，但部分学生存在语言、风俗、生活习惯等心理适应性的转变过程。在思想观念上，他们虽然是伴随互联网长大的一代，接受外界信息较多，但与外界社会交流较少，生活环境相对封闭；他们有着强烈的民族文化烙印，但又需要尽快融入高校主流文化；因受到其他社会思潮的冲击，学习观念必然受到一定影响。在学习理念上，他们需要由高中的“要我学”转变为大学的“我要学”，教师需要持续不断地培养他们的专业兴趣，使他们增强学习动力，增加学习创造力，提升学习主动性。

2. 知识基础薄弱限制了学习能力

学习能力是解决学业问题的关键因素，是学习态度、学习目标、学习计划与执行、学习评估等的综合体现。历史、自然等原因使得民族地区教育不

均衡问题比较突出，中学教育存在重教学知识的灌输、轻学生思维启迪的现象，造成部分少数民族大学生知识基础相对薄弱，影响了他们的专业学习兴趣。研究发现，少数民族大学生受到学业预警的课程，主要集中在外语、高等数学、大学物理、基础化学、计算机编程等公共基础课，部分学生尽管花费了一定精力，仍很难达到既定的学习目标。这限制了他们的专业深度学习，给他们造成了一定的学习心理压力。他们容易产生学习畏难情绪，其学习能力的提升受到制约，学业发展信心受到影响。

3. 外部复杂环境干扰了学习风气

少数民族大学生学风整体比较优良，学习氛围比较浓厚。他们能够珍惜韶华、脚踏实地、勤奋学习，对于学业发展中存在的薄弱环节愿意多吃苦、多努力、多付出，但学习习惯、学习理念有时也会受到外部环境不同程度的干扰。一是各种社会思潮的干扰。随着我国经济社会深刻变革、利益格局深刻调整，社会主流价值遭遇市场逐利性的挑战，各种思想多样杂陈，各种力量竞相发声，这必将对少数民族大学生的价值观产生一定影响，进而影响其学习理念和学习态度。二是经济生活压力的影响。近年来，民族地区的经济发展有了较大提升，但相对于东部地区而言仍存在一定差距，部分少数民族大学生的家庭经济状况比较困难，身边同学的消费行为和习惯会对他们的思想和心理产生一定干扰，进而影响其对学习的专注度；部分学生花费较多时间开展勤工助学，影响了对学业的时间投入。三是社会交往的阻碍。少数民族大学生大多能积极融入大学校园生活，积极参加各种校园活动，但部分学生受生活习惯和传统习俗的影响，存在一定交往障碍，心理波动较大，不利于形成良好的朋辈互助学习氛围。

4. 选择相对集中制约了学业职业规划

少数民族大学生的学业目标总体上比较明确，他们对职业生涯规划较为注重，对未来就业的定位清晰且比较理性、乐观。研究发现，虽然部分少数民族大学生愿意在一线城市就业，但鉴于一线城市就业市场的激烈竞争，多数学生期望回到生源地择业就业，这与长期以来的民族生活习惯和返乡就业的优待政策具有很强的相关性。区别于传统观念上的“高工资就是好工作”，新时代少数民族大学生就业观念趋于理性，他们把薪酬以外的其他条件也作为择业的重要参考因素，接受调研的学生大多认为“发展机会”是最重要的择业标准。少数民族大学生在职业选择的行业偏好上比较集中，期望较为稳定的工作环境，较多的学生想去国家机关和事业单位，对于自主创业等风险较高的选项，多持一种不尝试或不确定的态度。

三、少数民族大学生学业支持体系构建站位要高、定位要准

少数民族大学生学业支持体系的构建要提高站位，注重系统思考，准确把握原则，切实解决制约少数民族大学生成才报国的学业发展困难，为国家源源不断地培养高质量少数民族人才。

1. 提高政治站位，实现知识传授与价值引领同向同行

党和国家高度重视民族教育工作，多次召开重要会议，出台系列重要文件。高校要不断提高政治站位，以鲜明的政治态度和高度的责任感，对标中央要求，贯彻落实中央民族教育决策部署，把少数民族大学生培养作为一项重大战略任务。这不仅关系到“培养什么人、如何培养人、为谁培养人”这个根本问题，更关系到着力“培养担当民族复兴大任的时代新人”这一重大命题。高校要牢牢把握立德树人的根本任务，以理想信念教育为核心，以社会主义核心价值观为引领，以培养高质量少数民族人才为目标，时刻关注少数民族大学生学业发展需求和期待，构建学业支持体系，实现知识传授与价值引领同相同行，把解决思想问题和实际问题结合起来，投入资源、创造条件，帮助其顺利完成学业发展目标，为实现国家发展战略目标不断培养又红又专、德才兼备、全面发展的新时代民族人才。

2. 注重系统思考，实现动力激发与能力提升协同推进

学业支持体系的构建需要系统思考。我们应充分把握少数民族大学生的思想行为和群体特征，将激发内生动力和提升综合能力协同推进。一是始终以激发学习动机为重点。学习动机是直接推动学生学习的内部动力，

受个人价值观的影响较大。激发学习动机能够有效培养少数民族大学生的学习兴趣,增强其学习需求,加强其对自身学习能力的认识,使其明确学习目标。二是始终以提升学习能力为关键。学习能力的培养是教育的一个重要目标,学业目标的达成是学习能力的体现。高校教师要指导少数民族大学生根据自身特点确定学习目标,制订学习计划,并严格执行计划,进行学习评估,助力其达成学业发展目标。

3. 把握基本原则,坚持普遍要求和分类指导紧密结合

少数民族地区教育的发展不平衡,致使少数民族大学生在基础知识、学习习惯、学习能力等方面呈现不同程度的差异性,因此学业支持体系的构建要坚持普遍要求和分类指导相结合的原则。坚持普遍要求,是指对少数民族大学生的学习考评、学业管理、学业目标和日常生活等严格要求及同等对待。注重分类指导,是指因材施教,从不同民族、学业发展阶段、学习需求、学习能力等特点出发,加强对少数民族大学生的需求侧的研究,针对当前出现的新形势新情况新问题,加强供给侧支持。通过精准引领、激励、帮扶和管理,分阶段、分层次、有重点、有针对性地加强学业支持,使他们有更多的获得感。引导少数民族大学生真正把学习作为一种追求、一种爱好、一种健康的生活方式,做到自觉学习、主动学习、终身学习。

四、立足新时代,构建全方位多维度的学业支持体系

针对少数民族大学生在学习兴趣、学习动力、学习能力及学习环境等方面制约学业发展的因素,高校要根据少数民族学生个性化、个体化、层次化、差异化的特征,构建全方位多维度的学业支持体系。

1. 构建滴灌式的价值引领机制

做好少数民族大学生的思想教育和价值引领,培养其思想文化素养和综合能力,是少数民族大学生达到全面协调发展的基本要求。[4]新时代的教师要充分把握少数民族学生的思想特征和心理需求,做到因材施教、因需育才,把立德树人融入思想道德教育、文化知识教育、社会实践教育各个环节。

丰富教育方式，对症下药，有的放矢地将价值引领融入各种氛围、环境和载体中，激活其内在驱动力。理想指引人生方向，信念决定事业成败，教师要教育并引导少数民族大学生形成坚定的理想信念，树立正确的学业发展目标，通过国史、党史、革命史和优秀传统文化、革命文化、社会主义先进文化等方面的教育，引导他们正确认识世界和中国的发展大势，正确认识中国特色和国际比较，正确认识时代责任和历史使命，正确认识远大抱负和脚踏实地，自觉把学业追求与成才报国结合起来。

2. 构建全方位的成才支持机制

激发少数民族大学生的学习动力，既要充分发挥第一课堂教学的主渠道作用，也要注重专业社会实践的主阵地建设，两者之间互补依存。一是建立第一课堂专业引领机制。教学支持是对学生成长规划进行引领和专业意识引导的重要环节。[5]这就要求专业教师紧密联系少数民族学生的文化背景、成长规律，丰富教学内容，创新教学方式方法，转变教育教学话语体系，建立良好的互动机制，加强专业引领，增强他们的专业学习信心，引导他们“像海绵一样汲取知识”“时刻用真善美来雕琢自己”。[6]二是搭建少数民族大学生专业认知平台。专业认知能够激发学生的学习兴趣，增强学生的专业信心，学校可开展第二课堂的休闲式、体验式、互动式的专业体验或专业实践活动，邀请专家学者为少数民族大学生进行专业解读和学业指导，引导其深入思索学业目标和职业目标，并思考当前学业阶段在未来人生规划中的地位，从而激发他们对学习的专注度。

3. 完善多元化的政策激励机制

有学者研究发现，奖学金和助学金均能显著提高学生的学业成绩[7]，学生获得资助与取得优秀成绩有显著的正相关关系，且获得更高的资助会显著地提高学生取得优秀成绩的概率。[8]高校可以优化奖助帮扶机制，激励与支持并重，促进少数民族大学生努力投入专业学习。一是设立少数民族学生专项奖学金“争上线”，奖励学习成绩优良的少数民族学生，激发他们渴望优秀、成就自我的学习动力。二是针对家庭经济困难的少数民族学生，实施勤工助学、国家助学金、社会助学金等多元的“保底线”资助机制，加强其经济生活保障，促使他们将更多的时间和精力投入专业学习。三是选树专业学习拔尖、创新创业成功、社会实践突出、综合素质特长等多样化的优秀少数民族学生典型，加强榜样的示范作用，不断强化他们的学习动力和学业发展信心。

4. 构建立体化的朋辈帮扶机制

“朋辈互助是人际互动、互帮、互教的实现形式。核心是形成利他的道德和情感支持力量，关键在于营造一种关爱、平等、和谐、向上的人际氛围。”[9]少数民族大学生在公共基础课方面存在一定的薄弱环节，但他们愿意与身边同学交流学习，不断提升自身的学习能力。朋辈式的学业帮扶较之传统的师生课堂教育模式，最大的优势在于教育身份的转变，由上下级的“教师—学生”知识传授转变为“学生—学生”平等式的知识探讨；帮扶过程中易于发挥少数民族学生的主体性意识，同时发挥优秀学生的及时性、针对性、示范性等特点。朋辈式的学业帮扶，可以让少数民族学生在遇到学业困难时，能够及时有效地寻求身边优秀学生的帮助，并获得有针对性的指导，如此既能满足帮扶对象的需要，又能体现优秀学生的自我价值。高校可以通过组建“学霸小课堂”或“学霸一帮一”等活动，对少数民族学生进行朋辈式的帮扶，促使少数民族学生自觉改进学习方式方法，提升学习能力，完成学习目标。

5. 健全严、爱、细的管理服务机制

高校应在生活、学习、纪律上对少数民族大学生严格要求，实施混合住宿、混班教学的管理机制，严肃学风、教风和考风，不断营造优良的学习氛围。一些研究成果显示，学业成绩与积极学业情绪呈正相关，与消极学业情绪呈负相关；积极学业情绪对学习效率、学习能力、学业成绩产生积极的影响。[10]因此，当少数民族大学生在学习过程中有压力或学习情绪不高时，教师要充满爱心、积极引导，不断激发他们学习的主动性，监督他们制订并完成学习计划，养成良好的学习习惯。在学业支持过程中，教师要做到精心、细心和耐心，充分了解每个学生的学习志趣、学习能力和学业发展目标，向其解读专业学习内容、专业要求、专业发展、专业未来前景，并依此指导他们参加合适的学习项目、实践活动，不断挖掘其专业学习潜能，助力其顺利完成学业目标。

五、建立素质过硬专兼结合的导师队伍，助力学业发展成才报国

一支高素质的学业和职业发展的导师队伍，能够形成育人合力，在少数民族大学生遇到学业问题、职业选择问题，乃至思想、心理、生活等方面的困境时，都能给予有效指导，帮助他们顺利完成学业，实现成才报国。

1. 学业导师：专业教授团队护航学业发展

根据少数民族大学生的专业分布，高校可以有针对性地选聘有相关学科背景、有一线丰富教学经验和人生阅历的教授担任兼职学业导师，定期为他们在学业发展中遇到的问题进行指导。一是激发学习动力。针对公共基础课薄弱情况，指导他们培养学习兴趣、养成良好的学习习惯、改善学习方法、提升学习能力；针对学业成绩不佳情况，指导他们分析学习状态和学习成绩变化的原因，帮助他们掌握科学的学习方法，明确学业发展目标。二是提升学习能力。指导他们充分利用学校资源，不断提升知识技能、锤炼意志品格、培养创新思维，进而增强专业本领；引导他们把学习作为首要任务，作为一种责任、一种精神追求、一种生活方式，树立“梦想从学习开始、事业靠本领成就”的观念。三是加强专业实践。指导他们把所学知识与社会需求相结合，在专业实践中坚定学业发展目标，鼓励他们扎根中国大地，了解国情民情，在创新创业中增长智慧才干，在艰苦奋斗中锤炼意志品质，在亿万人民为实现中国梦而进行奋斗中实现人生价值。[11]

2. 职业导师：社会精英辅导职业规划

选聘一批优秀的企事业单位中、高级管理人员担任职业导师，针对少数民族大学生的未来发展意向，指导他们充分利用学校和社会资源做好职业规划，帮助他们排除干扰加强专业提升，促进他们明确职业生涯规划并认真

执行，为他们解释职业生涯评估的结果，引导他们学会综合评估理性决策，进而达成职业发展目标。针对有创新创业意愿的少数民族大学生，职业导师通过“团体辅导”案例培训、“个案咨询”具体帮扶等方式，指导他们进行创新创业，高校同时提供创新创业工作室作为配套支持。根据少数民族大学生的就业意向，结合不同民族、不同地域、不同学业发展阶段的特点，加强对少数民族大学生的需求侧的研究。针对当前民族大学生群体出现的新形势新情况新问题，加强供给侧支持，形成从入学到毕业的学业指导—能力培养—职业发展—成才报国的一体化职业发展指导体系，为他们提供内容丰富、终身受益的指导。

3. 思想导师：辅导员、班导师和内派教师合力育人

《高等学校辅导员职业能力标准（暂行）》中明确规定了辅导员在开展学业指导方面需要承担的工作和具备的能力。辅导员要在服务引导中加强思想教育，把解决思想问题和实际问题结合起来[12]，引导少数民族学生把学习压力转化为自身学习的动力，指导少数民族学生在充分了解国情、民情和世情的基础上，增强学习的责任感和使命感。班导师既是少数民族学生的专业课教师，又是他们日常生活、学习上的指导老师。既承担传播知识、传播思想、传播真理的工作，又肩负着培养少数民族学生品味、品性、品格的工作；既要教他们学会做事，又要教他们学会做人。少数民族内派管理教师有丰富的管理经验，又充分了解民族政策，对少数民族学生具有天然的亲和力，可以配合辅导员、班导师组织开展形式多样的活动，让每个少数民族大学生感受到关怀与责任，引导他们树立珍惜韶华的理念，激发勤奋学习的观念，坚定成才报国的信念。

参考文献

[1] 中共中央马克思恩格斯列宁斯大林著作编译局. 马克思恩格斯全集：第49卷[M]. 北京：人民出版社，1995.

[2] 习近平. 在北京大学师生座谈会上的讲话[N]. 人民日报，2018-05-03.

[3] 习近平. 在中国共产党第十九次全国代表大会上的报告[N]. 人民日报，2017-

10－19.
[4] 邵兵,张勇,彭飞.学风建设与学业支持系统构建研究[J].黑龙江高教研究,2018(1).
[5] 刘瑞.内地高校加强少数民族大学生思政教育工作研究[J].新疆师范大学(哲学社会科学版),2018(4).
[6] 习近平.在中国政法大学考察时的讲话[Z].人民网,2017－05－03.
[7] Curs B. R, Harper C. E. Financial Aid and First-Year Collegiate GPA：A Regression Discontinuity Approach [J]. The Review of Higher Education 2012(35)：627－649.
[8] 曲绍卫,汪英晖.大学生资助对德育水平、学业成绩和就业质量的促进作用[J].中国高等教育,2018(5).
[9] 宋来.思想政治工作改革创新若干根本问题探究[J].国家教育行政学院学报,2017(12).
[10] 赵淑媛,蔡太生,陈志坚.大学生学业情绪及与学业成绩的关系[J].中国临床心理学杂志,2012(3).
[11] 习近平.给第三届中国"互联网＋"大学生创新创业大赛"青年红色筑梦之旅"的大学生的回信[Z].人民网,2017－08－15.
[12] 中共中央,国务院.关于加强和改进新形势下高校思想政治工作的意见[Z].人民网,2017－02－27.

08　我国高校创业教育的现状、问题与对策

◎“大众创业、万众创新”成为国家战略之后，全国范围内掀起一股创业创新的风潮。国家出台诸多政策，支持和鼓励大众创新创业。高校对创业教育也越发重视，但由于我国的创业教育相比欧美国家起步较晚，在创业教育的理论认识、师资配置、课程建设和创业实践等方面还存在诸多不足。在深入调研清华大学、浙江大学、上海交通大学等高校的基础上，我们从加强创业教育认知水平、明确创业教育重点、适应学校特色和社会需求、丰富实践平台建设、完善创业教育相关政策等方面，提出了进一步完善创业教育的建议与对策。[①]

“大众创业、万众创新”成为国家战略之后，从中央到地方政府陆续出台

① 本节内容写于 2016 年 3 月，主要内容曾在国家教育行政学院第 51 期高校领导干部培训班上作交流。

了一系列优惠政策支持创业创新，全国范围内掀起了一股创业创新的热潮，创业教育也在高校如火如荼地开展起来。但是，由于创业教育在我国起步较晚，不少高校为了响应国家号召匆忙开展创业教育，在创业教育的理论认识、师资配备、课程设置、创业平台建设、创业氛围营造等方面，还存在诸多问题与不足，需要在多个方面进一步优化。

一、我国高校创业教育的发展历程

我国高校的创业教育比欧美国家起步晚，其伴随着四次创业浪潮逐渐发展。

1. 萌芽期：1988—1992 年

1988 年，第七届全国人民代表大会第一次会议通过了《中华人民共和国宪法修正案》，其中增加了“国家允许私营经济在法律规定的范围内存在和发展”，掀起了我国第一次创业浪潮，一些学生开始了创业之路。与此同时，创业教育在社会上也渐渐开展，取得了一些成果，但未引起高校的关注。

2. 探索期：1992—2002 年

1992 年，邓小平南方讲话掀起了大家的创业热情。1999 年，第九届全国人民代表大会第十一次会议通过了《中华人民共和国个人独资企业法》，以法律的形式为社会创业开了绿灯，再一次引起创业的浪潮。创新创业教育在一些高校悄然兴起，许多 985、211 高校对创新创业教育做了有益的、自发性探索，如清华大学以大学生创业竞赛为平台开启创业教育探索与实践；复旦大学、华东师范大学开设创业教育相关课程；武汉大学在学生中实施创造、创新、创业教育；北京航空航天大学加强与校外机构的交流及合作，对优秀大学生创业项目给予资金支持等。2002 年，教育部开始参与主办创业计划大赛活动，这是国家层面上第一次关注创业教育。虽然此时高校创业教育还处在边缘化状态，但是政府的重视已对高校产生了广泛的影响。

3. 发展期：2003—2014 年

2002 年年底，国内一些互联网企业在美国上市，表现突出，创造了新的财富神话。信息和网络的蓬勃发展，更激发了社会的创业热情。2005 年，第十届全国人民代表大会第十八次会议修正了《中华人民共和国公司法》，该法允许自然人设立有限责任公司，降低了创业门槛，进一步推进了创业经济的发展。与此同时，教育部主动参与并积极引导高校加强创业教育，我国高校创新创业教育进入了教育行政部门指导下的全面推进阶段。教育部从 2003 年开始，举办关于高校创业教育的各类培训班，加强针对性的指导；2008 年，通过“质量工程”项目，立项建设了 30 个创业教育类人才培养模式创新实验区；2010 年，下发《关于大力推进高等学校创新创业教育和大学生自主创业工作的意见》，并建立高等教育司、科学技术与信息化司、高校学生司、就业指导中心四个司局联动机制，形成了教育引导、基地建设、政策支持、服务保障“四位一体、整体推进”的工作格局。2012 年，教育部出台《关于全面提高高等教育质量的若干意见》，更加明确地提出“加强创新创业教育和就业指导服务”，要求把创新创业教育贯穿人才培养全过程；同年 8 月，又印发《普通本科学校创业教育教学基本要求（试行）》，颁发了标准化的《“创业基础”教学大纲（试行）》。

4. 爆发期：2014 年至今

2014 年 9 月，在夏季达沃斯论坛开幕式上，李克强总理首次提出“大众创业，万众创新”。2015 年，李克强总理在《政府工作报告》提出，“打造大众创业、万众创新和增加公共产品、公共服务‘双引擎’”。此后，国务院发布 22 份相关文件，部署推进大众创业万众创新。2015 年 7 月，国务院印发《关于积极推进“互联网＋”行动的指导意见》，提出了 11 项行动、40 项重点发展任务、7 方面政策举措、25 项具体措施。这是引导未来 10 年经济社会发展的战略蓝图，更激发了社会创业的极大热情。有大数据研究显示，我国每新增 100 万家企业，所用时间越来越短，仅过去一年就新增企业 100 万家（见表 1－8－1）。同期，高校创业教育也蓬勃发展。为贯彻落实党中央、国务院重大决策部署，2015 年 5 月，教育部牵头研制并以国务院办公厅名义印发了《关于深化高等学校创新创业教育改革的实施意见》。在党中央和国务院的推动下，我国高校创新创业教育进入了深化教育改革的新阶段。

表 1－8－1 我国的创业发展速度

每增 100 万家企业所用时间	时 间 跨 度	新增企业/家
17 年	1986—2002 年	100 万
10 年	2002—2011 年	200 万
4 年	2011—2014 年	300 万
1 年	2015—2016 年	400 万

数据来源：《中国经济生活大调查》2006—2016 数据报告，2016 年 3 月 7 日。

二、我国高校创业教育的发展现状

当前，高校的创业教育在国家政策支持下如火如荼地开展，创业教育呈现百花齐放的景象。各高校不断整合政府和企业资源，为创业教育提供政策和资金支持。根据调研，高校创业教育主要呈现六个特点。

1. 参与高校：从选择试点到主动加入

2002 年，教育部确定清华大学、北京航空航天大学、中国人民大学、上海交通大学、西安交通大学、武汉大学、黑龙江大学、南京财经大学、西北工业大学等 9 所大学为创业教育试点高校。随后，教育部又陆续出台政策给予支持，创业教育在全国逐渐推广开来。据教育部统计，截至 2015 年底，全国已有 82％的高校开设了创新创业的必修课或选修课，设立的创新创业资金达 10.2 亿元，吸引社会资金 12.8 亿元；高校创业基地数量增加了 18％，场地面积增加了近 20％，大学生参与创业创新活动的数量达 300 多万人次。

2. 组织模式：从部门牵头协调到组建创业学院

最初，高校创业教育一般由某个部门牵头协调组织实施。有的将牵头单位设在教务部门，有的设在学生就业管理部门，有的设在产业发展部门，也有的设在学校团委，等等。这些部门都有自己的主业，这种牵头协调的模式不利于进一步加强创业教育。因此，随着创业教育地位的上升，上海交通大学、武汉大学、大连理工大学、北京航空航天大学、黑龙江大学、宁波大学、温州大学等高校都先后成立了创业学院，负责开展全校创业教育。创业学院一般独立成院，多属于学校的处级实体机构，主要职责是进行创新创业教育培养模式的改革与实践。具体工作一般包括：做好学校创新创业教育顶层设计，做好课程体系建设，整合、聚集校内外各类资源以推进协同育人，打造专兼职师资队伍，开展并辅导创业竞赛，强化创新创业实践等。

3. 教育重点：从知识传授到立体培养

2002 年，教育部确定九所创业教育试点院校，从传授知识开始，培养学生的创业意识、创业思维、创业技巧、创业精神等。经过多年的实践探索，各高校创业教育重点已从最初的知识教育，向兴趣激发、实践训练、创业实施等立体培养转变。通过成立学生创业类社团，定期举办创业沙龙和创业论坛，组织创业企业参观、创业技能培训、创业能力测评、创业计划竞赛等活动，促进有创业志向的同学相互交流、相互促进，如清华大学的“创业训练营”、浙江大学的 KAB 俱乐部、上海交通大学的“中国青年领袖论坛”等，都是激发学生兴趣的好平台。与此同时，学校也为学生积极搭建各种实践平台，通过资金投入、政策支持、建立创业园等，积极推进学生的创业能力培养。对于比较好的创业项目，学校可通过立项、答辩、指导、孵化模式推进学生创业实践。创业教育—创业实践—创业孵化的立体培养模式，不仅让学生从理论上了解创业，更从实践上推动他们创业，进而推进了高校创业教育的发展。

4. 课程体系：从单一公选课到实现两个结合

早期试点高校的创业教育，主要通过开设公共选修课进行，在培养对象上不加区别，对本科生、研究生都使用同样的教材授课（见表 1-8-2）。经过十多年的发展，不少高校已建立了内容丰富的课程体系，普遍表现出两个结合：一是通识与专业相结合，即开设面向全体的通识类创业课程与基于专业的创业课程，如浙江大学开设了三个层面的创业教育课程（见表 1-8-3）。

二是理论与实务相结合，即开设以创业知识讲授为主的理论课程和以创业实践为主的创业培训和实务，如上海交通大学创业学院同时开设了创业理论课程和实务课程（见表 1-8-4）。

表 1-8-2　2003 年 9 所试点院校开展创业教育情况

学校名称	培养对象	课程形式
清华大学	本科生、研究生	公共选修课
	工商管理硕士	专业选修课
中国人民大学	本科生、研究生	公共选修课
北京航空航天大学	本科生、研究生	公共选修课
武汉大学	本科生、研究生	公共选修课
上海交通大学	本科生、研究生	公共选修课
西安交通大学	本科生、研究生	公共选修课
黑龙江大学	本科生、研究生	公共选修课
西北工业大学	本科生、研究生	公共选修课
南京经济学院	本科生、研究生	公共选修课

资料来源：各高校官网。

表 1-8-3　浙江大学创业教育课程体系设置

分　类	创新创业专题培训	创新创业课程模块	网络课程
基础类	SYB 创业培训班 KAB 创业培训班 创客训练营 创萤 IDEAL——助创计划	创业公开课 网上创业 IBE 创业实战营创新创业概述 创业点子激发与机会识别 创业领导力与团队管理	创业基础理论与时代特征、创业的能力环境与职业发展、创业团队、创业机会、创业的队伍财务与营销策略、创业的创新运营与国际拓展、

续　表

分　类	创新创业专题培训	创新创业课程模块	网络课程
创业类	"创梦想"大学生精英训练营 创客素养提升班 创业训练营 "On the Road"创业公开课 网上创业 IBE 创业实战营	创业股权设计、激励及融资 商业模式设计与优化 创业模拟 创业过程 开办企业 互联网创业	创业的社会责任与变革创新、商业模式
研究生类	研究生创新创业培训班 研究生创业素质拓展班		

表 1-8-4　上海交通大学创业学院创业教育课程体系

理论方法类	创　业　类	经　管　类	实　践　类
创新思维与现代设计	创业机会识别	企业经营管理	工程技术探究
创意图形设计	创业领导力	会计学	工程实践与科技创新
设计创新的艺术	商业模式设计与创新	市场营销	产品创新设计
创业政策	创业企业的融资与股权结构设计	战略管理	创业训练营(春)
云计算与大数据	风险投资与创业	人力资源管理	创业训练营(夏)
仿生学导论	技术与市场	企业经营管理	创业训练营(秋)
创业起步	创业计划的制订和计划书的写作	管理信息系统	上海交通大学大学生创业训练计划
大学技术转移的模式与创新		金融学	上海交通大学创业实践大赛

这些创业教育课程的设置紧扣整个创业过程，具有系统性、科学性的特点，涵盖了创业计划、创业融资、创造机会、产业和可行性分析、风险资本、销售计划、创业涉及的法律、创业领导艺术及教育、道德感和社会责任感等方面。这种系统化的课程设计，有效地保证了创业教育目标的实现和教育理念的落实。

5. 师资配置：从兼职为主到专兼结合

2012 年 8 月，教育部印发实施的《普通本科学校创业教育教学基本要求（试行）》指出，“通过创业教育教学，使学生掌握创业的基础知识和基本理论，熟悉创业的基本流程和基本方法，了解创业的法律法规和相关政策，激发学生的创业意识，提高学生的社会责任感、创新精神和创业能力，促进学生创业就业和全面发展”。相较于欧美国家，我国创业教育起步较晚，教育质量低，师资力量比较薄弱。最初，一些高校只是为了完成教育部规定的最基本目标，并未给予足够重视，在师资配置上也未给予较多支持，因此创业课程的授课教师多由专业教师兼任，或者由参加过创业教育培训的教师担任。如今，一些高校已走在前列，积极推进教学方式改革，师资配置开始专兼职结合。例如：清华大学的中国创业研究中心与伦敦商学院、美国百森商学院成为合作伙伴，培养具有国际视野的创业人才；浙江大学创建了创业管理硕士点、博士点和工商管理（创业管理方向）博士后流动站的创业研究机构；上海交通大学的师资队伍由课程教师、业界讲师、创业导师和创投导师组成，对学生的不同需求进行专业化指导。

6. 平台建设：从创业指导到创业园区

最初的创业教育平台单一，学生实践相对不足。随着创业教育的快速发展，创业教育的平台建设已从最初的创业指导发展到通过整合资源建设创业园区，为创业学生提供一条龙服务。创业教育不再仅仅是创业意识和创业精神的培养，更是引导学生从创业想法到创业计划、再到创业实践，然后通过科技园的孵化让学生创建自己的公司。例如，武汉大学出资 2 800 万元建设了大学生创新创业实践中心，旨在将其打造成学生开展科研活动、学科竞赛训练、科技创新创业活动的公共平台和“三创”教育成果展示平台。每年投入500万元用于健全和完善校内外对接的孵化体系，形成了从校内实践中心、创业团队孵化器到珞珈创意产业园、大学科技园的完整的创新创业扶持链条。另外，还有部分高校通过与政府合作、企业共建等方式，建立创业园区或科技园，例如清华大学的清华科技园，上海交通大学的全球创新创业实验室、国家大学科技园、零号湾全球创新创业集聚区，同济大学的创业谷等，为学生创业提供了专业的孵化服务。

三、当前高校创业教育中存在的主要问题

快速推进创业教育的发展，是适应我国社会经济发展的必然趋势。随着国家鼓励创业教育的各种政策的出台，高校创业教育蓬勃发展。然而，我们也必须看到，高校的创业教育仍存在诸多问题，制约了创业教育的进一步发展。

1. 创业教育在高校之间发展不平衡

国内高校创业教育发展存在严重的不平衡现象。有的学校已经建立了相对比较完善的创业教育体系，有的才刚刚起步，还有的仍在犹豫不决。一些高校领导对创业教育没有给予足够的重视，没有认识到创业教育对于提升人才培养质量、推动经济社会发展的重要作用，认为大学生不适合创业，创业风险很大，创业教育也不是主要的办学目标所在。因此，在创业教育的课程设置、师资配置和经费投入等方面不够重视，导致创业教育只能间歇性实施，质量没有保障。部分高校在教育理念、教学定位、课程设置、资源配置等方面存在功利性认识，把创业教育与学生就业等同起来，认为创业是解决学生就业的当务之急，甚至把大学生创业教育视为“企业家速成教育”，缺乏对客观市场经济规律运行的深刻认知，鼓励学生在学习期间创业或毕业后立即进行创业。

2. 指导教师总体上缺乏实战经验

创业教育不同于学术教育，授课教师既要具备理论知识，又要具备实践

经验。但是，当前高校创业教育教师多是兼职，大多缺乏创业经验和实践能力，讲授的内容多属创业理论知识和概念，使创业教育课程学术化，在教学中很难做到理论联系实际，教学效果难以让学生满意，严重影响了创业教育的质量。同时，由于部分高校在政策制定和资金支持上不足，因此在引进风险投资人、金融专家、营销专家、管理专家和企业创始人等作为学生的指导教师方面动力不足，无法形成高水平的教学、科研和实践指导团队。

3. 创业教育课程建设缺乏标准和规格

创业教育课程缺乏标准和规格，造成部分高校的创业课程设置并不理想，缺乏系统性设计，以致课程教育目标不明确，培养什么样的人、怎么培养人、培养什么样的能力、如何培养这些能力等目标定位不清楚。创业教育课程量不足，目前许多高校把创业教育课设成选修课，学分、学时不足，不能形成良好的教育效果。创业教育课程教学科目单一。创业教育涉及财务、营销、法律、管理、金融、心理学等各个学科的知识，创业教育需要与专业教育融合才能达到预期的目标。当前一些高校的创业教育只局限于基本概念层面或者简单的专业知识，缺少深度挖掘，教育知识碎片化，无法形成创业知识体系。

四、推进高校创业教育发展的对策和建议

创业教育在推动社会经济发展和促进社会稳定方面具有重要作用。李克强总理曾经强调，要推动大众创业、万众创新，这既可以扩大就业、增加居民收入，又有利于促进社会纵向流动和公平正义。高校要充分认识创业教育的作用，从国家战略大局出发，坚持以学生为本，不断加强师资建设，完善课程体系建设，积极搭建创业实践平台，营造良好的创业培养环境，推动创业教育又好又快地发展。

1. 创业教育工作理念要紧跟时代发展要求

2015 年，政府工作报告强调，要推动大众创业、万众创新。随后，国务院及各部委出台各项政策支持创新创业。2015 年 5 月，国务院办公厅印发了

《国务院办公厅关于发展众创空间推进大众创新创业的指导意见》。同年6月，国务院出台了《国务院关于大力推进大众创业万众创新若干政策措施的意见》。9月，国家知识产权局、财政部、人力资源和社会保障部、中华全国总工会、中国共产主义青年团中央委员会联合印发《关于进一步加强知识产权运用和保护助力创新创业的意见》。这些文件彰显了国家把创新创业提升到战略高度，提升到关系国家经济发展和社会稳定的高度，政府正在通过政策积极推动高校创业教育的发展。因此，高校领导要提高认识、转变思路、高度重视，认真落实国务院和有关部委发布的文件和政策，积极推进创业教育，在高校中营造良好的创业教育环境，把创业教育提升到服务国家战略发展的高度。

2. 注重创业能力培养，明确创业教育重点所在

创业教育究其根本还是为学生成长成才服务，是为了培养学生的创业能力。创业能力是指拥有某一领域专业知识的个人或团队，从事相关领域创新与创业活动的意愿和能力。从能力构成要素来看，创新创业能力包括四种能力，即创业意愿与自我激励能力、团队管理能力、技术管理能力、市场管理能力，而且不同的能力由不同的要素构成。因此，这要求高校在充分研究学生需要的同时，根据学校实际情况，将创业教育紧紧围绕培育学生创业能力来开展。通过精心的课程设计培养学生的创业知识和技术能力，通过丰富的实践平台培养学生的团队建设能力、市场分析能力，通过强大的师资配置培养学生的自我激励能力、风控能力。这些模块从不同维度培养学生的创业能力，进而提高学生的创业成功率，降低创业过程中的风险与成本（见图1-8-1）。

3. 创业教育要与学校特色、社会需求相适应

从学生的创业活动来看，创业领域多与其所学专业相关。因此，创业教育应与专业特色和社会需求相适应。一是要加强与专业相关的创业课程建设，使学生对有关技术的市场成熟度、市场规模、现有企业发展、未来市场技术需求等有所掌握，因为对市场的了解是创业的基本前提。二是创业教育与科技成果转化相衔接。在政府大力推动高校科技成果转化的背景下，高

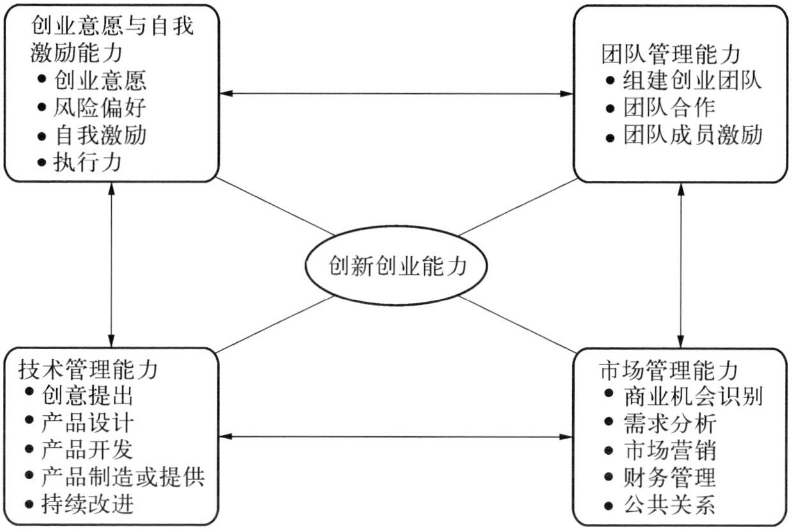

图 1－8－1　创新创业需要的能力与要素构成

校教师已有的科技成果可以成为学生技术创业的宝贵资源。在相应政策的支持下，可以允许学生无偿或低成本使用教师已有科技成果创业，或者在教师带领下由师生共同创业。三是创业教育要与社会需求相适应。由于人力、财力、物力受限，学生创业实践、创业竞赛项目应从小处着手，其创业项目可与社区需求结合，通过组建技术团队设计相关产品和服务帮助解决这些需求，在小范围获得成功的基础上更有可能向市场推广。

4. 以促进实践与实战相结合为重点推动创业平台建设

离开实践，创业教育就是纸上谈兵，就是空中楼阁。创业教育实践平台为学生将想法和技术变成产品与服务，提供了转化的舞台；为学生提供了从创业培训到创业竞赛，再到参与创办企业的连续性支持。高校可以建设创业工作坊、创业培训或实践中心等机构，定期开展大学生创业模拟公司实训、创业能力提升等培训活动，帮助学生系统学习创业知识与技能，增强学生的创业能力。高校要积极鼓励学生参加创业竞赛，例如参加“挑战杯”全国大学生课外学术科技作品竞赛、“创青春”全国大学生创业大赛等全国性赛事；或一些高校举办的创业赛事，如上海交通大学的创业训练营、上海交大创业实践大赛、“智慧海工”创业大赛等，努力发现和培养一批具有创新思维和创业潜力的优秀人才。同时，高校也要充分整合政府、社会、企业、校友等资源，积极为学生搭建创业教育平台。例如，清华大学与天津经济技术开发区、北京市科学技术委员会、科技部火炬中心、首都创业集团、伦敦商学院和美国百森商学院一起，合作成立了清华大学中国创业研究中心，积极为创业教育发展服务。

5. 建立健全与创业教育相关的法律和制度体系

虽然各级政府出台了不少鼓励大学生创业的政策，但这些政策大都是零散的，缺乏后续配套政策体系的支持，没有形成完善的政策体系，政策的出台距离发挥有效作用还存在一定的“温差”，各地政策的支持广度、深度、强度存在差异化，政策的宣传和普及不足，未形成有效合力。为了建立健全与创业教育相关的法律和制度体系，国家层面要在知识产权、税收、劳动保障等方面给予法律支持；各部委要在政策上给予鼓励，尤其是在创新企业、中小微企业、初创型公司融资贷款方面予以支持，切实解决初创企业的融资难问题。政府牵头联合大型企业成立创业风险投资基金，成立公益性创业指导服务机构，为大学生创业提供资金支持、咨询服务，有效支持大学生尽快转变身份和认知，降低创业失败风险。[1]

参考文献

[1] 马亮，朱剑平，陈琦. 大学生创业瓶颈及优化机制研究[J]. 学校党建与思想教育(高教版)，2016(5).
[2] 孟新，胡汉辉. 高校创业教育实践系统的构建及其实现评价[J]. 南京农业大学学报(社会科学版)，2016(2).
[3] 杨晓慧. 我国高校创业教育与创新型人才培养研究[J]. 中国高教研究，2015(1).
[4] Thaddeus M, Beryl M. Adding Entrepreneurship to the General Education Curriculum[M]. North Carolina A&T State University, 2010(08).
[5] The Kaufman Panel on Entrepreneurship Curriculum in Higher Education: Entrepreneurship in American Higher Education[R]. 2010.
[6] 商应美. 大学生创业教育实践体系构建探究[J]. 中国青年政治学院学报，2012(3).

09　浙江高校创业教育的经验与启示

◎ 浙江高校的创业教育走在全国前列，形成了四个特色做法：围绕人才培养目标，完善创业教育工作体制；精心设计课程体系，培养学生的创业能力；大力加强平台建设，促进学生的创业实践和成果转化；完善支持政策，服务学生创业及创业教育发展。学习浙江高校经验，我们应该做到以下四点：加强对大学生创业教育的研究和理解，避免表面化；有效实现向规范教学体系的转化，避免碎片化；主动构建社会化的创业教育网络，避免狭隘化；积极探索创业教育的多种实践模式，避免同质化。[①]

为深入理解“大众创业、万众创新”的国家战略要求，深入学习借鉴先进高校的做法和经验，助推高校创业教育的健康发展，笔者与国家教育行政学

① 本节内容是笔者2016年3月随国家教育行政学院第51期高校领导干部培训班赴浙江高校考察后撰写的调研报告。

院第51期高校领导干部进修班部分学员一起，于2016年3月走访了浙江大学、浙江大学宁波理工学院、宁波大学等高校，与各高校领导和部门负责人开展座谈交流，并参观考察了创业教育实践基地。

一、浙江高校创业教育的主要做法

1. 围绕人才培养目标，完善创业教育工作体制

虽然三所高校的发展定位和人才培养理念有所不同，但都把创业教育纳入了人才培养的总体格局之中，不断健全和完善工作体制，服务于创业型人才培养。浙江大学依托自身学科优势，设立创业教育专业，组建了创业管理硕士点和博士点，致力于培养具有扎实的工科专业知识、强烈的创新意识、优秀的创新素质及创新技能的高科技产业经营管理创业型人才。浙江大学宁波理工学院采用“1＋3＋X”模式，培养“应用型、复合型、外向型”创新创业人才。所谓“1”，是指创新创业学院办公室；所谓“3”，是指课程建设与管理中心、创新训练与指导中心、创业实践与服务中心；所谓“X”，是指“3＋1”专业方向培养模式、创新创业特色班、创业强化班。宁波大学为培养创新创业领军人才和优秀创新创业团队，组建了创新创业学院，下设五个中心，即本科生创新创业教育指导中心、研究生创新创业教育指导中心、创新能力训练中心、创业指导服务中心、创新创业课程研发中心等机构。

2. 精心设计课程体系，培养学生的创业能力

三所高校均以深化创业理论知识和提升创业实践能力为宗旨，强化课程设计，构建教育教学模块，初步形成了创业教育课程体系。浙江大学的课程体系由基础类、创业类、研究生类三大类课程和创新创业专题培训、创新创业课程模块、网络课程三大模块构成。浙江大学宁波理工学院大力引进企业家资源，开设了网络创业、创新能力实践等公选课和大学生KAB(Know About Business，了解企业)创业基础公选课，引进了清华大学网络创业课程——大学生创新创业领导力培养。宁波大学构建了KAB与SIYB(Start & Improve Your Business，创业培训)创业课程双管齐下的创业教育体系，

KAB课程共有36学时，由教务处认定并计入学生成绩总表，为校级精品课程；SIYB主要针对创业团队成员开设，每期16学时。

3. 大力加强平台建设，促进学生的创业实践和成果转化

浙江大学通过创新创业教育载体、学生创新创业组织、学生创新创业竞赛和学生创新创业课程四大载体，以及浙江大学-帝国理工学院合作基地、浙江大学工程师学院、紫金众创小镇三大平台，再加上若干国际合作项目，为学生创业实践提供周到精准的服务。浙江大学宁波理工学院与宁波市委组织部、人力资源和社会保障局、对外经济贸易合作局以及相关区县，合作组建了宁波经理学院等近20个共建平台。浙江大学宁波理工学院还与校友共建“宁波启新观止大学生创业园”，引进宁波市民间企业家协会“集客大学生创业平台”等项目，鼓励和支持学生创业。宁波大学通过创业讲堂、电梯演讲大赛、创业精英培训、创业基金评选、创业设计大赛等平台，打破教育与实践、创新与创业、教师与学生、学校与社会的割裂关系，构建了被教育部认定为“以第二课堂的有机整合为侧重点的创新创业教育模式”。

4. 完善支持政策，服务学生创业及创业教育发展

三所高校出台了一系列鼓励和支持师生参与创业教育和实践的有利政策，为开展创业教育提供了政策保障。浙江大学于2000年出台了《关于研究生在学期间停学创业的暂行规定》，是全国第一批支持学生休学创业的高校之一。浙江大学宁波理工学院将指导“学科竞赛立项项目”“大学生创新创业立项项目”等成果纳入教师教研业绩评价体系，作为教师评聘高级专业技术职称的可选条件之一，引导和激励教师参与创业教育。同时，学校还聘请116名企业家担任创业导师，加强创业教育的教师团队建设。宁波大学实施创新创业训练计划，把参与创新创业训练活动设置为学生毕业必修项目，作为获得奖学金的评定条件之一。

二、浙江高校创业教育实践的经验

1. 转变认识，高度重视创业教育

2015年，国家有关部门先后出台了《关于发展众创空间推进大众创新创

业的指导意见》《国务院关于大力推进大众创业万众创新若干政策措施的意见》《关于进一步加强知识产权运用和保护助力创新创业的意见》等，这些文件彰显了国家把创新创业提升到战略高度的决心。在此背景下，高校领导干部应从思想上高度重视创业教育，认真落实文件和政策精神，积极推进创业教育，在高校营造良好的创业教育环境，把创业教育切实提升到高校服务国家战略需求的高度。

2. 培养能力，明确创业教育重点

创业教育的直接目标是培养学生的创业能力。浙江三所高校围绕学生创业需求，通过课程教育、专业指导、创业实践等环节，不断提升学生的创业能力，进而减少创业过程中的风险，增加创业的成功率。学校从课程体系设计、实践平台搭建、导师队伍建设等环节着手，从不同维度对学生的创业能力进行综合系统培养。通过精心的课程设计，培养学生的创业知识和技术能力等；通过丰富的创业实践，培养学生的团队建设能力和市场分析能力等；通过导师指导，培养学生的自我激励能力和风险控制能力等。这些举措都取得了良好的效果，值得学习和借鉴。

3. 营造氛围，确保各项举措保障有力

浙江三所高校积极出台各项举措，保障创业教育有序开展，营造了良好的学生创业氛围。一方面，学校重视制度建设，出台了一系列政策鼓励师生参与创业教育与实践；另一方面，学校通过整合社会资源，建立创业园区，为师生提供完善的创业服务。例如：为大学生创业免费提供场地设施；免费提供部分办公家具、办公用品；配备专职人员，提供工商注册、财务代理、法律咨询、专利代理等服务，协助办理各种证照，落实有关财税优惠政策。这些举措节约了学生的创业成本，大大激发了学生的创业热情。

三、关于深入推进创业教育的政策建议

相比于欧美发达国家，我国的创业教育起步较晚。无论是在理论上还是在实践上，都存在许多需要进一步提升的空间。结合本次调研考察，笔者

提出如下政策建议。

1. 加强对大学生创业教育的研究和理解，避免表面化

我国高校的创业教育仍处在探索阶段，偏重实践操作，理论思考与学术研究较为薄弱。对于创业教育怎么看、怎么办，还存在不少争议和分歧，迫切需要理论和实践工作者加强研究和探索。高校应立足长远、着眼全局，从培养学生的创新精神和创业能力入手，引导和鼓励大学生创新思维、创立事业。要树立先进的创新创业教育理念，将大学生创新创业教育工作纳入学校的中长期发展规划中，纳入学校的人才培养体系中，纳入学校的整个教育教学过程中。教育行政部门应加强组织，学习借鉴国外高校的成功做法，支持促进国内高校横向交流典型经验，立项资助创业教育理论和实践研究。

2. 有效实现向规范教学体系转化，避免碎片化

在当前的探索中，创业教育的符号化、碎片化倾向明显存在：有的单纯追求创业教育的外在形式和一时的热闹效果，与特定的教学目标、内容相疏离；有的采取单一做法，不能以整体的视角构建系统整合的教学体系。这些倾向不仅遮蔽了创业教育的内在价值，也在很大程度上影响了创业教育的整体效果。创业教育必须遵循教育教学规律，符合学生的学习特点，要指向特定的教学目标，受特定教学内容的制约。因此，建构系统规范的教学体系是当前加强创业教育的重中之重。这个体系至少应该体现理论与实务相结合、通识与专业相结合、知识传授与立体培养相结合的基本要求。

3. 主动构建社会化的创业教育网络，避免狭隘化

综观当前的创业教育，虽然也有“学校走出去、企业引进来”的实例，但不少高校存在自娱自乐的倾向。这一现象不仅削弱了创业教育的针对性和吸引力，也制约了创业教育的视野和思路。创业教育不是一般的学科教育，它需要综合运用多学科知识，并借鉴前人的创业经验，将理论教育、经验传授和参与体验融为一体。这一特性决定了它不是仅靠单一的学科教育就可以实现的，必须以开放的理念，面向企业、行业、社会、科研院所等，共同实施创业教育。

4. 积极探索创业教育的多种实践模式，避免同质化

我国高校开展创业教育尚处于探索阶段，我们应该尊重和鼓励高校结合学校所在地区的情况及学校自己的办学传统与特色优势，积极稳妥而又不失创造性地开展创业教育，避免产生"千校一面"的情况。创业教育应与各校的学科优势和专业特色相适应，加强与优势学科和特色专业相关的创业课程建设，一方面可以使学生在创业方向的选择上更加聚焦，让专业知识为创业实践提供理论基础；另一方面又可以促使各校的创业教育发展有自己的特色，百花齐放，形成多种实践模式。

10 世界一流工科高校创业教育课程建设经验与启示

◎ 创业教育是在知识创新与科技创新基础上的跨越与提升，新时代创业教育在人才培养中的作用愈加凸显。创业教育课程作为影响创业教育实施效果的核心要素，是高校实施创业教育的主渠道。世界一流工科高校积累了丰富的创业教育课程建设经验，本文从课程目标、课程内容体系、师资队伍、组织管理机构等方面，对三所世界一流工科高校的创业教育课程建设进行比较分析。我国工科高校创业教育课程建设，应革新创业教育理念，提升认知水平；按照一定的原则科学合理地选择、安排课程内容结构；通过建设高质量师资队伍和专业化管理机构，保障课程顺利实施。[①]

课程作为创业教育实施的主要平台，能够将创业教育由抽象理念转变成

① 本节内容曾发表在 2020 年第 5 期《云南民族大学学报(哲学社会科学版)》上。收入本书时内容有删改。原文详见：宋来，王维军. 世界一流工科高校创业教育课程建设的经验与启示[J]. 云南民族大学学报(哲学社会科学版)，2020，37(05)：131－138.

可操作活动，为创业教育提供可实施可监控可评估的载体，是决定创业教育效果的关键因素，也是创业教育质量的生命线。大学课程中引入创业教育内容，不仅是为了迎合经济政策的需要，而且是将其作为与大学课程战略设计相关的一项任务。[1]作为未来科技创新创业人才培养主力军的工科高校，建设高质量的创业教育课程体系，有利于提升工科生的创业素质与科研成果转化能力，培养出既懂专业技术，又懂市场和管理的科技型创业人才，从而增强工程人才的核心竞争力。工科高校与社会经济发展之间的联系尤为紧密，一定程度上担负着探索高等院校创业教育未来发展方向的任务。然而，目前我国工科类高校创业课程目标笼统化，对于创业教育培养什么样的人和如何培养人，还没有一个明确的认知；课程内容设置随意化，因人设课；授课教师专业化水平不高；等等。这些问题阻碍着创业教育课程质量的提升。因此，为推进创业教育有效开展，工科高校亟须建构系统化、科学化、特色化的创业教育课程体系。

一、研究对象的选取

世界一流工科高校正在紧抓以科技创业为核心的第三次创业浪潮，不断完善创业教育课程体系，大力发展创业教育，提高创业教育实施效果，积极向创业型大学转型发展。笔者从泰晤士高等教育世界大学排名中，选取2016—2018年综合排名和工程学科排名均位列前茅的三所一流工科院校——麻省理工学院、慕尼黑工业大学和香港科技大学作为研究对象（见表1-10-1）。

表1-10-1　2016—2018年三所高校的THE排名位次

国家	大学名称	2016年		2017年		2018年	
		综合排名	工程学专业排名	综合排名	工程专业排名	综合排名	工程专业排名
美国	麻省理工学院	5	——	5	4	4	4
德国	慕尼黑工业大学	46	——	46	19	44	20
中国	香港科技大学	49	——	44	28	46	18

麻省理工学院(Massachusetts Institute of Technology,MIT)以顶尖的工程学和计算机科学享誉全球,被誉为“世界理工大学之最”。MIT有着悠久的创业传统,建校之初就开展创业教育活动。1958年,开设第一门创业课程,是美国最早开设创业课程的高校之一。在美国90所研究型高校的分类中,麻省理工学院被划分为创业Ⅰ型院校,是拥有强学术因子与创业因子的典型性创业型大学。[2] Ayers指出,如果麻省理工学院毕业生和教员创办的4 000家公司成立一个独立的国家,这个国家将成为世界上第24大经济体。[3] MIT创业教育在发展中形成了一套完整的创业课程体系,强调学生亲身体验创业活动,注重对学生科技创业能力的培养。

慕尼黑工业大学(Technische Universität München,TUM)是德国最古老的工业大学之一,长期排名德国理工类大学榜首。1995年,TUM便开始启动“创业型大学”项目计划,培养适应现代工业社会的创新创业型人才。作为一所创业型大学,TUM以市场为导向,为创新营造了有利的环境。鼓励学生、校友创新创业,激发他们的创业精神,将创业精神渗透到大学生活的方方面面。迄今为止,德国还没有一所大学的创业氛围能与之相媲美。TUM也被视为欧洲标杆性的创业型大学。

香港科技大学(The Hong Kong University of Science and Technology,HKUST)始建于1991年,是一所工科、商科占优势的研究型大学。HKUST作为新兴工科优势高校,积极开展创业办学式教育,促进知识成果的转化,注重学校对香港社会的贡献。在多年的发展过程中,注重通过创业教育培养学生的科技创新创业能力,逐步形成一套独特的创业教育体系。因此,HKUST也成为新兴创业型大学的代表。

综上所述,三所世界一流工科高校,不仅是工程教育中的典范高校,而且在创业教育领域也形成了独具特色的工作体系,是工科高校开展创业教育的先行者和领航者。分析三所世界一流工科高校创业教育课程建设的做法,取其经验,择其精华,可以为我国工科高校加强创业教育课程建设提供新思路和新方法。

二、世界一流工科高校创业教育课程建设的比较分析

麻省理工学院、慕尼黑工业大学和香港科技大学作为世界一流工科高校，在遵循高等教育一般规律的基础上，结合社会发展的需要和学校自身发展特色，组织实施了创业教育。通过对创业教育课程目标、课程内容体系、师资队伍、课程运行管理机构等方面的比较分析，我们可以更深入地了解世界一流工科高校的创业教育课程全貌。

1. 创业教育课程目标

高校的人才培养目标，是学校教育教学工作的指挥棒。创业教育作为高校人才培养体系的重要组成部分，其课程目标应是学校整体人才培养目标的延伸。三所高校均以学校的办学理念和人才培养目标为落脚点，制定创业课程目标。

MIT 办学理念受进步主义教育哲学的影响，十分注重实用性，强调“手脑并用”。在 MIT，知识是必要的，但不是充分的，只有付诸实践，知识才是合法的。创业教育更加强调学生的动手实践能力，鼓励学生进行知识创新，并将创新应用于实践中。MIT 期望学生通过创业课程的学习，能在复杂的组织中充当变革的推动者，了解公司的决策过程，以培养创新思维和应用创业最佳实践，快速建立新的创业方法。MIT 培养学生的基本技术创新素养，使学生能够成为高科技产业发展的领头人。TUM 强调创业课程带来的隐性作用，即创业氛围的缔造，其创业教育的核心目标是通过独特的、综合的指导来激励下一代企业家，并为可持续发展的商业制定解决方案和模式。通过创业课程使学生学会创业基础的实际程序，培养学生的创业精神、领导能力、人际交往能力、科技商业化的能力等。HKUST 以“凡事皆可为”作为其核心价值之一，鼓励以创新思维解决生活上的难题，培育敢于冒险、愿意接受挑战、勇于创新、有想象力和富有自信的人才。学校面向社会培养科技人才，将创业课程目标分为学生创业知识的掌握、创业思维的养成以及创业实践能力的提升三个层面。通过创业课程着力提

高学生的创业能力与综合素质，使学生能更好地适应社会，为社会的发展作出贡献。

三所高校虽然在目标的表述上有些差异，但所要达到的方向有异曲同工之处。一是创业教育课程要培养学生的创业综合素质，这种综合素质包含创业精神与意识、创业知识、创业能力与技能、创业心理品质，不局限于功利化的课程目标，而是将课程视为培养学生综合素质的途径之一。这种非功利化目标，不仅要求培养新型企业的创办者，更强调培养具有管理能力、领导能力、创新能力的未来企业家。二是三所高校以工科大学生为主要受教育群体，明确提出面向社会培养科技人才，提高科研成果商业化、产业化的能力，使学生成为未来高科技产业的领头人。一言以蔽之，三所高校站在整体人才培养目标的高度上重视创业教育，创业教育课程目标具有长期性、战略性，旨在培养学生的创业综合素质，因而能够破除功利化培养动机，以更高的格局定位创业人才培养方向。

2. 创业教育课程的内容与结构

MIT 遵循“手脑结合”，注重实用性的校训精神，将学术知识与实践目标相融合。这一教育理念影响着创业教育课程的设置，其课程内容注重理论与实践、严谨性与相关性相结合。MIT 创业课程主要由马丁信创业中心负责提供，分为创业教育核心课程、附属课程以及短期密集课程三大类。每个课程群内的课程并非随意堆放，而是根据创业活动过程和培养目标划分为成核阶段、产品定义阶段、创业发展阶段三个进阶式课程模块，旨在培养学生的核心创业技能或特定技能、企业家基本技能以及对企业家有价值的一般技能（见表 1－10－2，仅列出几门代表性课程）。

核心课程群面向本科生，开设工程风险课程、新创企业课程等。在创业发展阶段，主要开设有关企业资金、风险规模的课程，并安排体验企业风险发展的创业实验课程。附属课程是对核心课程的进一步深化，在成核阶段，包含引导学生的职业选择、锻炼学生的创新思维、培养学生的工程领导力和工程管理能力等内容；在产品定义阶段，主要开设有关产品开发设计、行业市场研究、战略抉择等课程内容；在创业发展阶段，包含金融基础知识、企业活动相关法律知识、产品管理、商业模式和原则、企业扩展制造、创业融资与风险投资，以及领导力与企业文化建构等设计公司运营所需的多方面内容。此外，还开设专业深化课程，如生物科技的科学与商业、全球人工智能与机器人业务等。这些课程结合学生的学科背景，并对接行业市场的现实发展需求，在充分挖掘校内外课程资源的基础上设计而成。短期密集课程是专注于学生创业实践的独立活动阶段，学生将计划、想法付诸实际，属于实践性课程。

表 1－10－2　MIT 创业教育课程内容体系

类型模块	成核阶段	产品定义阶段	创业发展阶段
核心课程	工程风险、科技创业导论	新企业、创业战略	创业资金与团队、衡量创业风险、创业销售
附属课程	工程学中的企业家精神、工程创新与设计、工程领导实验室	创新团队、产品设计与开发、创新战略、倾听顾客需求	创业金融、商业基本法、产权法、生物科技与商业、软件和互联网创业、建筑与房地产开发创业、能源领域的战略机遇
短期密集课程	启动 MIT、商业计划的具体细节		自律创业实验室

TUM 的学生从入学起就接受创业训练，学校以创业俱乐部为载体，创建了逐级递进的 Start TUM 课程项目群（见表 1－10－3）。课程群由六个模块构成，分别对应创业过程的不同阶段，从而使学生了解、掌握创业活动在不同阶段所需要的知识与技能，为学生提供全面系统的教育培训。创业课程内容包括转变学生的传统职业观，引导学生关注创业活动，培养学生的创业意识与创业兴趣等。以研讨会、讲座等形式，帮助学生树立成为企业家、创业者的信心。在增强学生创业意识的基础上，高校应进一步为学生提供

以企业家、创业者的思维方式从事活动、解决问题的课程，如创业融资、战略与组织概论等。最后，在学生具有一定的创业认知、创业知识结构的基础上，结合最新研究前沿，深化对学生企业家精神与能力的培养，提升同类课程的高度，即开设同类不同质课程，以适应学生思维能力发展的不同阶段。例如，在前期与最后一个阶段均开设“战略与领导”课程，最后阶段的课程并非前阶段原理讲授的赘述，而是上升为高级专题研讨课。TUM 的创业教育课程内容，不仅涉及金融、商业、法律、市场营销，还涵盖心理学、技术学等学科领域，强调跨学科性，培养学生的跨学科思维与解决问题能力。TUM 十分重视技术转让、依托技术发明的高科技创业形式，在创业课程内容中强调对工科生科技创业能力的培养。组织技术融资与商业化研讨会，探讨如何通过科技成果和创新，创造经济价值，描述创新商业化所必需的步骤，激发创业动力，引导学生进行科技创业。

表 1－10－3　Start TUM 课程项目群

模块/阶段	问 题 思 考	代表性课程和项目
感知(Sense)	除了传统工作，我还有什么工作?	创业学、创业准则、组织心理学、创新型企业家
接触(Touch)	我能靠企业家谋生吗?	创业原理讲座、商业计划基础研讨会、春季研讨会、夏季研讨班、管理企业技能计划
评估(Assess)	我想成为一名企业家吗?	组织心理学讲座、市场创业实验室研讨会、技术创业实验室、商业计划研讨会(基础班)、创业培训春季班和夏季班
识别(Recognize)	要成为一名企业家，我必须做些什么?	技术融资与商业化、可持续创新与可持续营销、“沟通与领导”讲座、“激励与领导”讲座、市场创业实验室研讨会、商业计划研讨会—进阶、战略与组织概论、“高级策略与组织”研讨会、“应用与策略”研讨会

续 表

模块/阶段	问 题 思 考	代表性课程和项目
创办 (Take-off)	我如何开始自己的事业?	创业融资、"企业家债务融资"讲座、创业与法律讲座、技术融资与商业化、可持续创新与可持续营销、战略与组织概论、"高级策略与组织"研讨会、"应用与策略"研讨会
理解更多 (Understand more)	我怎样才能对创业知识有更多的了解,并通过前沿的研究将其进一步推进?	创业研讨会、创业管理研讨会、策略与组织研讨会、创业者的债务金融、创业与营销的可持续性、市场营销、战略与领导力高级研讨会

HKUST 的学生在第一学期结束后开始接触创业课程。学校针对学生群体的差异性,提供层次化创业课程群。HKUST 充分发挥其学科优势,理工学院与工商管理学院联合开设面向本科生的创业辅修课,旨在提高学生的创业技能,增强其实践能力,培育其勇于冒险和创造价值的思维。[4]学生从技术创新的影响和价值、技术和创新:社会和商业视角两门课程中任选一门作为必修课,修满 3 学分。选修课分为 A、B、C 三个课程群,根据内容可分为面向全校学生的创业通识类课程,以及面向理工科学生的以科技创业为导向的专项创业课程(见表 1-10-4)。A 与 C 类课程群属于基础类创业课程,主要培养学生的创业意识、创新能力与企业家精神以及创业基础知识,如管理、融资、法律等。B 类课程群属于专业教育与创业教育结合的渗透式专业创业课程。HKUST 还专门面向具有创业精神的高年级工科学生,开设 3 学分的高科技创业课程,注重培养工科生的科技创业能力。

表 1-10-4　HKUST 创业教育课程

课程类型	学 分 安 排	代 表 性 课 程
必修课	3 学分	技术创新的影响和价值、技术和创新:社会和商业视角

续　表

课程类型	学 分 安 排	代 表 性 课 程
选修课	A 课程群(6 学分)	创业讲座及阅读资料、识别创新机会、社会创新与创业、结构化辅导：鼓舞人心的领导力
	B 课程群(3 学分)	从产品创新到成功的技术创业、IT 创业、生物技术创业与企业运营
	C 课程群(2 学分)	商业金融基础、财务管理、创新的商业保护、工程知识产权法、营销管理

从以上分析可以看出，MIT 从学生个性发展需要与现实中创业者或企业家所需的能力两个维度设置课程群模块；TUM 从唤醒学生创业意识到培养创业进程中所需能力，安排依次递进的六大模块课程；HKUST 依据培养目标，由低到高设置每个模块内对应的课程内容。从课程结构来看，虽然三所高校的课程内容结构安排有些差异，但都是以学生为中心，围绕培养目标，加强创业实践活动指导。兼顾学生个体与社会需求的教育理念，渗入创业教育课程内容的设置，这也是创业教育真正纳入人才培养体系的体现。三所学校的课程并非随意零散设置，课程与课程之间具有紧密的延续性，是层级相关、逐级递进关系。从课程内容类型来看，既有概论、原理类的理论性课程，也有如实验、讲座、研讨会等实践主导性课程，还有项目类课程。项目类课程包括：课程前期学习有关理论性知识，在学生头脑中搭建必备的知识结构；课程后期结合所学知识，教师向学生抛出问题，学生组成小组进行实地调研，提出解决问题的方案。这不仅实现了理论类课程与实践类课程的结合，还探索出“理论＋实践”类课程。三所高校尽管课程名称各异，但都涵盖了经管、法律、管理、工程技术等学科领域的内容，突破了传统的单一的以经管为依托的课程模式，体现了创业教育课程内容的跨学科性，优化整合了校内外资源。工科大学生拥有专业技术知识，但人文素养方面一直被视为短板，三所高校创业类课程中有大量的课程用以培养学生的领导力、社交

能力、组织沟通能力等。从课程内容发展方向看，均立足于科创型人才培育的定位，挖掘学科优势，开设科技类创业课程，通过多学科交叉互补的方式，促进创业知识与专业知识交叉融合；开发与专业相关的创业课程，并注重课程对社会需求变化的适应性。

3. 创业教育师资队伍

MIT 的创业教育教学采用“双轨型教师”，包括创业学者、企业家、投资家和创业公司的高层管理人员等，这些教师不仅具有理论素养，还具备企业创业实践经验。校内创业教师由 18 名斯隆管理学院、17 名工程学院、2 名建筑规划学院的教授以及 35 名讲师组成。[5] MIT 注重对创业师资队伍的培训，定期举办培训活动，并根据最新的创业教育需求及时调整培训主题。同时鼓励教师在不影响正常教学科研的情况下，到企业中为其提供每周一次的咨询服务。校内教师在立足校内研究的同时，积极利用校外资源，为社会企业、客户提供咨询与服务，并通过这种咨询活动积累更多的实践经验，更加深入了解企业的创业活动，为学生提供更丰富的案例模拟与研究。为了鼓励教师授课的积极性，MIT 将教师的企业参与经历纳入教师职业发展考核之中。[6]

TUM 的授课教师，不仅包括讲授创业理论知识的创业教授团队，也包括为学生带来最新创业前沿知识与行业动态信息的创业校友、业界人士。学校沿袭传统的师徒制，实施“师徒配对”计划，由退休的老员工、老校友对学生进行创业课外辅导，传授经验；学校还与一些科研机构建立合作关系，聘任弗朗霍夫应用研究促进学会（FHG）、德国提升大学创业能力研究协会（FGF）等研究机构的科研人员为兼职教授。此外，TUM 对讲授创业教育课程的教师实施激励政策，校内高水平教学与高水平研究等量齐观，享受同等待遇；同时又将校外企业人员的业界经验等同于大学经历。

HKUST 的创业教育校内师资队伍由商学院和理工学院的教师组成，教师加强与学生的互动，并采用合作讨论、实践调查等方式，调动学生学习的主动性，摒弃理论灌输，将撰写创业计划书作为期末考核形式之一。学校注重校外人员对创业师资队伍的补充，定期邀请校外企业家、企业 CEO、创业成功校友等人士，到学校为学生讲授其经验。企业家拥有丰富的实践经验，采用案例式授课方法，细致深入地剖析创业进程，加深学生对于创业的认识。[7] HKUST 高标准遴选教师，能在学校任教的教师必须至少拥有一个博士学位。学校还为教师提供了相当宽松的技术转让和创业政策，鼓励教师参与初创企业，允许他们从事技术创业活动，尽量使教师避免受到不必要的繁杂管理事务的干扰。

师资队伍建设是创业教育运行机制中的一个基础性环节，优质的师资队伍是提升课程教学质量的核心要素。三所高校在创业教育师资方面，注重优化校内师资队伍，积极利用校友资源与校企合作，引进校外师资力量，打造理论型与实践型并重的创业教育教师队伍。注重校内创业教师的跨学科性，鼓励不同学科的教师参与创业课程教学工作。三所高校主要由理工教师与经管商类教师共同为学生授课，这也为专业教育与创业教育的融合提供了师资保障。教师来源多样化只是师资队伍建设的一个方面，要提高师资队伍质量，使教师队伍保持活力，还需要对创业教师进行专业化培训。三所高校通过专项培训、创新政策机制、营造良好创业环境等方式，提高授课教师的专业化水平和教学质量。

4. 课程组织管理机构

MIT 创业教育课程的组织与管理，主要由马丁・特鲁斯特创业中心负责。该创业中心隶属于斯隆管理学院，能够为创业中心提供专业的理论研究支撑。创业中心作为全校创业教育课程管理的核心，负责整合校内外各类教育资源，为学生提供系统的创业教育课程，并组织开展创业实践活动；立足学校教育理念，坚持学术追求与知识成果转化并重，致力于创业教育领域的研究与外部推广活动。此外，MIT 结合学校工科特色，设置 Deshpande 技术创新中心、产品开发创新中心等，根据市场需求开展技术类创新创业活动。TUM 的创业教育由多个专门的机构协同推进，其中创业教育课程由学校的管理学院和创业中心负责；创业中心主要负责培养科技型创业者，召开宣讲会、座谈会，开发培训项目等。研究机构包括创业研究所、创业和金融研究所等，分别从经济学、心理学以及商业科学的角度，研究新兴创业企业的成功之路与成长规律，将研究的结果直接运用到创业课程中，丰富创业课程的内容，为创业教育教学提供理论支持；技术机构包括技术创业实验室、研究和创新办公室等，为创业教育提供实践基地、技术孵化基地，承接科技活动成果。HKUST 拥有独立的创业教育管理机构，即创业中心。该机构最初是一个创业项目，后来发展为支持校园创新创业的中心。中心负责组织管理全校的创业教育活动，下设多个创业教育专业董事会、委员会等。在中心的协调下，学院之间合作互助，开设创业类课程。创业中心直接为学生提供辅助性的创业实践活动，如举办科技类创业竞赛、创业研讨会等，作为创业课堂的延伸。中心网罗校外资源，为学生搭建与创业者、企业人员对话的平台，利用创业网站引进国内外高校优质创业课程，还为学生提供相关创业资讯。

综上可见，TUM 与 HKUST 的创业中心属于独立于学院的部门，在课程管理上又充分调动各学院的力量，实现了多部门共同参与、多主体协作管理的形式，有助于创业教育资源空间的拓展。MIT 的创业中心设于斯隆管理学院，这种设置并非传统的经管学院“独裁式”的创业教育模式。创业中心从全校范围内整合创业教育资源，网罗各院系创业师资，开展跨学科创业课程。其采用单主体管理模式，有利于集中资源办大事，避免冗杂，提高办事效率。这种管理模式的有效运行，需要强有力的学院作为支撑。MIT 的管理学是其优势学科领域，不同于传统的管理学，它是与工业生产、工程科学相联系的管理学，这为创业教育的开展提供了丰富的内部资源。

三、优化我国工科高校创业课程建设的启示

创业教育课程作为创业教育实施的主要平台之一，是影响创业教育质量提高的关键因素。三所高校立足于自身特色、学生与社会发展需求的基础，建构创业教育课程体系，推动创业教育效果的提升和学生素质的发展。

三所高校创业教育课程建设，既有差异也有共性。他山之石，可以攻玉。借鉴上述高校的做法和经验，有助于我国工科高校创业教育课程的建设和发展。

1. 革新创业教育理念

创业教育课程改革，理念是先导，理念创新是实践活动开展的重要依据。我国工科高校受传统教育理念的影响，对创业教育的定位不准确，以狭义的观念理解创业教育；没有将创业教育在大学中的地位与作用，放置在创建创业型大学的目标之下思考，对于创业教育目标的设置有功利化倾向。这些问题的存在，阻碍了创业教育课程的可持续发展。创业教育作为高等教育人才培养途径之一，应立足于高校整体人才培养目标，将全面素质教育理念作为其目标的逻辑起点。素质教育观指导下的创业教育课程，要求我们打破狭义封闭的创业观念，实现观念创新：在价值观上，由个体创办企业转向全民创业；在目标观上，由创业促就业转向个人素质的全面发展。最终形成以学生为主体，以人才整体质量提升为基准，以市场为导向，与社会积极互动的创业教育理念。根据三所世界一流工科高校的经验，学校创业教育课程目标应结合自身的办学特色，以学校整体人才培养质量提升为其顶层设计导向，始终坚持以学生为本，最终目标是培养学生的全面发展。

2. 科学设置创业教育课程内容结构

创业教育是一项系统工程，培育的是企业家精神或创业者所需的创业意识、创新精神、个性特征、社会知识结构等综合性能力素质。因此，创业教育必须涉及经济、管理、人文、心理等多门学科[8]，这也对课程内容的选择与安排提出了更高的要求。课程内容的选择、安排是创业教育课程建设的基本工作之一，也是许多课程问题产生的原生性或诱发性原因所在，所以科学合理地选择、安排课程内容，是改善创业课程的必要条件。结合三所高校的实践，笔者认为创业课程的内容设置应遵循以下原则：

一是应用性技能与发展性技能双重培养的统一。应用性技能属于基础性技能，包括创新创业活动所需的知识和技能，如专业技术、机会识别、经营管理等;发展性技能属于隐性技能,主要包括决策能力、领导能力、团体合作能力、社会交往能力等。它不具体指向问题,但在处理问题尤其是非结构化问题时发挥重要的作用。三所高校的课程内容,既包含创业所需的专业知识,也包含学生作为社会人所需的综合性素养。

二是理论与实践的统一。创业能力的培养,不能单靠理论知识,也不能仅依赖于实践活动,而是需要二者的联合。三所高校的创业课程突破了传统的学科课程与活动课程的界限,形成"你中有我,我中有你"的理论与实践相融合的内容体系。一门课程内既有理论知识的讲解,也有配套的实践训练,通过理论性知识的传授,使学生内化创业知识架构于头脑,再通过与理论知识匹配的实践活动,将学生内化于心的知识外化于行,在实践中巩固知识,同时扩展学生的知识面。

三是专业教育与创业教育的统一。课程内容具有跨学科性。三所高校均注重整合不同学科的知识,打破学科界限,实现多学科、跨学科的交叉融合。立足于学校特色,为工科学生提供创业专业课程,将工科专业知识与经济、管理等创业活动所需的基本知识相融合,如 HKUST 的工学院专门开设了科技领先与创业的主修专业。我国一些工科高校也开始注重在专业教育中渗入创业知识。以华南理工大学为例,该校在工科培养方案中,设有"三个一"特色创业教育课程,课程内容涉及本专业所对应的行业创业知识,如土木工程专业开设土木工程产业模式与创业课程,推进创业教育与专业教育融合。专业教育与创业教育的融合,是创业教育真正融入人才培养体系的必然趋势,也是创业教育提质的重要途径。

3. 优化课程实施保障体系

课程实施是指"把课程计划付诸实践的过程,它是达到预期的课程目标的基本途径"。[9]作为课程建设过程中的实质性环节,课程的实施是将课程目标、计划、内容付诸实践,将正式的课程转化为经验的课程的必经之路。课程的实施受多种因素影响,其中师资队伍决定着课程实施的质量,组织管理决定着创业教育课程是否能够顺利实施。

一是培育量质兼具的师资队伍。我国高校创业教育师资队伍结构趋向多元化，如西南交通大学实行“三师制”，即创业教师由教师（校内外教师）、讲师（专业人士、行业领袖）、导师（企业家）共同组成。上海交通大学实行了“四师制”，即创业教育师资队伍由本校创业教师和企业界、资本界的创业讲师、创业导师和创投导师组成。但总体上，我国工科高校师资力量仍然匮乏，校内师资半路出家，多为兼职教师，创业课程教学活动与其绩效考评、职位晋升无关，从制度上无法激起教师从教的兴趣，反而被视为额外的教学负担；聘请的校外教师水平参差不齐，也没有统一的录用标准。为此，现阶段我国创业教育师资队伍不仅要提量，更要提质，才能为创业课程的落实提供质量保障。借鉴三所高校的经验，我们应在更高层次上建设创业师资队伍，把创业教育教师纳入学校教师管理制度中，将其视为教师评审制度的一部分，通过多种方式激励从业人员长期从事创业教育，从被教到愿教再到乐教，增强教师的从教获得感与归属感。为创业教师提供形式多样的培训机会，加强师资培训活动建设，使创业教育师资队伍成为创业课程实施的支撑力量。发挥校友资源、校外企业人员的作用，聘请他们为兼职教师，制定一套专门针对校外教师的管理制度，有组织、有制度、有计划地聘请校外人员，进校为学生授课、讲座或指导咨询。

二是成立专业化的管理机构。基于创业教育的跨学科性、多元性，创业教育课程的实施还需要依托专业化的组织管理机构。目前，我国工科高校的创业教育管理部门，多由教务处、就业指导中心或者二级学院担任，资源不集中，课程实施零星、分散。为此，工科高校可以根据自身办学特色、教育资源现状等，打造专业化的服务保障机构，独立设置集研究、教学、孵化于一体的创业教育中心。中心设有大学生创业教育工作研究小组，任务是明确创业教育工作的具体职责，制定创业教育课程目标、课程内容，组织授课教师配备、政策制定、校外政策解读等工作。鼓励各学院尤其是工科院系的参与，为学生提供创业类课程。同时，联合学校的其他教学、行政、科研部门为学生提供咨询服务等。管理机构不是封闭式内循环，而是开放式外循环，不仅要盘活校内资源，还要积极争取校外资源，从而为创业课程的教学提供强有力的资源保障。

参考文献

[1] Papayannakis L, Kastelli I, Damigos D, et al. Fostering Entrepreneurship Education in Engineering Curricula in Greece. Experience and Challenges for a Technical University[J]. European Journal of Engineering Education, 2008, 33(2).
[2] 王雁，李晓强. 创业型大学的典型特征和基本标准[J]. 科学学研究，2011(2).
[3] AYERS W. The Impact of Innovation. Bank Boston Economics Department Special Report[R]. MIT, 1997.
[4] 李倩. 香港科技大学创业教育课程体系的构建[J]. 内蒙古教育(职教版)，2016(2).
[5] The Year In Review Scaling for Impact Pushing the Frontiers of Entrepreneurship[R]. Massachusetts Institute of Technology, 2019.
[6] 包水梅，杨冬. 美国高校创新创业教育发展的基本特征及其启示：以麻省理工学院、斯坦福大学、百森商学院为例[J]. 高教探索，2016(11).
[7] 闫守轩，降杰. 香港科技大学创业教育的实施及启示[J]. 中国高等教育，2013(22).
[8] 邬小撑，吕成祯. 论高水平大学创业教育的三个转变[J]. 复旦教育论坛，2015(2).
[9] 施方良. 课程理论：课程的基础、原理与问题[M]. 北京：教育科学出版社，1996.

11　做好高校宣传思想文化工作的新思考

◎ 高校宣传思想文化工作，为全面落实立德树人根本任务提供思想保证，为实现高校的战略目标提供精神动力，为加快推进高校综合改革提供舆论支持，为建设师生共同精神家园提供文化条件。要以“两个巩固”为目标，坚持在思想上增强主动意识、聚焦意识和融合意识，在实践中注重方向引领、工作融入、文化涵养和方法创新，进而推动高校宣传思想文化工作不断发展，取得实效。[①]

新时期加强和改进高校宣传思想工作是一项重大而紧迫的战略任务。高校宣传思想文化工作，为实现高校的战略目标提供精神动力，为全面落实高等教育立德树人的根本任务提供思想保证，为加快推进高校综合改革提

① 本节内容曾发表在2016年第4期《化工高等教育》上，收入本书时内容有删改。原文详见：宋来. 做好当前高校宣传思想文化工作的若干思考[J]. 化工高等教育，2016，33(04)：1－4，27.

供舆论支持，为建设师生共同精神家园提供文化条件。做好高校宣传思想文化工作，必须把牢正确方向，既要在思想上增强主动意识、聚焦意识和融合意识，又要在实践中做到引领政治方向、融入日常工作、涵养文明文化、创新工作方法，这样才能推动高校宣传思想文化工作不断发展，取得实效。

一、坚持“一个目标”：把牢高校宣传思想文化工作的正确方向

习近平总书记在2013年全国宣传思想工作会议上指出，宣传思想工作就是要巩固马克思主义在意识形态领域的指导地位，巩固全党全国人民团结奋斗的共同思想基础。“两个巩固”的提出意义重大，明确了宣传思想工作的根本任务，指明了宣传思想工作的奋斗目标。高校作为意识形态工作的重要领域和前沿阵地，更要明确将“两个巩固”作为高校宣传思想文化的工作目标和努力方向，利用人才、教育、科研等优势，在工作实践中肩负起学习研究宣传马克思主义、培育和弘扬社会主义核心价值观、为实现中华民族伟大复兴的中国梦提供人才保障和智力支持的重要任务，积极作为，作出贡献。

二、增强“三大意识”：夯实高校宣传思想文化工作的思想基础

1. 增强“主动”意识，谋划在先预设精彩

主动性是个人或组织自发地做好某件事情、某项工作的主观意愿，是提前筹划并将之付诸行动的积极推力，是取得成功的重要前提。古语云，“凡事预则立，不预则废”，就是主动意识重要作用的集中表达。做好高校宣传思想文化工作，尤需主动意识，具体说来，需要做到三个主动。

一是主动超前策划。即针对潜在的宣传思想文化工作重点热点难点，提前思考、提前谋划、提前布局，待机而动。高校可以针对教育话题、社会热点等，利用高校学科领域的优势资源，事先准备，主动收集素材，提前撰写宣传稿件；也可主动设置议题，推荐专家学者为公众释疑答惑，为政府分忧解难，进行学术外宣，展示高校的社会担当和社会责任。

二是主动推出去。即主动沟通，主动推送高校在建设发展过程中的新举措、新成效、新典型、新经验，尤其是具有传播效应、借鉴意义的新闻素材，重点抓住典型成就、重要成果、创新经验，提炼特色亮点，汇集素材线索，主动向媒体推送、向社会辐射，使高校的好经验、好做法及时在社会上得到传播，发挥高校在文化、风气上的引领作用。

三是主动请进来。即与外部经常沟通，保持融洽的互利合作关系，利用学校推动重点工作、开展重要活动的契机，主动邀请上级部门、兄弟单位、社会媒体等来校参观访问，交流宣传思想文化工作，通过现场讲述高校故事，发出高校声音，展示高校风采，提升高校的社会美誉度。

2. 增强“聚焦”意识，围绕中心服务大局

“聚焦”原意为使光线或电子束等集中于一点，引申为集中精神抓主要矛盾。做好高校宣传思想文化工作，同样需要聚焦，需要增强聚焦意识，贵在聚精会神、心无旁骛，贵在围绕中心、紧抓重点，这样才能乘势而上、事半功倍。具体来说，需要做到两个聚焦。

一是聚焦中心重点。高校宣传思想文化工作要围绕中心、服务大局，即紧紧围绕党和国家的重大战略任务、围绕学校的中心工作和重点工作展开，如“两学一做”学习教育、“十二五”发展成就、“十三五”创新举措、世界一流大学一流学科建设成果、潜心立德树人的典型经验，以及学校在抓党建促发展中的特色亮点和良好传统等。要深度聚焦重大成果、重要活动、重点人物、重大项目，聚焦宣传思想文化工作重点，做好理论武装、舆论引导、氛围营造，不断扩大高校的社会影响力。

二是聚焦基层一线。高校宣传思想文化工作要坚持聚焦师生、瞄准一线。深入发动基层单位、广大师生，调动基层单位和师生的积极性，依靠基层单位和广大师生的聪明才智，推动高校宣传思想文化工作的开展。如在理论学习中，可以采用高校党委监督指导，各级单位分类负责的理论学习新机制，强化基层党组织在教职工理论学习中的主体责任。深入挖掘在教学、管理和服务一线勤奋工作学习、踏实做人做事的师生员工典型，以及热心公

益、乐于奉献的凡人善举，加大对普通师生工作学习和科研成就的宣传报道力度，让宣传工作更加生动鲜活、贴近师生，传播团结稳定鼓劲正能量。

3. 增强“融合”意识，凝聚师生汇聚合力

融合是融为一体之意，是拧成一股绳，劲往一处使，齐心协力干事创业的状态体现。高校宣传思想文化工作尤其需要增强融合意识，需要整合各类平台资源、整合多支工作队伍，形成工作合力。具体来说，需要做到两个融合。

一要做到媒体融合。要大力打造传统媒体与新兴媒体错位发展、优势互补、深度融合的大宣传格局。要实现宣传平台融合，深入推动微信、微博、网络、报纸、电视、广播等宣传平台不断融合。要实现宣传内容融合，做到多频同声，不同的宣传平台有相同的宣传内容、不同的宣传展现形式。

二要做到队伍融合。要推动高校宣传思想文化工作队伍的融合，积极完善宣传工作考核机制和管理办法，有效推动整个高校宣传思想工作队伍的融合与整合，打造一支由宣传部工作人员、宣传委员、信息员、通讯员、特约评论员、学生记者等组成的高校宣传“集团军”。同时，实现不同的队伍既有明确分工，又能有效合作，形成高校宣传思想文化工作的强大合力。

三、做到“四个注重”：推动高校宣传思想文化工作的质量提升

高校宣传思想文化工作，就是要为高校发展加油鼓劲，提升“精气神”，从精神层面支持高校改革发展。提高高校宣传思想文化工作质量，要从四个方面努力。

1. 注重“引领”，把握正确政治方向

要做好意识形态工作。简单地说，意识形态是一个社会的集体的政治信仰，或者说是一个社会的集体的主流政治信仰。高校宣传思想文化工作是做人的思想工作，最终目标是铸魂，要做到信仰引领、价值引领和行为引领。当前形势下，高校是意识形态工作的重要领域和前沿阵地之一，高校党委要落实党管意识形态的原则，牢牢掌握意识形态工作的领导权和主动权，

严格按照中共中央办公厅颁布的《党委（党组）意识形态工作责任制实施办法》要求，强化和落实意识形态工作责任制，守好高校意识形态阵地。

要坚持理论当家。用中国特色社会主义理论体系，特别是习近平总书记系列重要讲话精神武装头脑，统一思想，凝聚共识。要认真宣传贯彻习近平总书记关于改革发展稳定、内政外交国防、治党治国治军的重要思想，认真宣传贯彻以习近平同志为核心的党中央的治国理政新理念新思想新战略，引导师生深入领会系列重要讲话的丰富内涵及核心要义，深入领会贯穿其中的马克思主义立场观点方法，坚定中国特色社会主义道路自信、理论自信、制度自信、文化自信。

要以正面宣传为主。习近平总书记在党的新闻舆论工作座谈会上指出，坚持团结稳定鼓劲、正面宣传为主，是宣传思想工作必须遵循的重要方针。导向特别重要，高校宣传思想文化工作要通过中国特色社会主义和中国梦等主题教育宣传，通过站得住、立得牢、有故事、有内涵的典型宣传，利用校内外媒体，不断巩固壮大主流思想舆论，弘扬主旋律，传播正能量，凝聚并向社会辐射高校团结奋进的强大精神力量。

要推进爱国主义教育。要大力弘扬伟大爱国主义精神，大力弘扬以改革创新为核心的时代精神，为实现中华民族伟大复兴的中国梦提供共同精神支柱和强大精神动力。要按照《中共教育部党组关于教育系统深入开展爱国主义教育的实施意见》要求，重点加强大学生的爱国主义教育，引导大学生自觉砥砺青春，成才报国。要与“两学一做”学习教育、庆祝建党 95 周年、纪念红军长征胜利 80 周年等结合起来，特别是要抓住一些重要时间节点，深入推进爱国主义教育。

2. 注重“融入”，实现工作内涵提升

要有效融入事业发展。做好高校宣传思想文化工作，要有效融入高校改革发展的中心任务之中，一定要跟高校战略发展目标和当前的中心任务有机结合、深度融入。当前高校宣传思想文化工作，要紧密围绕高校深化综合改革、“十三五”规划开局、世界一流大学一流学科建设等一系列重点工作展开，做好鼓与呼，提供精神动力、智力支持、道德滋养和文化条件。

要有效融入党建工作。党的建设包括思想建设、组织建设、作风建设、反腐倡廉建设和制度建设等五大建设，其中思想建设排在首位。高校宣传思想文化工作属于思想建设范畴，要把宣传思想文化工作融入学校党建的大格局中，围绕并服务于高校党建的大局，努力做好理论武装、新闻宣传、文明创建、文化传承等工作，有效推进高校师生的思想政治教育工作。

要有效融入育人工作。立德树人是高校的根本任务。高校宣传思想文化工作要紧紧围绕育人的核心任务，做好引导、完善服务、营造氛围、提供助力。一方面，精心做好高校整体育人氛围的营造工作，着力打造求实、人本、温馨、和谐的优良育人氛围；另一方面，重点针对不同时段主推教书育人专题项目，深入挖掘、广泛宣传，提供舆论支持。

3. 注重“涵养”，培育良好文化环境

要加强项目建设。推动高校宣传思想文化工作的开展，要加强项目建设，实施项目带动战略，在谋项目、建项目上下功夫，通过重点项目的立项和推进，涵育优质的文化环境，发挥火车头效应，特别是通过加强文化项目建设、文明项目培育等，涵养师生优良的文化素养、优雅的文明行为，打造高校优质的育人环境。

要加强平台建设。学校网站、报纸、广播、电视、官方微信、官方微博等平台既是重要的工作载体，又是具体的展示窗口。要引入竞争机制，开展各类平台的评奖评优，通过竞争激发战斗力，展示活力，提高平台建设水平。要重点加强网站建设，通过评选“十佳网站”等，整体提高学校的网站质量，打造清朗的网络文化环境。

要加强队伍建设。通过新闻媒介素养培训会等，有效引导高校宣传思想工作人员完善自我、提高素养、提升能力。一是要强化工作人员的宣传意识，推动其养成“好人、好事、好新闻一定要宣传”的职业习惯。二是要强化工作人员的形势政策学习意识，推动他们了解大势与大事，把握时代的宣传要求。三是要强化工作人员的主人翁意识，推动他们知家底、熟家情，明了本单位的特色经验和典型，打好宣传工作基础。四是要强化工作人员的业务能力，提升其意识，推动他们熟悉新闻宣传的“规矩”，掌握新闻宣传规律，通过多学多练多写，在实践中提升业务水平。

要加强文化建设。文化建设是高校宣传思想文化工作的重要组成部分，通过文化建设，做到文化育人、以文化人。文化主要表现为文化精神、文化产品和文化项目。高校要成立文化建设委员会，统筹推进文化育人工作。设立文化建设专项基金，加大对文化产品和文化项目的支持力度，通过文化产品和文化项目体现高校的文化精神。要通过优秀的文化产品和文化项目实现高校的文化表达，体现高校的优质文化。

4. 注重“创新”，不断提升工作成效

中国共产党第十八届中央委员会第五次全体会议首次提出发展新理念，即创新发展、协调发展、绿色发展、开放发展、共享发展。其中，创新发展是重点，放在首位。高校宣传思想文化工作，更需要在工作实践中开拓创新，做到理念创新、内容创新、手段创新和政策创新。

要注重理念创新。理念创新要求不断深化认识，并有深刻性和针对性，进而对社会实践起到指导作用。在高校宣传思想文化工作中，实现理念创新要做到两条。第一，坚持加强学习、提高认识，多参考、多比较、多思考。认真学习中央关于宣传思想工作的新观点、新理念、新方法，作为理念创新的理论指南；认真学习兄弟单位宣传思想文化工作的先进经验和优秀典型，激发理念创新灵感。第二，坚持使命引领、问题导向。理念创新产生于宣传思想文化工作的实际需要和实现可能，要增强使命意识，根植于实际工作，着力于解决实际问题，以问题为导向不断探索、不断提出宣传思想文化工作的新思路、新看法、新观念。

要注重内容创新。做到内容创新，需从三个方面努力。第一，因时就势，开动脑筋，不断开辟新的工作增长点，持续丰富高校宣传思想文化工作的外延。第二，与时俱进，不落窠臼，敢于思考，勇于探索，不断深化原有工作的内涵，实现老瓶装新酒，老酒有新味。第三，在工作中重点把握好时度效，敢于采用新的语言风格、新的文字表达方式，做到接地气、易传播，增强宣传内容的针对性、亲和力和时效性。

要注重手段创新。手段创新是提高高校宣传思想文化工作水平的重要保证。社会形势不断变化，宣传思想文化工作要始终保持生机，就必须适应新形势，立足新实践，创造新手段。当前，高校宣传思想文化工作要把做好新媒体工作作为手段创新的重点。新媒体，即“三微一端”——微博、微信、微视频和新闻客户端，已成为越来越多的人获取信息的主要来源。高校宣传思想文化工作要重视新媒体，教师在工作中要学习把握新媒体的基本属性和发展规律，增强工作中的主动性、预见性，要积极主动、灵活自如地用好新媒体，成为行家里手。高校还要研究应对新媒体的办法措施，提升引导、服务和管理能力，在开展重大主题宣传、应对突发事件时，充分发挥新媒体的重要作用。

要注重政策创新。勇于突破政策窠臼，推动政策创新。善用政策导向这个指挥棒，在政策导向上做好文章。政策创新，要立足工作实际，出台一系列利于高校宣传思想文化工作开展的政策，政策内容应包括宣传思想文化人才培养、优秀工作者评选表彰、学术外宣激励、职称评聘等。利用政策杠杆支持宣传思想文化工作，调动宣传思想文化工作人员的积极性、主动性和创造性，有效推动高校宣传思想文化工作持续健康开展。

12 高校突发事件的信息传播与应对

◎ 突发事件处置，信息管理是关键。如果管理不当，容易造成事件影响扩大化，给高校声誉带来巨大损失，甚至影响社会的安全稳定。因此，加强突发事件信息传播过程管理，便成为高校快速发展关键时期应认真思考的一项重大的理论与实践课题。本文根据斯蒂文·芬克的危机管理理论和危机传播理论，分析了信息隐藏、信息无序、信息公开、信息有序等信息管理过程四个阶段的主要特征。笔者认为，针对校园突发事件的特点，信息管理过程应从建立预防体系、建立信息管理体系、注重媒体应对、加强突发事件应对培训等方面进行优化。[①]

① 本节内容曾发表在2015年第7期《思想理论教育》上，收入本书时内容有较大增改。原文详见：宋来，刘少文，王惠文. 高校突发事件的信息传播及其应对[J]. 思想理论教育，2015(07)：103-106.

我国正处在社会转型期，这种转型与以往其他国家不同之处，是我们正处于信息化的时代条件下。当前，我国高等教育事业快速发展，但是高校内部的教育管理却不一定能跟上这种快速发展的步伐。与此同时，社会矛盾也经常投射到校园中，在诸多因素的共同作用下，近些年来高校突发事件频繁发生。然而，高校在突发事件处置，特别是信息传播应对方面还没有形成成熟的经验做法。因此，在现代通信技术创新发展的背景下，信息的交换、共享与披露，给高校处理突发事件带来巨大考验。如果信息传播应对不当，往往会引发更大的危机。如何应对突发事件的信息传播，成为高校主管部门面临的一项重大挑战。

一、问题的提出

1. 高校突发事件中信息应对成为关键

近些年来，影响较大的高校突发事件频繁发生，如北大博导王铭铭学术剽窃事件、中州大学集体食物中毒事件、北京蓝极速网吧纵火案、“西电卡门”事件、河北大学车祸“我爸是李刚”事件、浙大校长开会玩游戏被拍事件、青岛求实职业技术学院女生被老师带出吃饭深夜坠亡事件等。这些事件的处置过程中有一个共同特征，就是信息传播与应对成为关键。然而，目前一些高校的主管领导和部门，对校园突发事件信息传播与应对还存在许多误解，例如，不作报道就不会有事，一旦见报就会影响学校声誉，故要求尽可能做到信息不出门；事件原因没弄清楚就不能报道，危机解决后才能发布新闻，否则会影响校园安定；即使危机性质严重，发布时还是要把事态缩小，以安定民心。这些误区给突发事件的妥善处置带来了较大的困难。

2. 当前缺少对高校突发事件信息传播与应对的研究

我国关于高校突发事件处置的研究起步较晚，以往学者的研究视角主要有四个方面：一是专题性危机研究，如解小娟的《大学生人际交往危机管理》等。二是危机应急预案研究，清华大学、北京大学、北京师范大学、同济大学等高校，早在2003年“非典”前后，就已制定校园危机处理机制及预案。

三是校园危机管理体系研究和危机干预模式研究，这是处理高校危机的最有力的理论支撑。四是校园危机管理法治建设研究，频发的热点事件让危机管理变成高校棘手的工作难题，而其中涉及的大量法制问题也日益凸显出来。可以看出，现有的研究对高校突发事件的关键点——信息传播与应对——关注很少，特别是忽略了信息应对的方法和程序。这不仅是研究视角上的缺失，更是实践工作中的缺憾。

二、核心概念与理论依据

1. 核心概念

（1）突发事件信息。在突发事件发生时，所传递的与突发事件相关的消息、信号、数据或资料等，统称为突发事件信息。对于突发事件信息的界定，由于理论分析语言具有非确定性和非完整性，在阐述含义时难免会有局限，而数学（或准数学）语言则可突破这一障碍，帮助人们理解突发事件信息以及隐含其中的知识差的意义。

突发事件发生后，在同一信息传递过程中，令一个知识度为 Sx，另一个知识度为 Sy。那么，当 $Sx-Sy=\Delta S>0$ 且 $\{\Delta S\}\subseteq\{Sx\}$ 时，ΔS 对于 Sy 是信息，Sx 是 Sy 的信息源，Sy 是 Sx 的信息用户；当 $Sy-Sx=\Delta S>0$ 且 $\{\Delta S\}\subseteq\{Sy\}$ 时，ΔS 对于 Sx 是信息，Sy 是 Sx 的信息源，Sx 是 Sy 的信息用户；当 $Sy-Sx=\Delta S$ 且满足 $\lim\Delta S=0$ 时，Sx 对 Sy，或 Sy 对 Sx，就不能发生信息传递或成为信息源。

对于此数学模型有几点说明：① Sx 是随 Sy 而确定的随机知识度，反映信息发生的概率统计特征。② ΔS 为信息，也代表信息量。③ 唯有 Sy 与 Sx 之间存在传递事实，Sy 与 Sx 之间才可能发生信息传递关系。如果 $Sy-Sx=\Delta S>0$，但 Sy 与 Sx 之间并没有发生信息传递，那么只能说 Sx（或 Sy）能够成为 Sy（或 Sx）的信息源，而不能说 Sx（或 Sy）是 Sy（或 Sx）的信息源。④ 在突发事件发生过程中，不可能存在两个绝对相等的知识度 Sy 和 Sx，$Sy-Sx$ 也必然存在一个微量逻辑差 ΔS。只有当变量极限

$\lim\Delta S=0$ 时，才近似认为 Sx 对于 Sy（或 Sy 对于 Sx）不存在逻辑差 ΔS。这样，即使 Sy 与 Sx 之间发生信息传递或运动关系，也不会改变 Sy 或 Sx 的知识度，Sx 对于 Sy（或 Sy 对于 Sx）都不能发生信息传递或成为信息源。

突发事件信息管理中规定：① Sx 一般代表高校，是信息源，Sy 代表社会大众、学生，那么，当 $Sx-Sy=\Delta S>0$ 且 $\{\Delta S\}\subseteq\{Sx\}$ 时，ΔS 对于 Sy 是高校拥有的有关突发事件信息；② 当 $Sy-Sx=\Delta S>0$ 且 $\{\Delta S\}\subseteq\{Sy\}$ 时，ΔS 对于 Sx 是虚假信息，也就是出现信息不对称，社会大众中间可能充斥着大量虚假信息；此时的 ΔS 代表谣言，也就是在信息获取方面出现了逆向选择。

(2) 信息不对称。信息不对称理论由美国经济学家乔治·阿克劳夫(George Akerlof)、迈克尔·斯彭斯(Michael Spence)和约瑟夫·斯蒂格利茨(Joseph Eugene Stiglitz)提出，此项研究揭示了信息经济学的核心思想——逆向选择、信号传递、分离均衡之间的内在联系，并对如何进行市场规制以克服信息不对称带来的市场失灵展开了理论探讨。学者认为，信息成本在个人之间存在较大差异，某些人可能在获得信息方面具有特别技能而其他人则不具备；某些人可能具有能够带来有价值信息的其他类型经验，但另一些人却缺乏这种经验。[1]因此，信息存在不对称问题。信息不对称可分为事前的信息不对称和事后的信息不对称，事前的信息不对称导致逆向选择，事后的信息不对称导致道德灾难(或称道德风险，moral hazard)。

(3) 逆向选择和道德风险。事前信息不对称中，一般群众可能不具有特别技能或特殊渠道去获得真实信息，这种情况下会发生逆向选择，虚假信息会到处流行、谣言满天飞，以满足人们的信息不对称状态，从而达到信息的虚假对称。信息不对称会导致相关人员行为非理性化，甚至集体行为失控，从而加速突发事件进一步扩大化，这就是社会公众行为的逆向选择。事后的信息不对称，会导致一些人利用自己掌握的特殊信息，不顾内心道德约束谋取不正当利益，也会促使突发事件或危机事件扩大化。如果引起社会财富损毁和人身伤亡，就会出现社会的道德灾难。

2. 理论依据

笔者所持的理论依据是斯蒂文·芬克(Steven Fink)的危机阶段理论。第一阶段是危机潜伏期。该阶段是危机处理的易控期,但由于此阶段具有不易察觉的特点,人们往往稍不注意就丧失了避免危机爆发的机会。第二阶段是危机突发期。突发期主要有四个特征:一是事态严重程度逐渐升级,二是事态发展吸引越来越多的媒体介入,三是社会组织的正常活动难以为继,四是事态发展对社会组织的形象和声誉造成不利影响。第三个阶段是危机蔓延期。此阶段是危机之后的恢复期,也是四阶段中时间较长的一个阶段,如果管理得力,会大大缩短这一时间。第四阶段是危机解决期。此时,民众已从危机影响中完全解脱出来,但政府与有关部门仍需要保持高度警惕,因为危机可能会去而复返。[2]

这里,我们把突发事件信息管理过程分为信息隐藏、信息无序、信息公开、信息有序四个阶段进行分析研究。其管理结构见图 1-12-1。

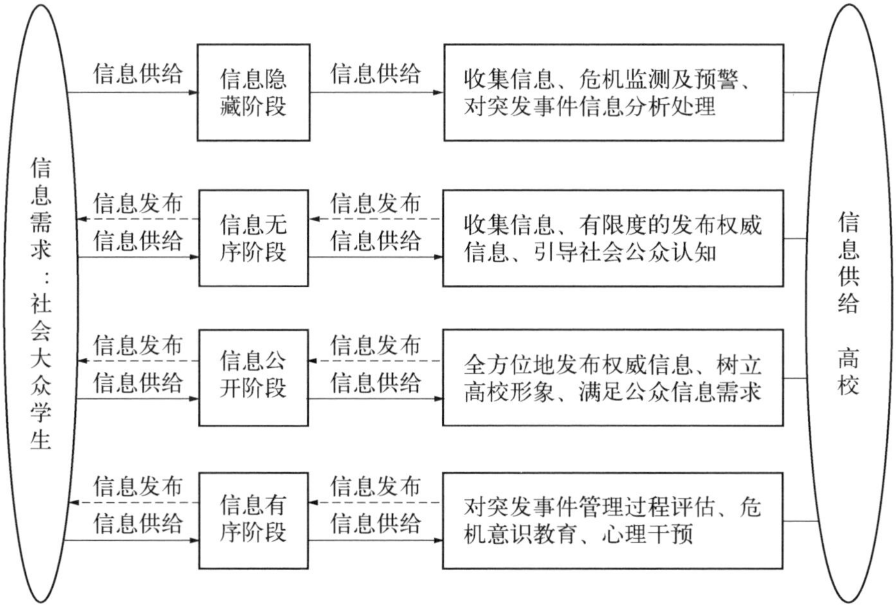

图 1-12-1 信息传播应对示意图

三、高校突发事件主要类型与信息传播特点

1. 高校突发事件的主要类型

综合近些年来发生的高校突发事件，主要有四种类型：一是公共卫生事件，如“非典”和“甲流”等波及校园的事件；二是安全事故事件，如河北大学车祸“我爸是李刚”事件、中州大学集体食物中毒事件、北京蓝极速网吧纵火案、“西电卡门”事件和中南大学化学楼起火事件等；三是学生非正常死亡事件，如上海海事大学杨元元自杀事件等；四是高校学术不端事件，如北大博导王铭铭学术剽窃事件、刘燕文诉北京大学事件等。

2. 高校突发事件信息传播的特点

突发事件的突然性和事件发生在校园的敏感性，致使高校突发事件具有很强的放大效应，会引起社会强烈关注，因此事件信息传播过程具有不可控性，表现在以下四个方面：

一是信息传递方式多元化。现代通信技术的飞速发展，使我们生活中的信息交互模式不再单一，尤其是以智能手机为载体的新媒体飞速发展，让信息传递呈现多元化特点。高校突发事件一旦发生，人们就可以通过手机、微博、微信、博客、贴吧等现代通信方式传播，致使信息管理越发困难。

二是信息传递过程直播化。通信技术的发达致使突发事件的信息传播不再具有滞后性。突发事件一旦发生，信息传播就几乎以直播化方式向外传播。突发事件发生的过程、主管部门如何处理善后，几乎都可以通过智能手机、微信、微博等新媒体向全社会直播。这些都给突发事件信息管理和处理带来一定的挑战和困难。

三是信息传递双权威化。信息化时代下，社会公众接受新闻的方式不再是从前的被动模式，而是借助发达的通信技术，开始广泛参与新闻传播，社会公众与大众传播的弱关系变强。社会公众通过新媒体渠道改变了信息流向，使信息传播主体从传统的单一权威性的大众媒介，变为现代的双权威（大众媒介＋公众）的媒体融合全媒体。社会公众主动参与信息传播，使得高校在处理

突发事件面临更多挑战，如“我爸是李刚”事件中，更多的人关注并直接参与了信息传播，在“参与—关注”模式中，人们获得更多信息并创造了更多信息。

四是信息传递立体化。在现代通信技术的支持下，信息传播突破了传统的传播方式，以互联网和智能移动终端为媒介的新媒体，把以往人际传播、组织传播和大众传播有机结合在一起，形成了立体化传播。社会上一旦有事件发生，社会公众随时就会实施点对面（个体对群体）、面对点（群体对个体）、面对面（群体对群体）的信息传播，使事件相关信息被公众迅速掌握，同时社会公众又可以随时监督事件的处理过程。

四、信息传播过程的应对策略

1. 信息隐藏阶段[3]

一般来说，这是一个相对较长的时期。突发事件还没有出现，但是造成危机突发的结构性问题已经形成，培育突发危机的“温床”已经就绪，而有关信息还处于隐藏状态，需要专门的系统进行收集、分析。因此，高校在这个阶段要对隐患和风险进行及时排查，对即将发生危机的对象要细致分析，通过及时预警加以防范，力争把突发事件消灭在萌芽状态。

2. 信息无序阶段

突发事件从潜伏状态突然暴露在公众面前，会给社会大众以措手不及的感觉。人们对突发事件没有心理准备，在行为上会处于无序状态，此时稍有不慎就会酿成更大的危机。在这个阶段，权威信息还没有发布，信息处于不对称状态，社会公众在不明真相的情况下，会对危机进行各种猜测，可能导致谣言甚至流言的产生。[4]所以，在信息无序这个阶段，信息管理要做到：一是及时收集公众的反应，监测有哪些不利的谣言在流通；二是要加强与媒体的沟通，向公众适当透露权威的有效信息，从而减少信息不对称。

3. 信息公开阶段

在这个阶段，突发事件已经全面展开，开始产生各种影响，人们对突发事件的信息需求急剧增加，高校此时要做的是满足社会公众的信息需求，让他们对发生的突发事件有个全面的认知，从而对高校行为产生认同。因此，这个阶段的信息管理主要侧重在三个方面：一是向社会发布突发事件权威信息，满足公众的信息需求，让他们了解突发事件处置的进展情况。二是设置新闻焦点，深入报道，让公众知道高校对突发事件正在积极处理。三是邀请专家，对突发事件进行评判，让公众加深对突发事件的了解，降低突发事件带来的负面效应。

4. 信息有序阶段

在这个阶段中，突发事件已经得到控制或有效解决，有关突发事件的各种信息已经全面发布或信息已经比较全面，社会公众对信息的需求已经得到满足，突发事件的影响也逐渐消除。这个阶段，信息管理的主要工作是重塑高校的正面形象，对师生进行突发事件防范、处理等教育，对前期突发事件的处理情况进行评价和评估。

五、高校突发事件的信息传播应对体系

1. 防患未然，建立突发事件预防体系

校园突发事件是能够有效预防的，尤其是有关学生方面的突发事件。高校应构建完善的预防体系，保持信息通畅和信息共享，以便把突发事件消灭在萌芽状态，从而减少突发事件的发生。[5]图 1-12-2 是主管部门、一线教师和学生共同构成的三级预防体系。在这个预防体系中，各级部门、各个层面都发挥着重要作用，学校有关部门要定期在内部进行全面排查，一旦发现有相关隐患出现时，情节较轻的要主动解决，把问题消灭在萌芽状态；情节较为严重的，要将情况上报有关部门或主管领导，以便及时处理。

2. 建立机制，完善信息管理体系

首先，要转变观念，树立现代信息管理理念。有些时候，一旦发生突发事件，人们最先想到的是“内松外紧”，对外隐瞒信息，不敢主动公开，往往造成随后的被动。因此，要转变观念，树立信息公开共享的意识，坚持信息发布的第一时间原则、真实性原则、口径一致原则、以我为主原则。

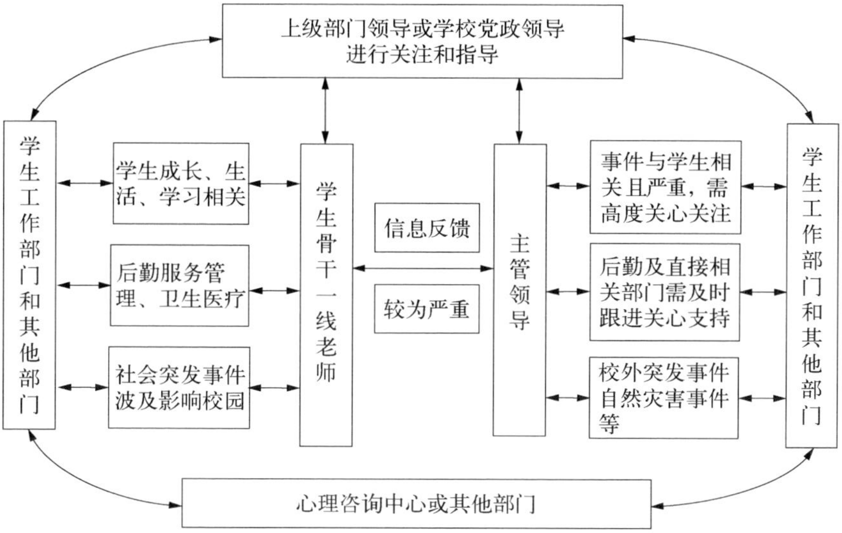

图 1-12-2　突发事件三级预防体系

其次，必须建立一套完善的信息公开机制，包括事件汇报、信息搜集、对外发言、人员组织、发布渠道、信息反馈、上级和公众监督等内容。具体流程见图 1-12-3。

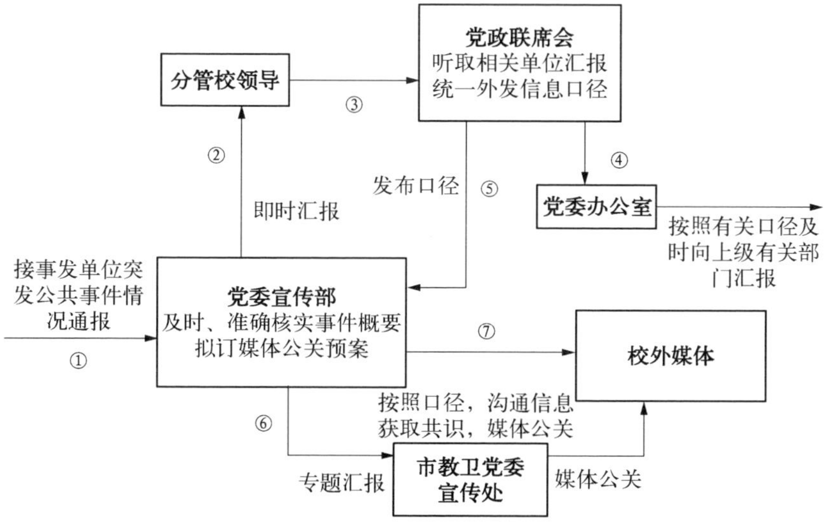

图 1-12-3　突发事件信息传播与应对流程

最后,还要建立突发事件信息资料库、案例库、数据库和专家网络。以便在突发事件发生后,做到有章可依、有例可查、有人可问,突发事件可以得到及时有效的处理,并能迅速消除负面影响。

3. 积极应对,加强与媒体的沟通联系

尊重记者,善待媒体。2008 年年底,西安某大学有 1 万多名学生在毫不知情的情况下,被校方冒用信息办理了信用卡,此事件被学生戏称为“西电卡门事件”。新闻媒体获悉后,到校采访,当时应对媒体的宣传部部长态度比较恶劣,声称要让保卫处扣留记者,事后该部长被称为高校“最牛宣传部部长”,西安电子科技大学也一时成为媒体的焦点。

慎对电话采访。河南某大学集体食物中毒事件发生后,曾有媒体记者对该校副校长进行电话采访,但是他一再推托,称开会不能接受采访,最后竟然没有听完记者的话就断然挂断电话。这一不当行为使该校在应对媒体和信息发布方面陷入被动地位,给学校形象带来不利影响。

加强网络舆情引导。山东某学院女生被老师带出吃饭深夜坠亡事件中,校方回应媒体“没事别找事”,引起了媒体和社会公众的反感,造成突发事件的负面效应扩大。此事一出,迅速成为网友和媒体热议的焦点。事发第二天,相关帖子和照片在人人网、天涯、豆瓣等各大知名论坛上火速分享和转发,引起社会的强烈关注和广泛讨论,也引起司法机关的高度重视。

4. 加强演练,提升应对能力与技巧

首先,要加强师生应对突发事件的培训。通过专题培训、案例分析,让高校师生直观了解到校园突发事件有哪些类型,不同类型突发事件的主要诱因是什么;通过生动的图文、影像资料,让师生了解在事件发生后应采取何种有效措施来处理,从而使事件损失最小化和负面影响最低化。其次,要加强实践演练。无论理论掌握多么丰富,如果没有经过实践演练,遇到突发事件时也会惊慌失措。例如,通过加强防火演习、逃生演练、新闻模拟发布等方式,来提高师生的心理适应能力和突发事件实战应对能力。

校园突发事件信息传播和应对是一项系统工程,涉及信息管理理念的转变、信息管理体系的建立、现代通信技术的应用，以及预防体系的建立完善。加强对师生的培训和演练，不是单一的某个部门或者某个群体能协调处理的，只有调动各方资源，才能在突发事件发生后把伤害和负面影响降低到最低程度，从而维护师生的正常教学科研秩序和学校的良好形象。

参考文献

[1] 瓦尔特·尼科尔森. 微观经济理论[M]. 朱宝宪，宁向东，等译. 北京：中国经济出版社，1999.

[2] Steven F. Crisis Management: Planning for the Inevitable [M]. New York: American Management Association, 1996.

[3] 刘少文，宋来. 公共危机信息管理过程研究：以河南"钴 60"事件为例[J]. 陕西行政学院学报，2010(1).

[4] Shelley Wrigley, Maria Fontenot. Crisis Managers Losing Control of the Message: A Pilot Study of the Virginia Tech shooting[J]. Public Relations Review 2010(36): 187 - 189.

[5] Susan M, Tyler A, Eric F, Michael B, Greg H. Crisis Management Preparedness of School Districts in Three Southern States in the USA [J]. Department of Health and Safety Sciences, The University of Tennessee1914 Andy Holt Avenue, Knoxville, TN 37996 - 2710, USA.

13 高校民主党派基层组织活力问题研究

——以上海高校为自例

◎ 民主党派基层组织活力，是推动民主党派健康发展和各项工作高效开展的重要基础。课题组分析和比较了上海高校民主党派基层组织的基本情况及发展现状，总结出影响高校党派基层组织活力的主要问题，从而根据《中国共产党统一战线工作条例（试行）》要求，提出了具体工作改进建议。这对于进一步推进党派基层组织建设的制度化、规范化、科学化，具有重要的现实意义。①

民主党派基层组织活力，是推动民主党派健康发展和各项工作高效开

① 本节内容曾发表在2016年第4期《湖南社会主义学院学报》上，收入本书时内容有删改。原文详见：宋来，宋晓涛，刘嘉，沈洁蕴．提升高校民主党派基层组织活力问题研究——以上海市为例[J]．湖南省社会主义学院学报，2016，17(04)：19－22.

展的重要基础。随着高校民主党派队伍的不断壮大，其成员及结构也在发生变化，基层组织呈现出新的面貌。为深入了解上海高校民主党派的基本情况及发展现状，分析和比较高校党派基层组织活力情况，课题组对四所高校（两所部属高校、两所市属高校）的党派基层组织集体发放了调研问卷，涉及7个民主党派（不含台湾民主自治同盟）的25个基层组织，其中，委员会占76%、支部（支社）委员会占24%。另外，还向上海交通大学、复旦大学、同济大学、华东理工大学等10余所高校党派中的青年教师发放了访谈式问卷，进一步了解各高校党派基层组织的具体情况及存在问题。在各高校统战部及民主党派组织、党派成员的配合下，课题组获取了重要的第一手资料。

一、高校党派基层组织活力的调研概况

上海高校中，民主党派历史悠久，党派成员具有鲜明的特点和优势，他们思想活跃、爱国、政治热情高；他们综合素质高、学历层次高、职称水平高、专业技能高；他们参政议政、民主监督能力强；他们中的优秀代表人士多、社会影响力大。高校民主党派的人才优势和智力优势，在相当大的程度上体现了上海民主党派的人才智力优势。多年来，上海市教育行政部门和各高校党委十分重视统一战线工作和民主党派工作，形成了较为完整的制度和办法，保证了民主党派基层组织活动的正常开展，也涌现出一大批成绩突出的优秀基层组织。

总体来说，上海高校的党委统战部门积极贯彻中央精神，大力支持民主党派基层组织加强思想建设、提高成员的政治素质，协助党派制定了一些符合党派工作实际的规章制度。民主党派基层组织大多已经形成制度化管理，并根据制度要求和党派市委的工作安排，组织内容丰富、形式多样的教育活动，逐步形成了年初有计划、逐项抓落实、年终有总结的活动机制，规范化管理的水平不断提高。

调研结果显示，在四所高校的七个民主党派基层组织中，有比较详细的年度工作计划的占60%，计划不太详细的占36%；有比较详细的年度学习计

划的占36%,计划不太详细的占52%;年度工作、学习计划的落实情况很好的占52%,较好的占36%;每年有年终工作总结的占92%;有会议制度的占80%,有组织发展制度的占96%,有经费使用制度的占96%,有帮困慰问制度的占84%;民主党派基层组织档案管理均能做到专人管理,有比较完善制度的占48%,无制度的占52%。

调研数据还显示,制度越健全的基层组织,领导班子对党派工作的投入程度越高,党派基层组织在自身建设、参政议政、社会服务等方面都显现出较高的活力。由此可见,制度化、规范化管理,能有效提升党派基层组织活力。

二、影响高校党派基层组织活力的主要问题

调研发现,党派成员对基层组织中存在的问题,还是有比较集中的看法。因此,要深入分析和总结影响高校中民主党派基层组织活力的共性与个性问题,积极探索有效提升基层组织活力的切实举措。

1. 思想建设中学习培训质量不高

随着社会经济不断飞速发展,教育改革不断深化,党派参政议政、社会服务等工作也日益繁重,各方面对党派成员尤其是党派领导干部的综合素质,都提出了更高的要求。调研发现,党派成员培训参与率不高,导致党派成员的统战理论和党派经验不足。今年起,随着各民主党派市委、各高校积极落实市委统战部对党外代表人士的培训要求,基层参与各类培训的人数有所增加,但仍有党派基层反映:培训扎堆,参与人员相对集中在少数人,培训的时间、内容和人员存在重叠现象,难以满足党派基层组织和成员的个性化需求。

2. 领导班子建设机制不够完善

一是领导班子作用没有得到充分发挥。调研显示,党派基层组织活力与领导班子投入程度成正比。领导班子中能积极发挥作用的成员不足一半的基层组织占48%,积极发挥作用不足三分之一的基层组织更是达到16%;

领导班子研究和讨论党派工作以半年为周期的基层组织为8%，更有28%的基层组织不定期讨论工作。领导班子投入少，给基层组织活力带来负面影响。随后的调研显示，领导班子成员发挥作用比例较低的这些党派基层组织，在人才培训、组织活动、参政议政和社会服务等方面的工作中缺乏活力，参与人员比例较低。

影响领导班子成员投入积极性的因素很多，如年龄、自身发展、工作待遇等。另外，党派领导干部大多是业务骨干，党派工作、参政议政、社会服务等头绪多，在本职工作与党派工作安排上经常发生冲突，呈现两难选择，难以兼顾。这些都导致领导班子整体凝聚力下降，无法正常发挥领导作用，也造成了不同党派的基层组织之间、同一党派在各高校基层组织之间的发展存在差异。

二是政治交接过程中新老传承不到位。有些高校党派基层组织的领导班子即将换届，一些领导干部即将到龄，换届后将不再担任党派工作，因而对党派各项事务的积极性下降，对工作安排得过且过。一些年轻同志希望为组织提供服务，却因资历等问题缺乏平台，积极性受到影响。同时，在换届过程中所涉及的新老交替、工作传承问题，也会影响组织活力：新一届领导班子往往充满干劲，但如果缺乏对党派工作的正确认识，缺乏正确的方法，也会影响党派基层组织的稳定和活力。

三是后备干部缺乏导致人才断层。虽然各高校民主党派后备干部队伍建设在不断加强，但民主党派后备干部要求高，一般要求具有政治把握能力、参政议政能力、组织领导能力、合作共事能力、解决自身问题能力，因此需要较长的培养周期。组织在选拔和使用人才过程中，希望推荐政治、业务等方面都比较成熟的党派成员，因此使得有些党派领导的年龄过于相近，党派领导班子发展后劲不足，人才队伍容易出现断层。

有时经过一个漫长的培养周期后，在政治、业务、党派工作上已经成熟的干部，又可能被推荐到其他政府机关或学校等新岗位上工作。这对干部个人而言是一次机遇和挑战，但对学校的党派却产生了较大的影响。

3. 基层组织发展成员存在一些困难

一是组织发展空间有限。高校党派基层组织一般按照一定比例发展新成员,但发展对象仅为校内教职员工,受年龄、职称、学历等发展条件的限制,人才资源有限,基层组织新成员的发展空间不足。有些高校的党派组织发展速度缓慢,甚至连续数年没有发展新成员。学校与学校之间、党派与党派之间,基层组织发展存在着较大差异。调研数据显示,民主党派基层组织新成员年发展率3%以下的占20%,3%~5%的占44%,5%以上的占36%。此外,一些学校还存在发展党派成员过于集中在同一院系中的情况,学科、院系之间不平衡,限制了党派成员数量的发展和组织结构的布局。

二是人员结构老龄化。各高校之间、党派之间的人员年龄结构都不相同。民主党派基层组织在职成员比例为75%以上的占16%,成员比例为50%~75%的占48%,成员比例为25%~50%的占36%。高校是中国民主同盟和九三学社发展的主阵地,历史较长,因此这两个党派的基层组织人数较多、规模较大,但是人员老化问题也较为突出。在受访的四所高校中,两个党派各有两个基层组织在职人数为25%~50%。受访的高校中,成立较晚的党派基层组织,在职人员比例较高,近年来发展势头较好。

三是海外归国人员比例高。受访的四所高校中,民主党派基层组织中在职留学归国人员比例达20%~30%的有48%,比例达30%~50%的有16%。有些高校近年来新发展的党派成员均为留学归国人员。留学归国人员数量增加,带来的是思想观念和思维意识的冲击和变化,他们视野开阔,在科研领域遥遥领先,但加入党派后对党派的关注度,呈现出两种不同的趋势:一类是不关心政治,对党派事务兴趣不大,不经常参加活动;另一类是虽然也参与党派工作,但对现有的党派工作内容和方式不太适应,更追求个性发展,自我意识强烈。

4. 多重因素影响组织生活开展

调研显示,成员参与组织生活的比例达到30%~50%的基层党派组织占29%,比例达到50%~80%的基层党派组织占67%,总体情况良好。但活动开展次数不容乐观，一般每年组织生活次数为 2～3 次的占 48%，4～5 次的占 35%，6 次以上的仅占 17%。走访过程中，部分高校的党派成员反映，以党派名义组织的活动较少，即使组织，参与者积极性也不高，党派基层组织对成员参与活动缺乏有效的约束措施。

调研还显示，在影响民主党派成员参与组织生活积极性的因素中，与本职工作冲突的因素高达 80%，人员分散的因素占 68%，成员老化因素占 52%，活动方式吸引力不足的因素占 52%，对活动内容不感兴趣的素占 48%。基层组织活动的成员参与度，与在职人数、总人数也有关：在职人数多、总人数少的党派基层组织成员活动参与度高；在职人数少、总人数多的党派基层组织活动开展困难，缺乏活力。

此外，高校目前普遍存在校区分散或离市区较远的情况，教师居住地距离校区较远，不少在职教师由于活动的时间与上课、休息发生冲突，不愿意参加；退休教师愿意参加活动，也是参与活动的“主力军”，但居住地分散，或集中在市中心，很难确保出席率。年轻成员和老年成员年龄相差较大，相隔一辈甚至两辈，因而对活动的关注重点不同，分歧较大：年轻成员工作与学习时间有冲突，希望尽可能少占用休息时间；老年成员时间较充裕，积极性高，希望能多参与活动；年轻成员希望组织一些能够展现自我才能、实现自我价值、形式新颖的活动，老年成员则更关注时政热点，部分体弱的高龄成员仍希望参加组织活动，但也给基层组织活动带来工作难度和安全隐患。

5. 党派社会职能的发挥空间还很大

一是发挥民主监督、参政议政的作用不够。目前，多数学校已经建立了民主党派参与学校管理的相关工作机制，如每年定期或不定期地组织关于两会、学校等方面的政策传达、交流活动；定期组织双月座谈会，听取各党派意见。但参与学校管理、参政议政、民主监督的，仅局限于民主党派中的少数代表人士，参与对象有限制，参与面小，人数少。

从数据上看，受访高校、党派之间参政议政开展情况相对分散，每年上报党派市委的社情民意信息数为 10 条以上的占 32%，7～10 条的占 12%，

4～6条的占32%，1～3条的占20%。每年主持参政议政调研课题2个以上的占48%。为学校建言献策的情况，各高校、党派都不尽相同，数量较为分散，有4～6条的占23%，有2～3条的占32%，仅1条的占14%。同时，高校对党派成员参与学校管理活动缺乏反馈机制，对各党派意见的落实和重视程度有待提高。

二是社会服务参与度不高。受访的党派基层组织及个人，普遍认同社会服务能提升组织的凝聚力与活力，但民主党派基层组织成员愿意参与社会服务的人数比例不高，其中愿意参与人数比例低于10%的占12%，愿意参与人数比例为10%～20%的占44%，愿意参与人数比例为20%～30%的占20%，社会服务工作参与度不高，形式也较为简单。

6. 经费、场地和专职工作人员比较缺乏

民主党派基层组织的活动，大多能够得到学校统战部门的支持，对于重要的党派活动，校领导都会参与其中。各党派经费主要来源是党派市委下拨的人均经费、个人缴纳的经费，以及学校根据党派成员数划拨的一定比例的活动经费。但随着近年来物价上涨较快，组织成员人数增加，经费不足的问题比较突出，调研中44%的基层组织反映经费不足。中央政治局关于改进工作作风、密切联系群众的八项规定（简称“中央八项规定”）出台后，党派开展活动有了更高的要求，经费使用的要求也提高了。因此，党派基层希望能够得到更多更详细的指导，以便合理合规地使用经费。党派工作头绪多涉及面广，迫切需要有专职人员来协助党派领导干部完成具体工作。调查显示，36%的党派基层组织开展活动时缺少专职工作人员，44%的党派基层组织缺乏办公场所。还有一些党派的档案材料不能得到妥善的保管，缺乏基础保障条件。

三、提升高校党派基层组织活力的措施和建议

今年5月召开了中央统战工作会议，习近平总书记在会上发表了重要讲话。随后颁布的《中国共产党统一战线工作条例（试行）》（以下简称《条例》）

成为指导统一战线事业发展的纲领性文献。[1]这对于统一战线，尤其是高校民主党派工作来说，既是重大发展机遇，也是更高的时代要求。面对新的形势和任务，高校民主党派基层组织要努力提升基层组织活力。

1. 加强思想引领，增进政治共识

高校根据《条例》要求，一是应加强高校党委对民主党派工作的领导，提高校级领导班子成员和中层干部对党派工作的重视程度。二是要加强党派成员的思想建设。通过加强形势政策、党派历史、参政议政、组织建设等相关内容的培训，引导党派成员把个人发展与学校、社会发展相结合。当前，要以"学习实践活动"为抓手，认真学习贯彻中央统战工作会议和《条例》精神，提高党派成员的政治认同和思想认同，坚定走中国特色社会主义政治发展道路的信念。

2. 加强民主党派制度化建设

健全的制度体系可以有效提升高校民主党派基层组织的工作成效。民主党派要提升自身活力，就必须不断增强自身管理的制度化、规范化、科学化水平。因此，高校民主党派基层组织应在上级组织的制度框架内，结合自身实际完善现有的组织运行制度，如会议制度、组织发展、经费使用、帮困慰问等一系列具有自身特色的工作制度。

完善基层组织领导班子议事、工作、考核制度，以民主生活会、年终述职会等形式，对领导班子成员的工作情况和领导能力进行监督及考核，推动领导班子能力不断提升。制定党派成员政治学习、组织生活、工作考核、荣誉表彰等制度，设定具体的量化任务指标，比如要求党派成员参加活动的次数、写参政议政稿件的篇数等，记录每个成员参加活动的次数等，并将其作为评选先进的重要依据，调动成员的工作积极性，提升基层组织成员的整体活力。

3. 加强民主党派基层组织建设

组织建设直接关系到民主党派的政治面貌、社会形象和参政党作用的发挥，是增强基层组织活力的关键之一。[2]要按照《条例》要求和组织建设的相关规定，大力加强调查研究，针对领导班子建设、党派代表人士建设、组织发展、人才队伍建设等方面，细化工作举措，提高民主党派组织的组织化水平和整体运行能力，增强基层组织的生机与活力。

一是组建优秀的基层领导班子。领导班子是在民主党派基层组织中发挥领导作用的集体，是基层组织发展建设的核心力量。领导班子队伍建设的质量，直接关系到党派基层组织凝聚力的强弱，关系到党派基层组织的优良传统能否得到继承和发扬。调研结果显示，积极发挥作用的班子成员比例超过 50%的基层组织只有 44%，比例超过 80%的基层组织只有 16%。在这些领导班子成员积极发挥作用的党派基层组织中，组织发展、组织活动、参政议政、社会服务等各方面都呈现出较强的活力。

2016 年，党派基层组织换届在即，需要进一步完善民主党派基层组织班子成员的选用机制，要从知识结构、年龄结构、性格特点等方面加以综合考虑。民主党派基层组织要主动同高校党委统战部门和党派市委沟通协商，达成共识，选用一些“能做、愿做、会做”的同志进入班子。要着重选拔业务能力强、党派意识强、政治立场坚定、热心于党派事务的同志担任班子成员。同时，还要优化班子结构，合理分工，因人施任，让班子成员都能最大限度地发挥作用。

二是建设充足的后备干部队伍，源源不断地推出优秀的民主党派代表人士。要培养政治素质过硬、工作能力强、了解党派特点、有与中国共产党“风雨同舟、荣辱与共”意识的干部队伍。要按照“统筹兼顾，全面安排”的要求，建立“选人、育人、用人”三位一体的机制。根据《条例》要求，把培养选拔民主党派干部列入学校干部队伍建设的总体规划中。为民主党派成员提供机会，创造条件，让他们在不同的岗位上进行锻炼，确保民主党派成员在管理岗位上占有一定的比例。发挥他们的正能量，鼓励并支持他们在本职岗位上做出新的成绩。

党派要进一步优化政治交接，形成长效机制，努力形成一支政治方向明确、理论功底扎实、勇于开拓进取的人才梯队。要以领导班子换届为契机，遴选年轻的成员进入基层组织，在工作中提升其工作能力与水平，为推进领导班子培养发展工作提供人才基础。同时，在开展党外代表人士大调研的基础上，从民主党派基层组织后备干部队伍中，着力培养一定数量的党派代表人士，从而提升党派基层组织的整体实力。

三是加大高素质新成员的发展和培养力度。各民主党派的活力在于各基层组织的活力，基层组织的活力则在于成员的质量。组织发展是参政党存在的前提和基础，是更好地发挥参政党作用的重要保障，是一项基础性、战略性任务。为此，严格标准，规范程序，将发展工作与履职相结合，积极探索组织发展的新思路。

在民主党派新成员发展过程中，高校党委统战部门可以帮助推荐民主党派加入意向强烈、条件比较成熟的人员给党派基层组织。党派基层组织要主动与高校党委统战部门沟通，既要严格标准，从学历、职称、年龄等方面进行综合考察，还要全面考察个人的才学、人品、社会影响力，主动优化党派基层组织成员结构，为人才梯队培养奠定坚实的基础。

党派基层组织还要有重点地发展培养一些活跃的青年成员，特别是要加大对留学归国人员的培养力度。加强这部分成员之间的沟通交流，搭建平台，推动更多青年参与到党派事务管理中，以点带面，带动更多的基层成员参与，从而提升基层活力。

4. 丰富内涵，增加投入，提升活动参与度

一是开拓创新，丰富党派组织活动。组织活动是团结党派成员、加强沟通交流、提高基层组织活力的重要形式。目前，大部分党派组织通过理论学习（92％）、参观考察（96％）、专题培训（76％）、课题调研（76％）、主题活动（84％）、共建活动（44％）等形式开展活动，还不能完全满足成员的需求。党派要丰富基层组织的活动内容和形式，倡导组织生活由单一型向多样型、由封闭型向开放型、由灌输型向引导型转变，提高组织生活的质量。开展活动要做到“四个结合”，即：与本职工作相结合，与参政议政、反映社情民意相结合，与社会服务工作相结合，与重要节日庆祝活动相结合。通过组织内容丰

富、形式多样的活动,让成员充分展示自己的风采,发挥各自的专长,也为基层会员提供互相学习、互相交流、互相帮助、共同提高的机会。组织新成员成立课题调研小组,以重大课题调研为依托,邀请参政议政课题调研经验丰富的老同志来指导,增进新老成员之间的了解,发挥新成员的积极性和参政热情,迅速提高他们对党派的认识,提高其参政议政能力。

二是多重支持,提升参与党派活动积极性。提高党派成员对党派工作的参与和投入度,要从制度上加以保证。高校统战部门要大力支持民主党派成员参加活动,帮助沟通协调,为其参加培训和学习创造条件。为缓解民主党派成员参加党派活动与本职工作之间的冲突,建议党派基层组织每学期提前制定重大工作时间表,以便党派成员能够协调安排好业务工作,努力做到党派成员的业务工作与党派工作两不误。

三是加大经费投入,为民主党派负责人设立工作津贴。提高人均经费,将党派活动经费纳入高校每年的行政预算;贯彻国家政策要求,加大指导力度,促进经费合理、规范使用。设立办公场所,尽可能提供稳定的办公用房,用于党派办公、会议、存档等工作,解决党派工作中存在的实际困难。

5. 积极创新,全面提升履职能力

一是畅通建言献策渠道,切实落实参政职能。《条例》将民主党派职能完善为“参政议政、民主监督,参加中国共产党领导的政治协商”,并对支持民主党派履行职能的内容、程序、形式等作了进一步规范。高校要完善重大情况通报制度及党外人士参加学校有关会议制度等,引导广大统战成员积极参与学校的民主管理与监督。[3]除了双月座谈会,还应定期、不定期组织党派成员参与学校各类重大事项、重大决策的讨论、制定等。高校在出台重大工作计划和部署实施前,应召开民主党派会议,将书面草案先发给民主党派成员,充分听取他们的意见,对党派成员提出的意见和建议要予以充分讨论是否采纳,再将结果及时反馈给党派基层组织及其成员,逐步形成民主监督的高效反馈机制。

二是拓宽联络平台,加强沟通与交流。党派基层组织要积极应对新科技对党派工作的影响，利用新媒体技术增加交流沟通平台。建立并管理微信群，增进党派成员内部的信息交流与工作沟通，及时有效地开展政治引导、思想动员和业务指导。利用互联网技术，疏通和拓宽参政议政渠道，建立信息直通车机制，畅通信息采集渠道。通过沟通交流，及时收集、整理、分析信息，将民主党派成员反映的重大问题或提出的重要建议，及时向高校党委以及上一级党派组织汇报。

三是搭建调研平台，强化调查研究。调查研究是民主党派积极开展参政议政、建言献策、民主监督的基础性工作。高校统战部门应搭建平台，组织民主党派的专家学者参与统战理论、参政议政课题研究。党派基层组织也可以引导党派成员，围绕学校和社会发展深入调研，积极建言献策，充分发挥智力优势，形成相关调研报告，为统战工作、参政议政工作、学校改革等提供坚实的理论、实践依据。[4]

四是发挥自身特长，积极服务社会。民主党派成员具有人才和智力优势，在实际工作中，可以根据其特点，让其在立足岗位的同时，关心民生、积极承担社会责任，在社会服务活动中发挥自身所长，贡献力量。通过开展专题讲座、技术咨询、帮困结对、医疗义诊、法律宣传等活动，既可以发挥成员的专业优势，又能够在实践中提升基层组织的活力。[5]

在新的形势下，如何进一步做好民主党派工作，充分调动广大民主党派成员的积极性，为高校教育改革、教学科研以及科教兴国战略而贡献才智，切实推进协商民主工作，是今后高校党委统战部门贯彻落实中央要求的重要课题。各民主党派也要抓住机遇，根据《条例》的精神和要求，推进基层组织工作制度化、规范化、科学化，着力提升党派基层组织的活力，推动党派成员更好地发挥参政议政、民主监督、政治协商职责，从而凝聚同心共筑中国梦的磅礴力量。[6]

参考文献

[1] 统一战线发展史上的里程碑[N]. 人民日报，2015-05-26.

[2] 白雪梅.关于发挥民主党派基层组织作用的思考[J].辽宁师专学报(社会科学版),2012(2).
[3] 黄朝峰.高校民主党派参与高校管理的作用发挥和路径选择[J].辽宁省社会主义学院学报,2012(3).
[4] 蒋金娜.充分发挥民主党派反映社情民意的独特优势载[J].参政党建设,2013(4).
[5] 贺俊春.充分发挥民主党派在我国公民有序政治参与中的作用[J].中央社会主义学院学报,2014(6).
[6] 章立凡.中国民主党派的改造(上)[J].江淮文史,2014(4).
[7] 章立凡.中国民主党派的改造(下)[J].江淮文史,2014(6).
[8] 刘秀珍,孟兆森.简论民主党派在高校的作用[J].山西高等学校社会科学学报,2003(10).
[9] 李金宵.高校民主党派思想建设现状分析[J].公共管理,2012(4).
[10] 杨明,陈潇,赵晓辉.论高校民主党派成员综合素质培养[J].参政党建设,2014(4).
[11] 张焕金,丁磊.加强民主党派自身建设问题之管见[J].内蒙古统战理论研究(哲学社会科学版),2014(6).
[12] 齐鹏飞,李桂华.中共对民主党派行之认识的历史演进[J].理论研究,2015(1).
[13] 肖建平.民主党派成员代际变化新趋势及对策分析:以湖北省为例[J].天津社会主义学院学报,2014(3).
[14] 贺俊春,邓方国.民主党派政治参与行为的组织化发展:对湖北省各民主党派省级组织参与行为的研究[J].湖北省社会主义学院学报,2014(3).
[15] 刘陶林.提升民主党派代表性和影响力的思考:基于重庆的探索[J].重庆社会主义学报,2014(5).
[16] 孙洪波,崔晓庚.民主党派培育和践行社会主义核心价值观作用探析:基于网络意见领袖的视角[J].攀登(汉文版),2014(5).

第二编

实践探索

01　上海市 X 区退役大学生服务保障工作研究

◎ 做好退役大学生服务保障，是健全工作体系的必然要求，是落实立德树人的关键举措，是巩固军民团结的重要手段。较之普通学生，退役大学生理想信念坚定，综合素质较高，人生目标规划明晰，但也面临复学手续复杂、角色转化被动、学业发展困难、职业准备不足、政策学习把握不够等困难和问题，高校需要进一步做好以下工作：优化退役复学流程，提供一站式服务，强化精准施策，健全心理帮扶机制，加大学业支持力度，有针对性地开展就业指导。[①]

退役军人工作是一项政治性、全局性工作，党中央、国务院对此高度重

① 本节内容是 2019 年上海市 X 区退役军人事务局委托课题“上海市 X 区退役大学生服务保障研究”的结题报告。收入本书时内容有删改。课题组成员有宋来、刘少文、张世鹏、郑东、潘聪聪、张驰。

视。党的十八大以来,习近平总书记对做好退役军人服务管理保障工作发表了一系列重要讲话,为开创新时代退役军人工作新局面提供了根本遵循和重要指引。党的十九大报告还首次提出:“组建退役军人管理保障机构,维护军人军属合法权益,让军人成为全社会尊崇的职业。”

2018 年 4 月 16 日,退役军人事务部在北京正式挂牌,这在退役军人工作发展史上具有里程碑意义。从新部门组建到退役军人工作体系逐步建立,从清理政策法规到推动《中华人民共和国退役军人保障法》制定,中央陆续出台了《关于加强新时代退役军人工作的意见》《符合政府安排工作条件退役士兵服役表现量化评分暂行办法》《为烈属、军属和退役军人等家庭悬挂光荣牌工作实施办法》《关于加强困难退役军人帮扶援助工作的意见》等相关文件,真正把党和国家关心关爱退役士兵的各项要求落到了实处,显著增强了退役士兵的获得感、荣誉感。

在此大背景下,关心关注高校退役大学生群体,为他们提供高质量的服务保障,有着重大的现实意义。

一、退役大学生服务保障调研的背景与意义

自 2001 年起,我国开始实施在校大学生征兵制度。从“校门”步入“营门”,从“营门”回归“校门”,两年内教育环境、文化背景、学习氛围和角色扮演的快速转变,给大学生士兵这一群体带来全新人生体验的同时,也产生了一系列问题。上海市 X 区内 9 所高校平均每年有 500 余名退伍复学大学生。2019 年是组建退役军人事务局的第一年,扎实做好退役军人的服务保障工作,是贯彻落实习近平总书记关于退役军人工作的重要论述和中央有关决策部署的重要体现,必须关心关爱退役大学生,切实让他们看到变化、得到实惠。基于此,上海市 X 区退役军人事务局委托本课题组,启动了 X 区高校退役大学生服务保障需求调研工作,主动抓住机遇,迎接挑战,希望推出有针对性、创造性的退役服务保障举措,有效促进退伍复学大学生的成长成才、全面发展,从而实现大学生士兵“入伍欢心、在伍安心、退伍放心”的工

作目标。

1. 做好退役大学生服务保障，是健全工作体系的必然要求

党的十九届四中全会明确要求："健全退役军人工作体系和保障制度，完善双拥工作和军民共建机制，加强军政军民团结。"做好退役军人工作，是推进国家治理体系和治理能力现代化的必然要求和重要内容，事关党的稳固执政根基，事关改革发展稳定大局，事关国防军队建设全局，事关广大退役军人切身利益。退役大学生是退役军人中非常重要的一个群体，做好他们的服务保障工作，不仅有利于我国现代化军队的建设，也利于优秀士兵源源不断地得到培养。但是，目前在退役大学生士兵群体服务保障工作方面，仍存在一些体制性障碍、结构性矛盾和政策性问题，做好破解难题工作，对于加强退役军人事务领域的治理体系和治理能力现代化建设，有极大的推进作用。

2. 做好退役大学生服务保障，是落实立德树人的关键举措

坚持以人民为中心，是习近平新时代中国特色社会主义思想的核心要义。坚持以人民为中心，要求把增进人民福祉、促进人的全面发展、朝着共同富裕方向稳步前进，作为经济社会发展的出发点和落脚点。退役大学生曾为国防和军队建设作出贡献，将成为建设中国特色社会主义的重要力量。大学生在参军入伍、圆梦军营的过程中，坚定了理想信念、国家荣誉、民族情怀，增强了对习近平强军思想的理解。经过军营的淬炼，大学生不仅在政治品格上有所提高，更在综合素养上得到增强，自我认知和职业规划也进一步明确。退役大学生士兵毕业进入职场后，能够向身边人传递国防理念，能够为现代化国家建设夯基固本，是重要的人才储备。因此，做好退役大学生服务保障，想学生之所想，急学生之所急，引导其立足专业知识，结合成长背景，革新就业理念，实现多渠道高质量就业创业，对于更好地实现他们的自身价值、助推经济社会发展、服务国防和军队建设具有重要意义。

3. 做好退役大学生服务保障，是巩固军民团结的重要手段

习近平总书记在党的十九大报告中强调，要加强全民国防教育，巩固军

政军民团结，为实现中国梦、强军梦凝聚强大力量。高校国防教育是全民国防教育的基础，国防素养和国防意识是青年大学生健康成长、报效国家、服务社会的基本素质。近年来，随着大学生应征入伍的人数越来越多，高校退役复学大学生士兵人数也相应增加，他们成了高校一道亮丽的风景线。“退役不退志，退伍不褪色”，退役大学生复学后继续保持着军人独特的国防情怀、优秀品质和优良作风，并积极参与学校的人才培养工作，为学校建设和发展贡献力量。很多退役大学生士兵通过参与学生军事训练、参与民兵组织、组建国旗护卫队、成立军魂社团、参与思想政治教育等多种方式，以实际行动助推高校国防教育工作，拓宽了国防教育的渠道，打造了国防教育新亮点。

二、退役大学生服务保障调研概况

上海市X区高校退役大学生服务保障需求调研，立足于该区多年来鼓励引导大学生建功军营的工作实践，对比参照区内外其他高校退役大学生的需求特点，全面分析大学生士兵各阶段的发展状况，探索解决高校退役大学生面临的相关现实问题，从而支持政府和高校有针对性地提供服务保障政策和举措，为大学生创造“入伍安心、服役顺心、退伍放心”的条件和氛围。

1. 退役大学生调研对象的基本情况

为充分了解退役大学生服务保障的实际情况，本课题组面向参军入伍大学生、高校从事相关工作的教师、普通在校大学生三个群体进行深度调研，努力从“自身”和“他者”两个角度全面分析退役大学生的现实困境和服务需求。课题组以实证研究方法为主，向X区内九所不同类型的高校师生发放调研问卷。

此外，为更加全面客观地了解退役大学生的服务保障情况，课题组还通过线上或线下访谈的形式，采集了复旦大学、上海交通大学、同济大学、华东师范大学等X区外高校退役大学生的需求信息，以及北京大学、北京工业大学、中国石油大学(华东)、沈阳理工大学、烟台大学等沪外高校的相关建议，数据掌握较为充分、真实。(见表2-1-1)

表 2-1-1　调研实施总体情况

序号	高　　校	人次	调 研 形 式
1	上海师范大学	91	线上问卷、座谈会、个案访谈
2	上海应用技术大学	82	线上问卷、座谈会、个案访谈
3	上海交通大学	76	线上问卷、座谈会、个案访谈
4	华东理工大学	68	线上问卷、座谈会、个案访谈
5	同济大学	41	线上问卷、座谈会、个案访谈
6	上海对外经贸大学	22	线上问卷
7	上海民航职业技术学院	21	线上问卷
8	上海中侨职业技术学院	14	线上问卷
9	上海工程技术大学	13	线上问卷
10	上海商学院	13	线上问卷
11	中国石油大学(华东)	7	线上访谈
12	上海理工大学	9	线上访谈
13	北京大学	1	线上访谈
14	北京工业大学	1	线上访谈
15	东华大学	11	线上访谈
16	复旦大学	6	线上访谈
17	华东师范大学	3	线上访谈
18	华东政法大学	5	线上访谈
19	兰州工业学院	1	线上访谈
20	上海大学	12	线上访谈
21	上海健康医学院	3	线上访谈
22	上海中医药大学	1	线上访谈

续 表

序号	高　　校	人次	调 研 形 式
23	沈阳理工大学	1	线上访谈
24	烟台大学	1	线上访谈
总　计		503 人次	

2. 退役大学生服务保障的研究方法

本课题综合采用了定性和定量的研究方法。定性研究是围绕退役军人服务保障，进行法律、法规、政策、机制、制度等方面的文献研究梳理，为退役大学生服务保障提供政策遵循和工作依据。定量研究是通过问卷调研、个案访谈、座谈会、高校退役大学生交流会，以及用人单位访谈等方式获得第一手资料，通过统计产品与服务解决方案软件（SPSS 软件）进行分析，找出退役大学生在服务保障方面遇到的问题与困难。

课题组通过文献梳理、专家咨询、问卷测试等方式，经过多次修订，拟制了《2019 年 X 区高校退役大学生服务保障需求调研问卷》。问卷设有基本信息、自我认知、入伍项目知悉情况、退伍返校适应现状以及服务保障需求五个部分，面向退伍大学生（在校生/毕业生）、未参军大学生和高校教师三个群体进行发放，分别收集了 441 个、104 个、28 个有效样本。为了尽可能全面把握退役大学生和普通大学生的能力优势差别，课题组运用因子分析法构建了大学生就业能力指标体系，各项指标具备可比性、客观性，易于量化操作。

3. 退役大学生服务保障的样本概况

课题组从入伍学生群体中共收到有效问卷 441 份，有效回收率为 88.2%。其中，335 人为在校生，占样本总数的 75.96%。样本学历分布以本科生为主，占比 82.09%，另有博士、硕士和专科（高职）的比例依次为 0.91%、8.62%、8.38%。在专业背景方面，工科占比为 48.30%。政治面貌方面，中共党员（含预备党员）、共青团员、群众占比依次为 14.74%、83.27%、1.59%。受访者中，43.54%为独生子女。另外，样本的学历与性别分布情况（见图 2－1－1）与实际访谈情况大致相符。

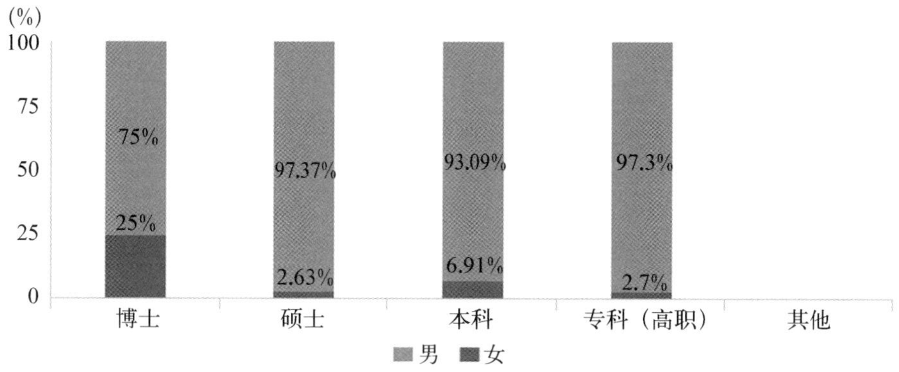

图 2－1－1　调研样本学历与性别分布

三、退役大学生的内在特质与群体特点

1. 较之普通学生，退役大学生的理想信念更加坚定

调研显示，退役大学生信仰坚定、政治觉悟较高。他们在部队中比普通学生接受了更为系统的党史、国史、军史、强国强军思想，以及当代革命军人核心价值观等思想政治教育。大学生服役期间，思想政治教育形式多样、活动丰富，每天读报看报、收看新闻联播、参加文件学习、接受视频学习、参与党团活动等；每周参加所在连队组织的思想汇报、党（团）主题教育活动，进一步提高了自身的思想政治素质，在退役复学后表现出比普通在校大学生较高的思想觉悟和政治理论水平。调研表明，对于“平时比较关注的三类新闻信息”，退役大学生的关注重点依次为国内时政类、国际时政类和社会民生类，普通大学生的关注重点分别是国外时政类、社会民生类和经济财经类。此外，部队的经历带给个人的转变，除了强健的体魄和优良的品格，还有“对中华民族伟大复兴充满了信心”“高度认同总书记强军战略重要论述”等。

从个体发展角度来看，退役大学生自愿到部队锻炼，丰富人生阅历的同时也立志报国，对于“人生中最看重的东西”，“理想信念”选项在退役大学生和普通大学生中的得分分别为4.57和3.86（总分为5）。在抗震救灾、山区支教、爱心捐赠、无偿献血、帮扶孤寡老人等活动方面，退役大学生表示“非常愿意”和“比较愿意”的比例共有96.37%，普通大学生则为68.27%。当问及“个人理想和社会理想出现冲突时”，27.21%的退役大学生表示会选择“个人理想服从社会理想”，而在普通大学生中的比例仅为14.42%。另在关于个人理想确立时的考虑因素中，退伍大学生和普通大学生也表现出明显的差异，退伍大学生更加关注“跟随国家的战略”和“结合社会的需求”（见图2-1-2）。总体来看，高校退役大学生在理想信念、政治素质方面较普通大学生具有显著的优势。

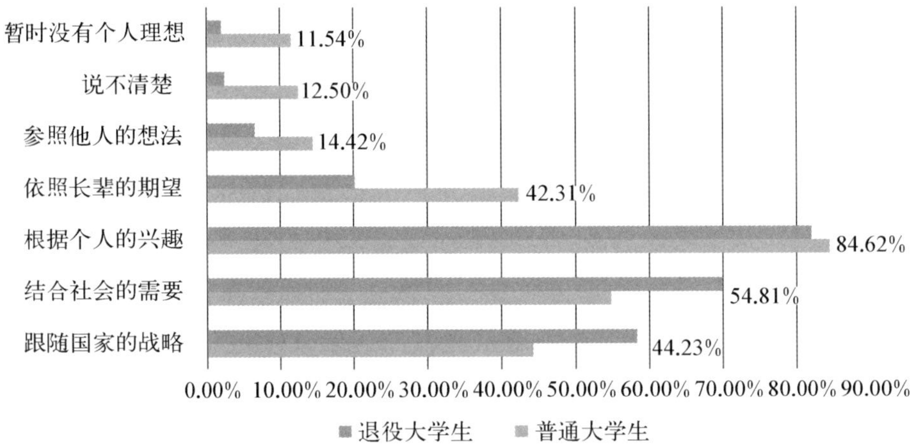

图2-1-2　理想确立时考虑的因素对比

2. 较之普通学生，退役大学生的综合素质偏高

调研发现，重返校园的退伍大学生的行为比普通大学生表现更为突出，他们能够勇挑重担，在很多方面发挥骨干作用。多数人在返校三个月内便能跟上学业，70%的人参与科研学术、社团活动，并在其中担任重要角色，80%以上的人获得过各种奖励。正在某高校攻读硕士研究生的退伍大学生

小李谈道:“由于两年没与书本打交道,学业确实落下了很多。刚开始复学时,上课有些听不懂、作业交不上、小组讨论当陪衬……觉得同学和老师看自己的眼神也渐渐变了。”他直言,要不是有当兵的经历,自己可能就此一蹶不振了。“我经历过高原冰雪哨位上的寒风,懂得课堂读书的机会有多么不易。所以,当别人沉溺于网络游戏时,我就抓紧时间学习,迎头赶上。由于在部队养成了很好的服从意识和执行精神,返校后我完成了一个个棘手任务,逐渐赢得了老师和同学们的肯定。”退伍大学生士兵返校后,身份与角色转换,必然会有一段时间的不适应,但经过军旅的锤炼,他们具备了普通大学生所不具备的成熟、坚毅和责任感。(见表 2 - 1 - 2)访谈中,很多师生一致表示,“当过兵的优势,就是干啥像啥”。退伍不褪色、退役不退志,退役大学生稳健靠谱、拼搏进取的鲜明军人特质,也将为他们的成功奠定坚实基础。

表 2 - 1 - 2　个人特质对比

内　　容	普通大学生	退役大学生
学习态度	7.85	8.00
集体观念	7.82	8.71
纪律观念	8.36	9.01
诚信意识	8.84	9.37
与人为善	9.34	9.18
奉献精神	8.15	8.58
强军理念	8.13	9.19
法治意识	8.46	9.06
创新精神	7.70	7.85
责任意识	8.29	9.19

续 表

内　　容	普通大学生	退役大学生
敬业精神	8.77	9.04
爱国信念	8.68	9.55
平均值	8.37	8.89

由于知识文化水平较高，大学生士兵通常在部队会被委以重任。调查显示，90%的退役复学大学生曾获得优秀士兵荣誉称号；在基层连队三等功名额较为稀缺的情况下，仍有近1/3的大学生士兵荣立三等功，可见多数大学生士兵在部队表现较佳。退役大学生获得了学校和军队两个领域的教育与熏陶，提高了自身素质，在就业市场中他们具有较强的求职竞争力，成为企事业单位争相聘用的“香饽饽”，许多单位已连续多年招聘退役大学生士兵。很多单位招聘负责人的共同感受是，退役大学生士兵的综合素养更强，一专多能的特点尤为明显，认为“从工作表现来看，他们做事更有规划、效率更高”。在普通大学生与退伍大学生的综合素质自评中，这一观点也得到了印证。

3. 较之普通学生，退役大学生的发展目标规划明晰

军营的熔炼，不仅提升了大学生士兵的政治品格和综合素养，更让他们加强了自我认知，明确了职业规划。对于未来的人生发展前景，有30.54%的退役大学生充满信心，有57.69%表示“有挑战，但只要奋斗就能成功”，仅有0.9%者持悲观态度，认为“前景渺茫，自己的奋斗毫无意义”；而持同样悲观态度的普通大学生占比则为3.96%。关于毕业去向，45.35%的退役大学生打算毕业后直接就业，继续升学深造的比例为35.07%；而在普通大学生群体中，选择直接就业的比例约30%，60%的人有读研意向。对于单位性质流向，65.2%的退役大学生倾向于国企和机关事业单位，且到基层建功立业的积极性较高。在求职择业时，退役大学生的关注要素主要是薪酬福利、行

业前景和工作环境，与普通大学生基本一致。（见图 2－1－3）

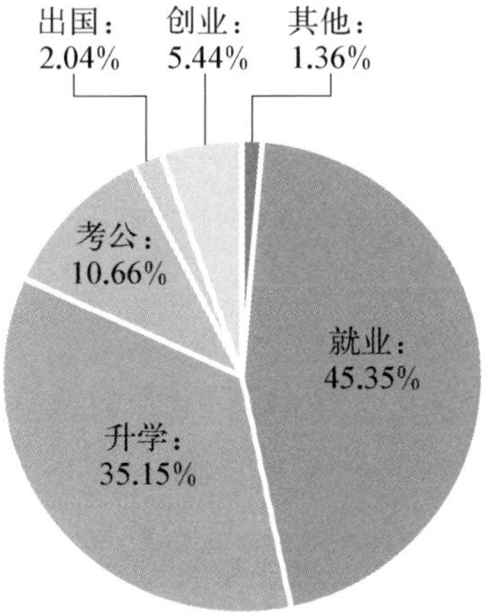

图 2－1－3　退役大学生就业意向

四、退役大学生的内在需求和现实困境

经受了军旅生活的历练，退役大学生变得更加成熟、自信、坚韧，拥有了一系列良好的品格。但他们退伍复学后也有一系列内在需求和现实困境。

1. 退役大学生复学手续复杂，需要优化复学流程

退役大学生在复学时，校外办理手续经过的部门有：退役军人事务局、人力资源和社会保障局、上海市学生事务中心、民政局、派出所等单位。校内如要完成复学手续，需要到武装部、学院、图书馆、教务处、后勤处等部门办理，手续繁杂，校内各部门沟通统筹较差，存在互相推脱现象，学生办理复学手续相当烦琐，甚至需要学生来回反复奔跑。调研显示（见表 2－1－3），退役大学生在复学环节遇到较多困难，53.51％的学生表示退伍复学手续复杂，41.95％的退役大学生表示不了解政策规定，34.47％的学生甚至表示不知道找哪些部门。退役大学生在复学的过程中，希望能够一站式办理所有手续，希望退役军人事务局能够协调各方，提供简便服务。

表 2-1-3 退役大学生在复学过程中遇到的问题

选　　项	小计/人	比例/%
复学手续复杂	236	53.51
不了解政策规定	185	41.95
复学材料不足	104	23.58
上课时间与办理时间冲突	197	44.67
不知道找哪些部门办理	152	34.47
其他	54	12.24

2. 退役大学生角色转化被动,需要给予支持引导

两年军营生活使得退役大学生重返校园时,容易产生不知所措和紧张的情绪。尽管退役复学大学生人数逐年上升,但在学生中仍是少数派,易成为高校学生工作的"盲区",高校重视程度往往不够。在多种因素的影响下,大部分退役复学大学生适应学校生活需要一个月以上,有的甚至用了近三个月。由于军队环境和大学环境存在差异,退伍复学后的短期内,不少退伍复学大学生对于"军转地"的新环境表现出难以适应。这种角色定位的转变和从士兵到学生的角色冲突,在一定程度上影响了退伍复学大学生在校的适应性。他们在校园生活中,由于年龄、经历、心理成熟、学习上的错位,以及插班学习和交叉住宿等因素,往往不能迅速融入新集体,与同学的交流沟通不多,可能导致短期内人际交往中出现障碍。调研显示,退役大学生心理不适情况主要表现为:生活节奏不适应(36.05%)、缺乏有力的帮助和引导(34.01%)、缺少发挥从军经历的舞台和交流互动的机会(29.71%)、感觉比较孤独(26.98%)、与新同学相处存在困难(24.94%)、心理上难以调适(24.49%)、缺乏认可比较失落(13.38%)等。他们需要更多的专业指导与平台交流,进而更快地适应和融入大学生活。(见表 2-1-4)

表 2-1-4　退役大学生返校后遇到的主要障碍

选　　项	小计/人	比例/%
没有朋友，比较孤独	119	26.98
缺少发挥从军经历的舞台和交流互动的机会	131	29.71
心理上难以调适	108	24.49
生活节奏不适应	159	36.05
与新同学相处存在困难	110	24.94
缺乏认可，比较失落	59	13.38
缺乏有力的帮助和引导，可借鉴案例少	150	34.01
复学手续繁杂	111	25.17
其他	26	5.9

从调研来看（见图 2-1-4），退役大学生首先期望从退役军人事务局获得更多的指导与支持，占比 54.65%；其次是寻求有经验的战友进行指导，占比 53.51%；再次是从企业资深从业人员获得职场知识，占比 31.29%，而后两项需要退役军人事务局提供资源和平台。

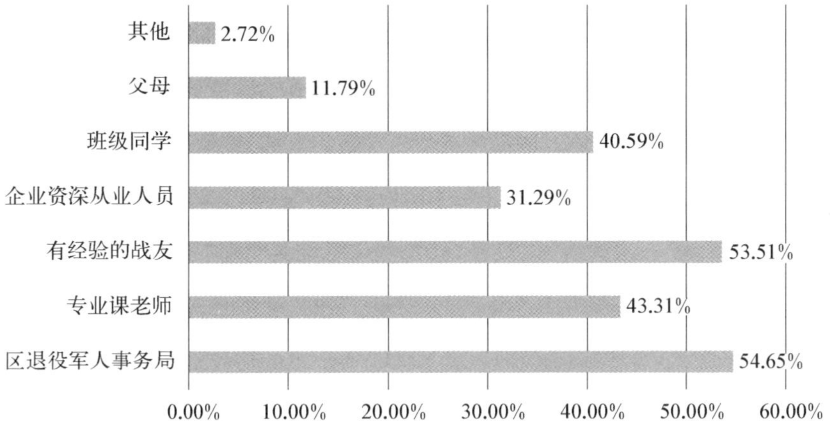

图 2-1-4　退役大学生期待获得哪些人的帮助

3. 退役大学生学业发展困难，需要强化学业帮扶

由于退役大学生大多离开校园两年甚至更长时间，不少学生在退伍后转专业，或与新的同学一起学习，课程体系可能发生了变化，同时由于学习时间和过程上的断裂，容易出现知识结构不连贯、不系统的问题。知识不连贯、新课程的学分补习等问题，使得大部分同学成绩为中游水平。多数同学需要付出比其他同学更多的努力，少数同学可能会因学分未修满而影响毕业，45.35%的退役大学生坦言“学习困难，学业压力大”。这个问题在理工科学生中尤为突出。

4. 退役大学生职业准备不足，需要精准就业指导

调研显示，28.12%的退役大学生表示“对未来就业非常迷茫”。在单位性质方面，退役大学生更倾向于稳定的工作环境，就业意向首选国有企业，占比 40.26%；其次是机关事业单位，占比 24.94%；然后是外资企业和民营企业；其他选项占比 9.98%，选项依次是出国、创业或自由职业等。

在退役大学生希望退役军人事务局提供的服务保障调研选项中，92%的学生需要定向提供就业信息，91%的学生需要针对性推荐就业岗位，86%以上的学生需要召开复退军人专场招聘会，88%的学生希望获得求职技能培训，90%的学生需要实用技能培训，86%的学生需要兴趣爱好培训（见图 2－1－5）。调研结果充分说明，退役大学生迫切需要退役军人事务局能够在就业方面提供针对性的指导和帮助。

此外，从高校教师希望退役军人事务局对退役大学生士兵提供的服务保障的选项来看，观点与学生基本一致。对于为退役大学生设立专项奖、助学金，高校教师则有更多的期待，希望能够更好地激励学生学习和成才。

5. 退役大学生政策学习把握不够，需要落实政策保障

退役大学生对相关政策落实总体评价不错，但仍有 4%的学生对落实上海户籍不太满意，说明在这个过程中遇到了困难与瓶颈（见图 2－1－6）。还有 5%以上的学生对落实户籍政策说不清楚，对于政法干警招录、经济补助政策、部队提干政策、转士官政策、考研加分政策、立功学业优待政策、“退役

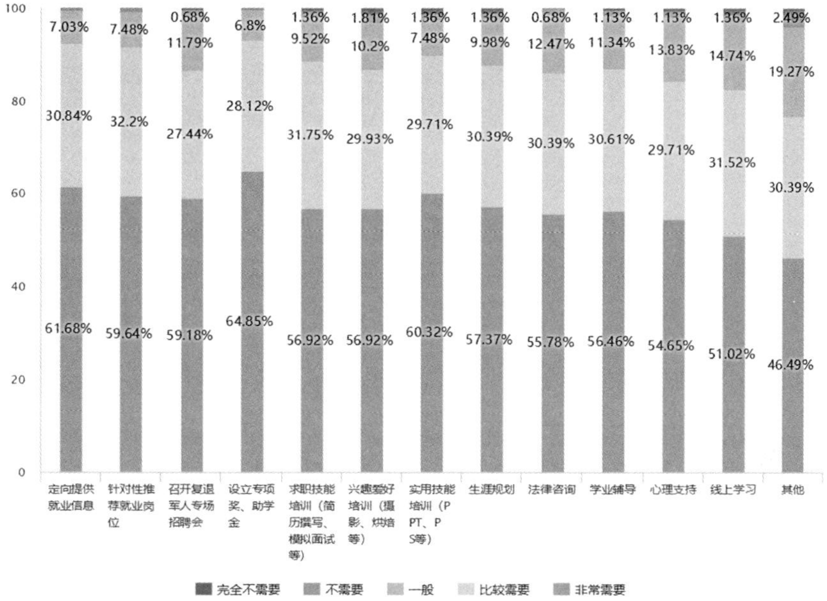

图 2-1-5　退役大学生希望退役军人事务局提供的服务保障

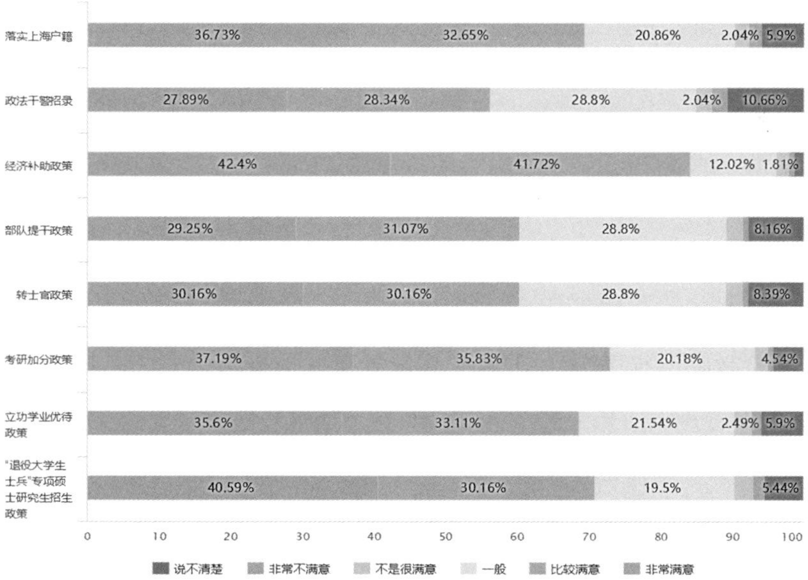

图 2-1-6　退役大学生对相关政策落实的评价

大学生士兵"专项硕士研究生招生政策等，仍存在说不清楚、非常不满意或不是很满意的现象，表明需要协调相关单位加强政策落实，保障退役大学生的权益，确保每个退役大学生都享受到政策优惠。

五、退伍大学生服务保障的优化策略与实践路径

做好退伍大学生服务保障工作，应当围绕学生、关照学生、服务学生，从退伍复学、政策指导、就业服务、创业指导、平台提供、局校合作等方面，强化政策支持，完善工作机制，为退役大学生提供高质量服务和有力保障，助力他们成长成才。

1. 优化退役流程，实现一站式办理

大学生退役复学手续比较复杂，尤其是校外办理环节，部分大学生表示由于不了解政策及规定，从郊区到市内办理更为复杂与困难，因材料准备不足，常常来回反复奔跑。退役军人事务局要从两个方面进行解决：

一是与高校及时沟通，建立联系机制，为退役大学生列出需要办理的事项、需要准备的材料等清单，并提前进行集中指导和培训。

二是协调相关委办局，为退役大学生提供一站式办理服务，高校内部也应如此，让退役大学生从"节点式"办理转变为"一站式"完成，优化服务流程，提高服务质量。

2. 人头熟家底清，做好精准施策

加强对退役复学大学生身份的精准识别，掌握退役大学生性别、年龄、生源地、家庭经济状况、学校、专业、复学就读年级和未来发展规划等信息。区退役军人事务局要与高校做好联络共建，针对不同学生进行精准施策。

一是做好国家有关政策宣读解读，让退役大学生全面、及时、准确地了解政策。例如：落实上海户籍，退役后在本市落实就业单位的，可直接办理上海户籍；政法干警招录，各地政法干警招录中约有20%的指标用于招录大学生退役士兵；等等。

二是落实经济补助政策，向退役大学生解释清楚有哪些补助，什么时候

可以入账。针对家庭经济困难的退役大学生，区退役军人事务局可以在高校设立专项助学金。

三是落实学业上的优待政策。例如：应届毕业生入伍退役后，三年内参加全国硕士研究生考试，初试总分加十分，同等条件下优先录取；在校生入伍退役，完成本科学业后三年内参加全国硕士研究生考试，初试总分加十分，同等条件下优先录取；在部队荣立二等功以上的，符合研究生报名条件的可免试攻读硕士研究生；毕业生士兵退役后一年内，可视同当年的应届毕业生；国家设立“退役大学生士兵专项”硕士研究生招生政策等。

3. 把握学生心理，完善心理帮扶机制

了解退役大学生心理与思想状况，对出现适应困难的学生重点关注，提供精准指导与有效帮扶。从“涓滴效应”到“靶向性”干预，多维度、多角度地提供心理健康咨询服务。退役军人事务局要整合多方资源，提供菜单式服务，如为退伍复学的大学生开展心理讲座等。可以组织高校心理健康与咨询中心，通过讲座或开设小课堂等形式，对这一群体进行压力调节方面的指导，帮助他们调节情绪，提高抗压能力。还可以为退役大学生开展团体辅导，通过团体辅导的共情体验，引导他们主动分享成长经历和成长体验，倾诉重新适应校园环境的经验和困惑，让他们在团体中得到支持和鼓励，并在参与活动的过程中树立学业信心、疏导心理问题、加强沟通交流能力。团体辅导可以帮助学生进行良好的沟通交流，建立有效的互动关系，树立积极正面的自我形象。

4. 建立成长档案，加大学业支持力度

一是退役军人事务局应与高校合作建立退役大学成长档案。把服务保障的理念和政策，落细、落小、落实到具体活动和项目中，实施跟踪式培养。着眼于退役大学生“关心什么”，邀请社会知名专家到校举办讲座，为退役大学生就社会热点难点问题解疑释惑，提供成才导向服务。

二是聚焦学生“需要什么”，整合并匹配各种资源，提高学校满足退役大学生成长成才需要的供给能力。例如，有关部门应与高校合作建立退役大学生服务站，成立志愿者服务团队。

三是在高校设立奖学金，对退役大学生进行学业支持。督促高校针对存在学业困难的退役大学生开展学业辅导。例如邀请同班级优秀同学、往届退役的高年级大学生，组织学习帮扶小组。

5. 做好职业规划，实施针对性就业指导

退役军人事务局可以整合各项服务保障元素，发掘社会资源，打造全方位、立体式的就业服务保障机制和平台。

一是与其他委办局加强合作，建立合作平台与机制，为退役大学生建立健全就业创业服务保障体系。

二是协调企业与高校，加强校企联合，为退役大学生成立“职业导师团”，组织经验丰富的企业人力资源专家，为退役大学生进行求职技能培训和岗位技能培训。

三是定向提供就业信息，推荐就业岗位，组织举办退伍军人就业专场招聘会等。

02　高校党史育人的主要方法与有效途径

◎ 高校是党史研究和人才培养的重镇，新时期如何做好党史教育工作，发挥党史育人的重大作用，成为摆在高校面前的一个重大课题。课题组采取案头调研、走访调查、个案访谈等方式，对高校党史育人的主要方法和有效途径进行了深入研究，取得了以下成果：一是对高校党史育人的主体、客体、目标、原则、内容等基本概念进行了界定；二是对当前高校党史育人的主要方法和有效途径进行了系统的梳理，并对国内高校从事党史育人的有效经验、存在的问题进行了述评；三是对高校党史育人的传统方法提出优化和完善的建议。在此基础上，还对开拓新的育人路径，构建新的工作模式，实现高校党史育人的常态化和高效化进行了思考。①

① 本节内容是2011年上海市教卫党委系统党建研究重点课题“高校党史育人的主要方法和有效途径”的结题报告，收入本书时内容有删改。课题组成员还有沈炜、丁灏、王惠文、彭辉辉、杨艳生等。

一、绪论

我们党历来高度重视党史教育工作。2010年6月，中共中央发布的《关于加强和改进新形势下党史工作的意见》指出："组织广大党员特别是青年党员学习党的历史，加深对党章、党的理论和路线方针政策的理解，提高为党和人民事业奋斗终身的自觉性和坚定性，使党的光荣传统和优良作风代代相传。"同年11月，中共中央党史研究室主任欧阳淞在全国党史部门党史育人工作研讨会上提出："党的历史是党的宝贵精神财富。用党史育人，无论从历史的经验看，还是从现实的需要讲，都事关重大，意义深远。"在新的历史时期，高校是党史研究和人才培养的重镇，如何做好党史教育工作，发挥党史育人的重大作用，成为摆在高校面前的一个重大课题。

1. 研究对象的厘定

党史育人，是指运用中国共产党在革命、建设和改革中创造的历史这一宝贵精神财富，对广大人民群众进行教育、引导和镜鉴，使其更加坚定社会主义信念，更加拥护共产党的领导。具体来讲，就是用党的伟大成就激励人，用党的成功经验启迪人，用党的历史教训警示人，使广大人民群众自觉继承和发扬党的优良传统，坚定建设中国特色社会主义的信念。

为了研究需要，本课题组把党史育人的内涵和外延作了必要的调整，主要研究高校中的党史育人，并把育人的主要对象限定于大学生群体。高校党史育人具体来讲，就是把党史育人融入高校人才培养的全过程，就是组织大学生深入学习、了解、研究和运用党史，把党在发展历史中的理论、理念和经验内化为大学生的信念，从而把其培养成中国特色社会主义事业的合格建设者和可靠接班人。

2. 主要内容和架构

首先，对高校党史育人的主体、客体、目标、原则、内容等基本概念，进行必要的界定。其次，对当前高校党史育人的主要方法和有效途径进行系统梳理，并对国内高校从事党史育人的有效经验、存在的问题进行论述和评价。最后，对在高校党史育人中完善传统方法、开拓新的路径，以及构建高校党史育人工作新模式，实现党史育人常态化和高效化，进行了全新的思考。

3. 研究的意义

当前，加强高校党史育人工作的研究，对大学生群体、高校党史育人和思想政治教育工作，乃至对社会主义核心价值体系在高校的弘扬，都具有极其重要的意义。

一是促进大学生全面发展和健康成长。本课题的研究可为高校党史育人提供行之有效的意见、建议、方法和途径，从而为帮助大学生科学而系统地学习党史、了解党史、运用党史，树立正确的世界观、人生观和价值观，实现全面发展和健康成长提供新的教育方法。

二是进一步优化高校的党史育人工作体系。前期，高校党史育人工作虽然在各方的努力下，取得了长足进展，但是仍有一些不足。本课题针对这些不足，提出了相应的解决方案，对于进一步改善和提高当前高校党史育人工作，具有一定的借鉴和指导意义。

三是有效推动高校的思想政治教育工作。教育部副部长李卫红在《贯彻全国党史工作会议精神 加强党史教学研究工作》的讲话中指出："党史教育在学生思想政治教育工作中具有重要的地位和作用。认真学习贯彻全国党史工作会议精神，对于进一步加强和改进学校思想政治教育工作，培养德智体美全面发展的社会主义建设者和接班人，具有重要意义。"本课题的研究可以推动高校思想政治教育工作，帮助大学生继承党的优良传统，发扬艰苦奋斗的精神，培养坚忍不拔的品格，并以实际行动约束自己、帮助他人；促进大学生提高道德自律意识，积极塑造自身向上向善人格，提高理想信念的精神境界，从而反对拜金主义、享乐主义和极端个人主义，努力实践社会主义荣辱观。

四是贯彻落实中央相关文件精神。本课题的研究，为高校贯彻《中共中央关于加强和改进新形势下党史工作的意见》的文件精神和全国党史工作会议精神，提供了有力的智力支持和方法参考，从而使高校能更有效地贯彻落实中央文件精神。

五是推动社会主义核心价值体系在高校的传播和弘扬。党史是社会主义核心价值体系的重要载体，是社会主义核心价值体系的集中体现。通过优化和推进高校党史育人工作，可以进一步增强师生对社会主义核心价值体系的认同度和接受度，大大推进社会主义核心价值体系在高校的研究、传播和内化进程。

二、高校党史育人的基本概念

1. 高校党史育人的主体

高校党史育人的主体，即高校党史育人的实施者、组织者，具体来讲，就是高党史育人的组织机构和工作人员。组织机构具体分为三个层次：第一层次为学校党委，主要负责党史育人的总体规划和方向指导；第二层次为学校各二级单位，如组织部、宣传部、教务处、学生处、校团委、各二级学院等，具体负责党史育人的课堂教学以及大型活动的组织、协调和开展；第三层次为各基层党支部、以班级为主体的共青团支部以及部分学生社团，他们是学校党史育人的直接参与者和党史育人小型活动的具体组织者。

2. 高校党史育人的客体

高校党史育人的客体，即高校党史育人的受众，也就是受教育的对象。广义上来讲，受教育者既包括高校的领导干部，也包括全体教职员工和广大大学生。狭义上来讲，受教育者仅包括广大大学生。本课题缩小了高校党史育人客体的外延，更多地把研究重点放在了广大学生身上。因此，下文中高校党史育人的目标，主要是针对大学生群体来讲的。

3. 高校党史育人的目标

高校党史育人的目标，就是通过一系列行之有效的党史教育活动，使广大学生能够深入学习党的历史、了解党的历史、认同党的历史，进而自觉接受党的领导，自觉践行社会主义核心价值体系，逐步树立正确的世界观、人生观和价值观，早日成长为中国特色社会主义事业的合格建设者和可靠接班人。

4. 高校党史育人的原则

一是坚持弘扬爱国主义精神。这是高校党史育人工作应当遵循的基本原则。充分发掘中共党史中蕴含的伟大爱国精神、民族精神财富，将党史教育与大力弘扬爱国主义精神有机结合起来，引导大学生既具有崇高的爱国主义思想境界，又具备进步的理想信念和务实奉献的思想政治素质，不断增强民族自尊心、自信心和自豪感。

二是坚持弘扬艰苦奋斗精神。艰苦奋斗精神是中国共产党的光荣传统和优良作风，也是中华民族的传统美德。邓小平同志曾深刻指出："艰苦奋斗是我们的传统，艰苦朴素的教育今后要抓紧，一直要抓六十至七十年。我们的国家越发展，越要抓艰苦创业。"[1] 培育和弘扬大学生的艰苦奋斗精神，是我国高等教育的一项历史使命，也是大学生塑造健全人格、成长为具有创新精神和实践能力的专门人才的重要途径。

三是坚持与形势政策教育结合。高校形势与政策教育的重要目标，就是帮助大学生认清国内外形势，全面认识党的路线、方针和政策。每一段党史都与当时的国内、国际形势以及社会、经济、军事生活等紧密相关，因此将党史教育与形势政策教育有机结合起来，通过国内国际比较，有助于大学生在历史和现实的比较中，加深对中国特色社会主义道路必然逻辑的理解和认识；有助于从理论和实践的结合上，增强学习和贯彻党的基本理论、基本路线、基本纲领、基本经验的自觉性和坚定性，从而增强对社会主义的信念、对改革开放和社会主义现代化建设的信心。

5. 高校党史育人的主要内容

一是党的奋斗发展史教育。中国共产党的历史，就是党带领人民为中华民族的独立和解放、为中国的繁荣和富强而不懈奋斗的历史。中国共产党从成立之日起，就一直为人民谋幸福、为民族谋复兴，经过艰苦卓绝的奋斗，把一个半殖民地半封建的旧中国变成了一个社会主义新中国，当前正朝着建设民主、文明、富强、和谐的社会主义现代化国家不懈奋进。通过这方面的宣传教育，引导大学生真正懂得“没有共产党就没有新中国”“没有共产党就没有中华民族的伟大复兴”的深刻道理，进而使其更加爱党、爱国、爱中国特色社会主义。

二是党的理论创新史教育。中国共产党的历史，就是坚持马克思主义基本原理与中国具体实践相结合，不断推进马克思主义中国化的历史，就是党在领导中国革命、建设与改革的伟大实践中不断进行理论创新的历史。从毛泽东思想到邓小平理论，到“三个代表”重要思想，到科学发展观，再到习近平新时代中国特色社会主义思想，中国共产党的历史就是不断进行理论创新的历史。通过这方面的宣传教育，引导大学生真正理解党的基本理论、基本路线、基本纲领、基本经验，在实践中不断增强执行党的路线、方针、政策的自觉性和坚定性。

三是党的自身建设史教育。党的建设是中国共产党永葆青春与活力的法宝，是党不断与时俱进的源泉。中国共产党的历史，就是一部始终加强党的自身建设、保持发展马克思主义政党先进品质的历史，就是一部始终锤炼和发扬党的光荣传统和优良作风的历史。通过这方面的宣传教育，引导大学生了解、继承和发扬我们党的优良传统和作风，鼓舞他们为实现中华民族的伟大复兴不懈奋斗。

三、当前高校党史育人工作的现状

目前，国内各高校在开展党史育人的过程中，采取了多种方法全面展开，探索了许多卓有成效的教育途径。对此，课题组对其中的主要方法和有效途径进行了系统的梳理，并对存在的不足做了简单述评。

1. 高校党史育人的主要途径

一是各级党校的集中培训。高校各级党校，是对全体大学生，尤其是入党积极分子，进行党史教育的重要阵地。中共中央正式发出《关于加强高等学校党的建设的通知》后，各高校纷纷建立了党校或业余党校，有的学校甚至建立了初、中、高三级党校，对各个层次的青年大学生进行党的理论和历史教育。高校党校或业余党校面向全体青年学生，通过组织党史知识学习讲座，对党的理论进行集中宣讲，吸引众多有志于加入党组织的大学生积极向党组织靠拢。高校党校教育在新时期党史教育中尤为重要，但各校教学水平参差不齐，一些高校授课形式过于单一，存在缺乏应有的吸引力和实效性。

二是党史图片、宣传专栏集中展示。高校经常利用节庆纪念日，开设党史图片展览或宣传专栏，此类活动较多，影响大，参观人数也多，效果较好，深受广大学生的喜爱。随着信息时代的到来和信息技术的不断发展，以互联网为代表的新媒体不断消解大学生对图片展览或宣传专栏的吸引力，使大学生对这类宣传的关注度普遍降低，活动实效越来越不如人意。

三是课堂集中教学。党史教育需要传授，要进高校，要进课堂。在高校思想政治理论课程体系中，以中共党史为核心内容和重点的中国近现代史纲要和毛泽东思想与中国特色社会主义理论体系概论这两门课程，承担着党史教育的重要任务。许多高校努力提高这两门课程的教学质量，使其成为高校对大学生进行党史教育的主阵地、主渠道。但遗憾的是，目前党史教育课程在部分高校没有得到推广和普及。

四是开展党史育人主题活动。利用党的重大纪念日、重大党史事件、重要人物纪念日加强走心设计，开展系列主题教育活动，是高校开展党史育人的有效方式。如 7 月 1 日建党节前后，很多高校会集中开展全面的党史教育，包括专题性的座谈会、研讨会、图片展、书画展、读书活动、演讲比赛、知识竞赛、歌咏比赛、文艺演出等，大大活跃了党史教育形式。目前，高校缺乏党史育人主题活动品牌。

五是充分利用党史教育基地。红色革命遗迹、红色旅游景点、红色纪念场馆、烈士陵园等党史教育基地，是一个个立体、凝固、无声、有形的党史教育的载体，蕴含着丰富的红色文化基因，是党史文化的承载者，是启迪和教育后人的活教材，有助于红色基因代代相传。许多高校充分利用并发挥党史教育基地的作用，组织大学生去参观学习，这可以唤醒广大学生的红色记忆，沧桑的革命遗迹和饱含革命者鲜血的遗物又能很好地激发学生的红色热情，从而使党史育人达到事半功倍的效果。但有些高校对开展此类教育活动的积极性并不高。

六是科学运用网络传媒。当前，许多高校积极探索利用互联网、新媒体等开展党史育人的有效路径和方法，使党史育人更加丰富生动、更具有实效性。网络媒体作为新兴媒体，已经成为影响学生的重要力量，网上党史育人具有交互性、便捷性、即时性、跨越性等优势，可以集知识育人、竞争互动、趣味分享于一体，能较好地适应大学生的身心特点，符合当代大学生的兴趣，让学生在放松、休闲、娱乐的过程中了解党史，增强对理论的理解。例如由共青团中央宣传部、共青团中央网络影视中心主办，中国青年网、中国共青团网承办的“网上祭英烈，共铸中华魂”清明网上公祭活动，已经举办了多届，每到清明时节，广大青年学生都会通过网络向英烈们敬献花圈，表达自己的敬意，寄托无限的哀思。此类活动较好，但存在参与度难以保证和效果难以有效评估的问题。

七是开展丰富多彩的团体活动。许多高校充分利用主题团日活动、成人仪式、演讲征文、参观走访、党史知识竞赛、故事会、读书会、红歌会等，开展丰富多彩的党史育人活动，受到广大学生的喜爱。这些团队活动有效补充了高校党史育人工作的空白点。但这些团队活动一方面大多为零星式地举行，覆盖范围有限，在党史文化传播上存在系统化和影响力不足的问题；另一方面，在组织过程中，由于有些组织者没有对活动本身的主题和意义进行充分挖掘，导致一些活动呈现出虎头蛇尾和蜻蜓点水之态，针对性和实效性不强。

2. 当前高校党史育人存在的问题

尽管当前高校党史育人的做法很多，也探索了一些经验，许多方法也卓有成效。但是，课题组调研发现，高校党史育人工作中还存在不少问题，值得我们关注和进一步研究。

一是缺乏统一的领导和规划。目前为止，高校的党史育人工作还没有专门的领导机构，也没有系统的规划和部署，学校内部各部门基本上处于各自为战的状态，难以形成党史教育的合力。例如：党校教育活动由校党委组织部门组织和开展；课堂党史教学由教务处协调和开展；团日活动和红色社会实践活动由校团委组织实施；重大周年纪念和各种纪念日活动，学生工作部组织较多；此外，网络党史教育部门也较为分散。这使得高校党史教育资源难以有效整合及合理规划，造成较多党史教育活动的重复建设。

二是缺乏系统性和科学性。当前的高校党史育人工作，由于各部门分兵作战，造成党史教育难以有效协调，缺乏系统性和科学性，没有形成完整的工作体系，使育人效果大打折扣，造成党史教育资源的浪费，因此党史教育的系统性、科学性亟待加强。

三是缺乏专业组织队伍。各部门各自为战的现状，造成各部门工作人员都是党史育人的发起者和组织者，但其作为业余兼职人员，难以有效地深入研究高校党史育人工作的特点和规律，党史育人专业队伍建设也成为奢谈。这样就容易在党史育人活动的组织中出现种种纰漏，使党史育人的效果大打折扣。

四是存在形式单一现象。有些高校对党史育人不够重视，造成工作形式过于单薄，不够丰富。同时，党史教育多以党员自学为主，制度缺乏，培训力量单薄，没有形成齐抓共管的良好格局，使党史教育效果有所弱化。

五是缺乏制度建设和长效机制。“没有规矩，不成方圆。”制度是一项工作得以有效推进和长久开展的保障。目前高校党史育人工作普遍缺乏有关制度，大多成为应景之作，难以形成长效机制。

四、加强和改进高校党史育人工作的新思考

针对上述高校党史育人工作中存在的问题和不足，课题组认为应当积极面对，高度重视。高校在实际工作中应与时俱进、开拓创新：一方面，不断完善和丰富传统方法，努力开拓新的路径；另一方面，逐步建立起“有专门机

构指导、有系统的教育内容、有专业人员实施、有丰富多彩的形式、有完备制度的规范、有长效机制的保障”的党史育人模式，推动高校党史育人工作全面、有效和科学地开展。

1. 在完善传统方法的基础上开拓新的路径

一是优化党校培训方式和内容。党校在培训方式上，要强调现实性、灵活性和有效性的统一。根据学生需要，优化课程设置，增强党校教育的吸引力。当代大学生比较喜欢党校培训方式多样化，例如主题实践活动、专题讨论、上党课、参观红色纪念地、小组讨论、访谈优秀党员、课题调研等形式，都深受学生欢迎。党校可根据培训形式的受欢迎程度，结合学生的现实需要，有针对性地制定授课方案，科学安排课程次序，把党课教学、小组讨论和实践活动有机结合起来，使党校培训内容既充实又喜闻乐见，形式活泼又思想深刻，从而使党校教育达到最佳效果。

二是创新党史图片展览、宣传专栏的形式和载体。高校开设党史图片展览、宣传专栏，要在形式上不断进行创新，在吸引广大师生注意力上下足功夫。要充分利用各种展示方式，使展览更符合广大师生的“胃口”，以增强展览效果，达到党史宣传教育的目的。扩大该类活动宣传的载体，在充分利用校园网、宣教网的基础上，把 E-class、手机报、微博等新兴载体拓展为新的展览平台。

三是推动中共党史课程进课堂，优化党史教学方法。除了少数学校设有中共党史本科专业，一些政治类学科开设中共党史课程以外，其他人文社科类专业缺乏中共党史必修课程。因此，高校应该设置或恢复中共党史课程，充分利用课堂主渠道对大学生进行中共党史教育。把党史作为思想政治教育课堂教学的重要内容，已经成为当前高校加强和改进党史教育亟待解决的问题。此外，党史的课堂教学也要注意方式方法，不能一味地灌输和说教，既要讲清现象、讲透道理，又要运用比较活泼的方式，要符合青年人的特点，可以通过讲故事的形式娓娓道来。

四是培育党史育人主题活动品牌。高校应充分研究大学生群体的特征和心理变化，结合自身的校史及办学特色，结合重大纪念日、节日等设计品牌性党史主题教育活动，并坚持长期开展，把每年的活动办成党史育人的盛会，使广大学生在此盛会中受到教育，获得成长。品牌的培育是一个长期的过程，高校要及时总结和分析本校有特点的主题育人活动，在党史育人的实践中，不断加以完善，加速品牌的打造过程。

五是重视党史教育基地的作用。党史教育基地在党史育人中虽然作用很大，但一些高校因安全因素、经济因素等，并不重视此类活动，使得党史教育基地未能有效发挥作用。因此，一方面需要这些高校改变态度，真正重视并发挥党史教育基地的作用；另一方面，各地需进一步开发、开放红色资源，增强红色资源的吸引力，提高红色资源在党史育人中的利用率。

六是丰富网上教育资源。网上党史育人资源丰富庞杂，良莠不齐。高校的许多部门都有相关的网络资源，课题组建议高校：一方面，对形形色色的网络资源进行整合，减少网络资源的重复建设；另一方面，对一些质量一般的党史育人网站予以充实调整。针对网上党史育人参与度不高等问题，高校需要对其形式进行创新，使其在内容上增加吸引力，以适应大学生的特点，从而扩大参与度。

七是整合党史教育团队活动。要充分重视各种党史育人的教育团队活动。一方面，高校对这些党史教育团队活动进行有效的统筹和整合，扩大受众范围，增加活动的辐射强度；另一方面，对其举办过程进行有效的指导和监督，使组织者对活动本身的主题和意义进行充分挖掘，进而把活动做大做实，真正使大学生受到教育。

2. 逐步构建完整的党史育人体系

一是要有专门机构的指导。高校要成立专门的党史育人工作委员会，加强对党史育人工作的统筹和指导，避免出现各部门党史育人各自为战的局面。一方面，要在整体上对党史育人工作予以指导和规划，对各部门进行有效的调动和协调；另一方面，整合实践育人资源，最大限度地实现党史育人资源的合理配置，使有限的资源发挥出最大的功效。

二是要有系统的教育内容。高校要充分认识到党史育人工作是一项复杂的系统工程，不是一蹴而就的。对党的历史也必须系统地学习，不可以断章取义。党史育人工作委员会要深入调研，遵循党史育人的特点和规律，有针对性地建立科学的党史育人体系，实现党史育人的系统化教育，增强党史育人的效果。

三是要有专业人员的实施。高校急需培养出一支党史育人的专业队伍，加强高校党史育人的组织力量。因为专心，所以专注；因为专注，所以专业；因为专业，所以卓越。这里的人员专业化，可以分为两个层面：第一个层面是组织人员专业化。针对党史教育活动的不同领域，培养一批“组织专家”，专门从事该领域内的党史教育组织活动，由党史育人工作委员会根据党史育人需要统一调配。第二个层面是授课教师专业化。根据党史育人的要求，有针对性地招录并储备具有中共党史、中国近现代史等相关学科专业背景的教师队伍，培养他们成为党史育人课堂教学的中坚力量，这是实现党史育人教学科学化的一个重要环节。

四是要有丰富多彩的形式。高校要充分发挥主观能动性，创新党史育人的新形式和新载体，开展形式多样、内容丰富的党史育人活动。很多高校建校历史长，有着丰富的红色资源，可以充分加以利用，例如可以大力挖掘本校的党员先烈事迹，树立理想信念标杆，教育本校师生员工。借助新兴媒体资源，创新学习宣教的形式，例如可以利用学校官方微博、社交网站、手机报和电子报以及 E-class、校园 BBS 等搭建网上学习平台，实现党史教育的全渗透。利用高校人文社科优势，进行党史研究，实现党史研究和教学的互动相长。此外，还可以开展党史主题展览、党史知识竞赛、在线党史学习、唱红歌、主题班会、观摩红色电影、红色旅游等活动，真正把党史育人贯穿在学校各项事业中。

五是要有完备的制度规范。制度是一项工作得以长久而有序开展的根本保障，制度化建设在高校党史育人中的作用异常关键。高校在开展党史育人的过程中，要勇于反思，善于反思，对其中形成的卓有成效的经验，及时总结，并以制度化的形式加以巩固和丰富。对其中的教训，要及时反省，全面分析，从而在今后予以规避。高校在长期的党史育人实践中，要不断加强制度建设，不断探索和创新，逐步建立一整套行之有效的规章和制度。

六是要有长效机制的保障。党史育人要建立长效机制，健全组织网络，通过开展党史育人活动，建立校院两级的联动教育机制；健全党史育人的组织网络，注重育人活动的持续性，积极探索加强党员教育管理的长效机制，建立校、院、班团党史教育三级体系，将其纳入各级党校、学院的教学计划，扩展到个体大学生，做到不留死角。努力做到党史育人有机制、有组织、有保障、有监督。充分发挥党史资源"资政""育人"的作用，引导大学生党员强化党性意识和宗旨意识，坚定理想信念，永葆先进性，为社会主义现代化建设提供坚强的组织保证和队伍保证。

五、结语

中共党史是中华民族优秀文化中的精华，高校更要加大力度在青年大学生中开展宣传与教育，使党史文化得到传承，党的优良传统得到继承和发扬。高校作为党史育人的重要战场，在党史育人过程中，要不断探索，勇于创新；在党史育人实践中，不断使党史育人的途径更为多样，内容更为丰富，方法更为灵活多变。在党史育人实践中，好的做法要坚持，成功的经验要推广，失败的做法要摈弃，不足的地方要改进。要不断摸索，逐步探索出适合自身的党史育人模式，实现党史育人外延的不断扩大，内涵的不断提升。

参考文献

[1] 中共重温三代领导人关于艰苦奋斗居安思危的论述[Z]. 中国新闻网，2003-2-13.
[2] 耿双全. 把党史政教育纳入思想政治工作中[J]. 党史博采，2000(11)：45-47.
[3] 殷茵，许伟. 中国高校党史教育的现状分析及长远发展[J]. 文教资料，2007(6)中旬刊：39-41.
[4] 曹子洋. 关于党史育人的根本任务和需要着力解决的结合点问题的思考[J]. 福建

党史月刊,2011(2):16－18.
[5] 周勇.以创新的精神构筑党史育人工作新机制[J].红岩春秋,2010(6):10－12.
[6] 孙一.探索创新党史育人的途径和方法:党史育人十人谈[J].红岩春秋,2010(6):6－9.
[7] 杨明清.发挥党史以史鉴今、资政育人的作用[J].理论学刊,2010(11):26－28.
[8] 吴佳佳.全国党史部门党史育人工作研讨会综述[J].中共党史研究,2010(12):115－116.
[9] 袁民.努力探索生动有效的青少年党史教育形式和载体[J].福建党史月刊,2010(23):12.
[10] 陈晋.党史育人的两个关键途径[J].福建党史月刊,2010(23):10－11.
[11] 中共河北省委党史研究室课题组.关于加强党史教育　推进学习型党组织建设问题研究[J].党史博采,2011(1):4－7.
[12] 陈晋.我看党史育人[J].百年潮,2011(1):40－44.
[13] 曲青山.抓住机遇乘势而上　努力开创党史工作新局面[J].上海党史与党建,2011(1):1－4.
[14] 夏学花.新时期加强高校学生党史教育的基本方法[J].上海党史与党建,2011(2):4.
[15] 欧阳淞.深入贯彻落实中央精神努力开创党史育人工作的新局面[J].中共党史研究,2011(2):5－11.
[16] 田克勤.加强和改进高校中共党史教育的几点思考[J].思想理论教育,2011(4)上:38－41.
[17] 赵为粮.把党史教育融入人才培养全过程[J].中国高等教育,2011(13－14):23－25.
[18] 丁林,邓良基,王克冬.加强中共党史学习教育　坚定青年学生跟党走的信念[J].中国高等教育,2011(12):14－16.

03 上海高校文化品格培育经验研究

◎ 大学文化品格，是一所大学在长期的发展过程中，通过历代师生的文化实践活动逐渐积淀、凝结、升华而成的价值观念体系和群体意识，内化于大学人的灵魂深处，反映大学的理想目标、精神信念、文化底蕴、审美情趣、行为准则和思维方式。它既是大学文化的外在表征，又是大学的精神烙印、性格所在和价值追求。研究发现：在培育大学文化品格的实践中，价值观、英雄、故事、口碑、符号、仪式是六个基本元素，进一步可以将这些元素归纳为三个维度：以价值观和英雄驱动文化信念的内在动力，以深化文化自觉；以故事和口碑深化文化自信的历史情感，以深化文化自信；以符号和仪式营造文化认同的环境氛围，以深化文化认同。这些都成为提升高校文化品格的有效载体。[1]

① 本节内容是笔者主持的2012年度上海市“阳光计划”项目“上海高校文化品格形成和培育经验研究”的结题报告。收入本书时内容有较大幅度删改。课题组成员还有储琰、杨艳生、王惠文、彭辉辉等。

一、绪论

1. 问题的提出

提到高校,我们会想到什么?在人类的历史长河中,大学在人们心目中,永远是知识的殿堂、思想的灯塔和精神的家园。其中,最具魅力的是大学的文化精神,以及在其熏陶下培育而出的大学人特有的文化品格,这种品格是一所大学最好的文化名片。

高校作为一个知识和学术共同体,具有不同的文化背景和历史积淀,有着自己的文化特色。当这种文化积淀在高校人身上,就会显现出高校人的不同品格与风骨,这是一种文化内化为认知与行为之后群体意识的自发体现。

人们自然要问:大学的这种文化品格是如何形成的?是否有一些共同的做法?这些共同做法是否存在共性规律,可以为大学文化的进一步发展提供思路遵循或者是经验参考?我们发现,上海高校云集,很多高校具有悠久的历史和深厚的文化底蕴,每一所大学走出的学子所表现出来的人文品格,都蕴含着该校文化品格的深刻烙印。因此,我们选择上海的部分高校作为这项研究的样本。

2. 研究的意义

文化传承与创新是大学的重要职能。大学文化建设是社会主义文化建设的重要组成部分,对于推动社会主义文化大发展大繁荣具有重要意义。大学的文化品格,作为大学文化建设的长期成果,具有极强的引领和示范作用,可以为大学的建设发展提供强大的精神力量和文化条件。

一是大学文化品格的培育具有引领社会向上向善的力量。众所周知,任何一种行为和思想升华为品格之后,将会有极大的影响力和示范作用。大学是社会的灯塔,大学人对于知识的求索和对于道德的追求,在社会上是一种无形的向上向善的力量。大学人在社会中享有一定的声誉,这种声誉一般聚焦在品德高尚、学识渊博、知书达理、积极向上等特点上,这些也是社会人的价值追求。

二是大学文化品格的培育可以进一步为广大青年追寻中国梦提供强大的动力。“培养什么样的人”是社会聚焦的关键问题。青年大学生在努力求知的同时，正处在世界观、人生观、价值观形成的关键时期，培育和践行大学文化品格将引导学生砥砺青春、成才报国，鼓励大学生在追寻成才梦的过程中，迸发出青春正能量，从而为实现中国梦提供强大的精神力量。

三是大学文化品格的培育可以提高我国大学建设和高等教育的发展水平。我国不少大学具有悠久的历史，每所大学都应该有自身的文化价值存在。但是，不容忽视的问题是，我国的大学在充分挖掘历史底蕴、充分展示文化精神等方面还存在短板。习近平总书记曾指出，建好中国的世界一流大学，必须要有中国特色。我们要建设中国特色的世界一流大学，就是要充分弘扬我国大学的传统特色，展示中华民族悠久的历史文化，使大学在传承历史文化中显示出更为突出的作用。文化品格的培育和弘扬，是培养杰出人才的一个重要的支撑力量。大学之大，不仅在于大师之大、学问之大，也在于品格之大、人格之大。

3. 大学文化品格的概念界定

大学的文化品格，是一所大学在长期的发展过程中，通过历代师生的文化实践活动逐渐积淀、凝结、升华而成的价值观念体系和群体意识，内化于大学人的灵魂深处，反映大学的理想目标、精神信念、文化底蕴、审美情趣、行为准则和思维方式，它是大学的精神烙印、性格所在和价值追求。

对于大学文化品格的概念，我们还需要明确以下四个方面的内容：

第一，文化品格是思维习惯和行为特征的外在表现。文化品格本身是一个抽象的概念，但在现实中可以感知到。这种感知的信息来源，正是在某一文化环境中每个主体所展现出来的思维习惯和行为特征。换句话说，文化品格是通过文化环境中的人的外在表征显示出来的。

第二，大学的文化品格是在大学特有的文化氛围中长期孕育出来的。本课题研究中的文化品格，特指大学的文化品格，这种品格和大学的文化有着直接的关系。或者说，因为有了大学文化环境的孕育，才使得其中的主体产生出特有的品格，所以要研究文化品格的特征，需要将大学文化的形成、发展、传承做一详细梳理。

第三，文化品格是群体的特征，具有相对的独特性和稳定性。文化具有传承性和稳定性，品格也是一种惯性思维与特征行为，因而文化品格一定具有相对的独特性和稳定性。然而，因为文化品格是群体意识的外在表象，群体意识在不断的发展和深化过程中，又会影响其中个体的意识的形成和发展。因此，从长期来看，文化品格也具有动态发展与不断变化的特点。

第四，文化品格可以通过文化实践来培育。思维和行为的习惯是可养成的，文化的环境是可以构建的。因此，文化品格一定可以通过运用有效方法、采用有效措施来加以培育。本研究在调研过程中，除了调研文化品格的特征与内涵外，更重要的是了解其形成的背景与路径，进而总结出培育文化品格的有效做法与共同规律。

4. 大学文化品格的基本特点

我们进一步总结出大学文化品格的基本特点。

一是示范引领性。一所大学的文化品格，是这所大学的历史文化积淀，是这所大学文化传承的精华所在，是凝聚广大师生的精神力量。它具有天然的示范引领性，一方面引领学校文化整体的未来发展方向，另一方面引领全校师生个体性格的发展方向。

二是识别唯一性。一所大学的文化品格，是这所大学的性格标识所在，是这所大学之所以成为这所大学的文化性格体现。它具有属于自身而区别于其他学校的独特文化要素，具有唯一性，具有极高的文化识别度。

三是相对稳定性。一所大学的文化品格一旦形成，就“江山易改，禀性难移”，就会在较长的历史时期内保持相对的稳定。除非客观上受到社会改革或变革等重大事件的冲击，或者主观上受到该校强力文化英雄或文化事件的影响，文化品格才会相应地慢慢改变。

四是与时俱进性。一所大学的文化品格，虽然在一定时期内相对稳定，在一定程度上反映了她所处时代的特征，但是从长期看，也会随着时代的变迁，为了学校自身的发展而不断进行调整和适应，因而又具有一定的与时俱进性。

5. 大学文化品格相关研究

文化品格虽然在文学界被广为提及，但在学术界却较少提及，一直没有明确的定义，现有的解释也较为模糊。

北京师范大学的常书红虽然未对文化品格进行定义，但对“城市的文化品格”做了界定，可资参考。她认为，城市的文化品格，是指城市在长期的历史积淀中凝结而成的，反映其理想目标、精神信念、文化底蕴、审美情趣、行为准则和思维方式的价值观念体系和群体意识。[1]

湖南理工学院的刘创对“现代大学的文化品格”做了尝试性界定。他认为，现代大学的文化品格是大学经过长期的文化积淀形成的具有现代风貌和鲜明特色的文化品性与风格，是大学追求自由、崇尚科学、倡导民主、富于批评等精神因素的整合，是大学通过其文化构建折射出的内在的价值观和精神意志。[2]

南京师范大学的姜晓云对“大学的品格”做了界定，认为从其形成与发展的过程来看，就是“校园人”的一种“文化习得”。这种“文化习得”，一方面来自“校园人”对大学品格的创造与坚守，另一方面也来源于“校园人”对大学品格的重塑和发展。他触及了大学文化品格的内涵，但没有对大学文化品格做进一步的界定。[3]

三峡大学的谭志松则对与文化品格相近的“文化性格”做了界定，他认为大学文化性格有三个重要特点：一是大学的本质是传承、传授、研究、融合及创新高深学问的文化（包括科学文化和人文文化）有机体。二是大学文化对生境文化（外来文化）有批判性吸收融合的敏锐和本能，又有自己创造所形成的文化特质，这种特质具有先进性、超前性，并引导和推动社会文化前进。三是大学文化是长期历史积淀形成的，具有相对稳定的品格。[4]

重庆交通大学的吴宗元总结了中国大学文化在品格追求上的一些特点，认为中国的大学应首先为自身文化的品格定位，如科学品格、创新品格、人文品格、文化自觉性、开放包容品格以及民族精神品格等。[5]

在目前查阅到的文献中，关于高校文化品格的形成和培育的经验研究较为零星，散落在有关专题研究中，尚无系统的研究和梳理，难以发挥应有的理论指导作用。

姜晓云在塑造大学文化品格方面，提出了三点建议：挖掘校本文化，深化品格内涵；创造校园新文化，引领社会优良品格；以优良大学品格培育人才成长。[6]

刘创认为，大学应该通过文化品格的塑造，把受教育者培养成具有“人的精神”的人，使他们达到时代标准所要求的高度。主张从坚持自由探究的科学精神、弘扬人文教育传统、重视“全人教育”、尊重大学基本的学术权与管理权等四方面，进行文化品格的塑造。[7]

6. 研究的思路、方法与创新点

上海高校的大学文化呈现出各具特色、百花齐放的状态。如何将各个高校的文化现象和文化规律进行总结，阐明文化品格形成机理，并在此机理的基础上总结出具有普遍意义的经验，从而构建出一个可以推广的文化品格培育的模式与路径，是本项研究攻关的重点和难点。

本项研究选择了较有代表性的九所上海高校作为研究样本。这些学校包括：复旦大学、上海交通大学、同济大学、华东师范大学、华东理工大学、东华大学、上海外国语大学、上海财经大学、上海大学。选择这些学校，原因有三：首先，这些高校在文化品格培育过程中都积累了丰富的经验；其次，这些高校基本涵盖了理、工、农、医、文、史、哲、经、法、管等学科门类，既有综合性大学，又有行业特色性院校，而且办学方向各有特点、各有侧重；最后，这些高校都有着悠久、曲折而辉煌的办学历史，在办学过程中积淀了深厚的大学文化底蕴，具有独特的大学文化品格。

本项研究采取实证研究和比较研究的方法。以实证主义的方法论为基础，对上海高校文化品格的现状进行资料收集与整理。具体而言，主要采用以下四种研究方法：一是文献研究法，查询并搜集当前学术界对大学文化品格研究的相关文献资料，加以分析研究，以供参考。二是现场走访调研法，深入上海高校走访师生，调研各校文化建设的思路和方法，总结他们在大学文化建设工作中的经验做法。[①] 三是问卷调查法，通过合理设计和广泛发放问卷，收集与大学文化建设和文化品格培育相关的意见建议。四是个案研究法，通过对上海211工程大学文化建设机构负责人、一线工作人员、教师和学生的访谈，多渠道了解该校大学文化建设的发展情况。

本文结构安排如下：第一部分，从一种文化现象引发思考，提出文化品格的概念，并进一步论述文化品格培育的现实意义；第二部分，引入本文经验分析所依据的文化理论基础，并对文化理论进行本土化演绎，提出文化的三个维度和六个要素；第三部分，在调研上海高校的基础上，将校训作为高校文化品格研究的出发点，阐明文化内化成品格的路径；第四部分，按照三个维度，分别从驱动文化信念的内在动力——价值观和英雄、深化文化自信的历史情感——故事和口碑、营造文化认同的环境氛围——符号和仪式三个维度，对上海高校文化品格的形成进行详细阐述；第五部分，得出研究结论，高校的文化品格是可以培育的，培育是有方法的，因而进一步提出了具体的培育路径建议。

本项研究的创新体现在：一是在经验研究基础上，总结和提出大学文化品格的概念，在梳理分析文化理论的基础上，论述了从文化内化到品格的逻辑路径，从而为大学的文化研究提供一个新的视角，具有一定的学术价值。二是以具有代表性的部分高校为例，梳理和总结了上海高校的文化品格特征，提出了文化品格的培育模式和有效路径，希望为新时期上海高校的文化建设提供有益的参考。

二、经验分析的文化理论基础

1. 文化的结构与功能

一般来说，文化包括物质文化、制度文化和心理文化三个方面。[②] 物质

① 本项目在调研和撰写过程中，涉及各校做法和经验方面的资料，主要有两个来源：一是来自各校的门户网站，二是来自各校提供的经验总结材料。后续介绍各校经验时，除特别说明外，一般不再注明来源。

② 对文化的结构解剖，有两分说，即分为物质文化和精神文化；有三层次说，即分为物质、制度、精神三层次；有四层次说，即分为物质、制度、风俗习惯、思想与价值；有六大子系统说，即物质、社会关系、精神、艺术、语言符号、风俗习惯。

文化，是指人类创造的种种物质文明，包括交通工具、服饰、日常用品等，是一种可见的显性文化。制度文化，是指生活制度、家庭制度、社会制度、政治制度等，蕴含着文化的理念和精神。心理文化，是指群体的思维方式、宗教信仰、审美情趣等，属于不可见的隐性文化，体现在文学、哲学、政治等内容中。

影响较大的，是文化的四分法，即文化可以分为四个层次：物质文化、制度文化、行为文化、精神文化。物质文化层，是人类在物质实践基础上形成的对物质认识与认知以及所形成的文化观念，是人类的物质生产活动方式和产品的总和。制度文化层，是由人类在生产生活以及社会实践中建立的各种礼仪、道德、行为规范，包含社会经济制度、政治法律制度、教育制度、婚姻制度等。行为文化层，是人际交往中约定俗成的，以礼俗、民俗、风俗等形态表现出来的行为模式，具有鲜明的民族、地域特色。精神文化层，是人类基于社会实践活动的过程在思维意识层面孕育出来的价值观念、审美情趣、思维习惯等主观因素，相当于通常所说的社会心理、社会意识等概念，是精神文化的核心部分。精神文化层可细分为社会心理和社会意识形态两个层次。

对于个人，文化起着塑造作用，是个人融入社会的许可证，实现社会化的功能。对群体而言，文化起着整合群体的社会水泥和思想旗帜作用。就整个社会而言，文化是国家安全的基石和思想基础，也是国家竞争的软实力，起着社会整合和社会导向的作用。这三个层面的功能是互相联系的。

社会整合功能主要体现在三个方面：一是价值整合。这起到凝聚整个社会群体思想的作用。文化对于社会中的个人来讲，如同一种普照的光，笼罩着整个主体世界和客体世界，只有经过共同文化的熏陶，才能凝聚成共同观念，是集体行动的合法依据和价值标尺，是国家安全的基石和政权更迭的思想基础，也是个人进入社会的通行证。

二是规范整合。文化包含了价值规范，比如中国文化中的礼义廉耻、仁义礼智信等，规范着个人行为。文化的规范整合功能，可以把这些价值观念内化为个人的行为准则，进而维持一定的社会秩序。

三是结构整合。社会是一个多元结构的系统，个人和社会群体都有着各自的信仰、立场、观念、价值观。这些分歧越大、多元结构愈复杂，越要发挥文化的功能整合。文化可以表现在宗教、哲学、文学、艺术、生活习惯、法律、政治等形式之中，每一种形式都有自己的功能，各部分功能联结起来才能对整个社会的运行发挥作用，使社会结构成为一个协调有序的功能体系。

文化的社会整合功能是民族团结和社会秩序的基础。文化最高表现为文明，“文明是人的最高文化归属，是人必不可少的文化认同的最大层面”。在这个新世界里，最普遍的、最重要的和最危险的冲突不是社会阶级之间、富人和穷人之间的冲突，而是属于不同文化背景的人民之间的冲突。冷战后，全球政治正沿着文明界线进行重组，“具有相似文化的人民和国家正在聚合，具有不同文化的人民和国家正在分离”。[8]

整合功能维持社会秩序，文化的社会导向功能推动了社会进步。“文化是制度之母”，越来越多的学者、新闻工作者、政治家和实际从事发展工作的人，正在把注意力集中到文化的价值观和态度在促进或阻碍进步方面所起的作用。塞缪尔·亨廷顿和劳伦斯·哈里森在《文化的重要作用：价值观如何影响人类进步》一书中曾表明，非洲的落后文化造成了非洲的困境，非洲的价值观、道德观、教育等亟待调整和变革；拉丁美洲的政客、军人、企业家、教会人士不尊重法律、不遵循民主，落后的价值观和意识形态是阻碍拉丁美洲发展的主要原因。[9]

文化的社会导向功能体现在：一是提供知识。文化是个人进入并生活于某个社会的许可证，个人只有通过教化与文化认同，才可能被以这种文化为主导思想的社会认同。

二是协调社会工程管理。对于任何一个社会来说，文化都是整个社会结构的一个不可或缺的组成部分。在社会总体中，先进的文化推动社会向前发展，落后的乃至反动的文化则阻碍社会向前发展。

三是巩固社会导向的成果。文化是一份逐步积累的社会遗产，包含比较稳定的、系统的文化观念、社会价值目标、社会行为规范等内容。每一次社会改革和社会进步所取得的成果，都有赖于新的制度的巩固，文化在新制度建设过程中及建成以后，起着协调整合作用，以维持新制度的秩序和稳定。

2. 霍夫斯泰德的文化研究①

荷兰学者吉尔特·霍夫斯泰德(Geert Hofstede)认为，文化通常是一种集体现象，它被生活在相同社会环境中的人们所共享，而这种社会环境正是人们习得文化的地方。文化包括社会游戏中那些不成文的规则。[10]

他认为，文化是后天习得的，而非与生俱来的。它源于个体所处的社会环境，而不是个体的基因。文化一方面应该与人类的本性区分开，另一方面还应该与一个人的人格区别开来。他用图 2-3-1 来表明这三个方面的层次区分。[11]

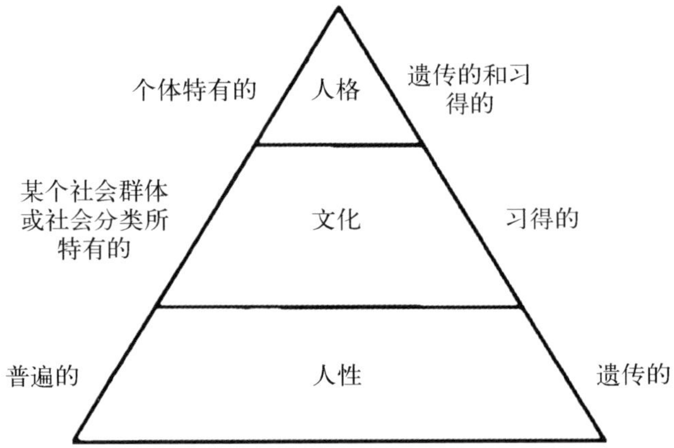

图 2-3-1　文化的层次

如图 2-3-2 所示，他简明地概括了文化的表现形式，即符号、英雄、仪

① 本研究主要以霍夫斯泰德的文化理论为出发点，并将其理论用来研究高校的文化现象，进而研究文化品格的形成与培育。在对大学文化的特征进行分析之后，本文认为对于大学文化，在霍氏的理论基础上，增加故事与口碑两个文化元素，对本项研究具有更强的解释力。

式、核心价值观。他把这四个术语描绘成洋葱的几层皮：符号代表了最外面的表层，价值观是最深层的表现，而英雄和仪式则处于中间位置。[12]

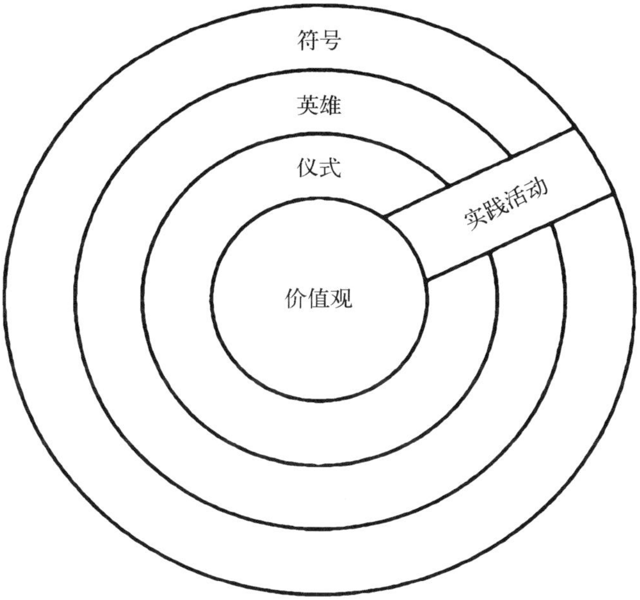

图 2－3－2　文化的表现形式

文化的核心由价值观构成。价值观是一个人对外在环境、人、事、物表现的一种倾向，表现为是非判定或选择的标准或态度。价值观是一种带有指向性的情况，既包括正向的一面，也包括负向的一面。

英雄是一些人物，无论他们是在世的还是故去的，无论他们是真实的还是虚构的，他们都具有某一文化高度赞扬的品格，他们都是共同认可的价值观的最杰出表现者，因此被视为行为的楷模。

符号指的是承载着某种特定含义且仅仅能被这种文化的共享者们所理解的词汇、手势、图画或者物体。语言或行话里的词汇属于符号，服饰、发型、信号旗、地位象征也属于符号。新的符号很容易产生，旧的符号也会消失。某一文化群体的符号经常会被其他群体复制，这就是符号被放在最表层位置的原因。

仪式是一些集体活动，虽然从技术层面上看，这些行为对达到预期效果而言是多余的，但是在一种文化中，这些仪式被视为具有重要的社会意义，其存在自有道理。常见的仪式有政治性、社会性或宗教性的庆典等。一些商业或政治会议，表面上看是出于理性的原因而举行，其实往往主要服务于仪式的目的，例如增强团队凝聚力的会议，允许领导者各抒己见的会议，等等。仪式也包括话语，它是在日常互动和观念交流时运用语言的方式，既包括书面文字，也包括口头表达。[13]

3. 迪尔和肯尼迪的文化研究

特伦斯·迪尔（Terrence Deal）和艾伦·肯尼迪（Allan Kennedy）是两位企业文化研究的奠基性人物，他们将文化的理论运用于企业管理中，获得广泛的成功。他们用“文化织锦”来阐述文化的要素：“……文化的活力在很大程度上，是基于长期以来人们共同合作和互相学习而编织出来的一块完整的文化织锦。这块织锦中交织着一套互锁的文化要素：历史产生了价值观；价值观创造了行为的重心并塑造着行为；英雄人物是核心价值信念的具体化身；礼仪与庆典进一步强调了价值观，并唤醒了集体主义精神；通过故事，传送英雄事迹，强化核心价值观，并提供有关公司事件的令人振奋的素材。”[14]

他们认为，历史是公司植根的动力，优秀的公司总是花大力气来保证新进员工了解公司的历史根基。因为他们知道，公司的历史中凝聚着一种象征性的黏合剂，它能使大家做事拧成一股绳，共同为公司的理想和目标努力。他们还认为：价值信念是企业文化身份的基石，信念可以凝聚员工共识，在公司的目标和愿景达成的过程中，能够使员工坚信不易，起到凝神聚气的作用，对企业的决策和战略能够坚定地执行下去；礼仪和庆典是文化的活动，比起价值观看不见摸不着，礼仪和庆典这种不断重复的行动，更能够让人们感受到价值的存在；故事是文化的口述史，故事承载着文化价值观，讲故事是日常工作生活的一部分；英雄人物的角色体现了文化的价值，通过长期不断地讲述这些英雄人物，把他们塑造成人物榜样或者自己公司的标志，以英雄人物的行为来彰显公司目标与愿景。

4. 大学文化的特征

纵观世界大学的发展历史，大学文化是一所高校的精神与灵魂所在，而文化的形成是具有历史性的。研究大学文化，不能忽视文化形成的特征。本研究认为，大学文化的形成具有如下基本特征：

历史性。对于文化的概念界定有很多版本，无论何种界定，都认为文化包括了人类在社会历史实践中所创造的物质财富和精神财富。在历史的积淀过程中，人类的文化得以传承是通过物质和精神两个载体。大学的文化也是一样，是在经过漫长的历史洗刷和积淀过程中得以形成的。任何一个大学的文化氛围和特有的文化现象，都不是一朝一夕之间促成的，而是经过几代甚至十几代高校人，用自身的行动和社会影响建立起来的。

价值性。既然文化涵盖了物质财富和精神财富，那么必定在承载过程中体现出一种价值体系。作为意识形态的传播载体，文化不可否认地承担了一些政治和经济的元素，这些元素具有强烈的时代特征。比如，我国的大学在不同的时代具有不同的历史使命，而这种历史使命与社会发展形势有着极其重要的关系。每一所大学的价值观必定与时代和国家密不可分。大学文化的价值性体现，不是简单系于其作为文化组成部分的责任，更重要的是系于其承担社会建设、社会影响的责任上。

学术性。大学是学术的共同体，大学文化中一个核心组成部分是学术的传播与研究。大学之大，不在大楼之大，而在大师之大。大学的学术文化是一个传承和创新相互促进的过程，正是这种传承和创新的相互交错，促成了大学人精益求精、不断进取、知难而进的学术品格；也正是这种传承和创新的交错前行，促进了学术改变世界的事实形成。

精神性。大学中的大师，从来都不是一个简单的学术狂人，他更多的是一个道德与学识共进的示范性主体。社会从来都不会将一个具有深厚知识却阻碍历史进步、危害人类幸福的学术家称为大师。这也正是大学文化的一个独特现象和魅力所在。大学的精神，更体现在一种文化的修养中，体现在一种与历史和人类同呼吸共命运、弘扬社会道德之先的文化精神中，这就是大学的精神之所在。

5. 大学文化的维度与要素

作为文化的分支，大学文化也演绎着文化的基本内涵与基本要素，并且具有独特性。本文在参考各种研究成果，特别是霍夫斯泰德和迪尔、肯尼迪的文化理论研究成果的基础上，将大学的文化要素归纳为价值观、英雄、故事、口碑、符号、仪式六个要素，并组合成价值观与英雄、故事与口碑、符合与仪式三个维度。

价值观与英雄。大学的价值观，一定是与社会的主流价值观相适应的，并且符合社会政治经济发展现状和价值追求。这种价值观是主流价值观在大学文化中的体现，是所有大学人共同遵循的思想和行为准则。另一方面，大学的价值观又有其独立性。其独立性体现为，在特定的大学文化环境中，会塑造出大学自己的文化英雄，这些英雄在遵循社会主流价值的同时，更加典范地演绎大学特有的文化价值。这些价值经过他们思想和行为的表现，得到了社会的广泛认可，帮助形成大学独有的文化品格。

故事与口碑。大学是有历史的，历史有时呈现在“故事”之中。故事虽然不能等同于历史，但也是对历史的一种记忆行为，故事传递着文化传统和价值观念，有助于社会性格的形成。故事通过对往事的记忆和讲述，描述某个范围社会的文化形态。故事与一个文化群体的文化传统和价值观念休戚相关，它关系着该文化群体性格的形成。故事多以文化群体发展历史上的史实为原型，因此具有较强的客观性。大学的历史还体现在“口碑”中。口碑，在辞海中被解释为“比喻众人口头上的称颂”。口碑是大家口口相传、在非正式群体中所形成的品牌影响力，各高校在大学文化品格培育方面，往往容易忽视口碑的重要作用。课题组认为，大学口碑是大学文化品格的社会化体现，是经过历史积淀形成的，具有客观现实性，它既客观反映了社会大众对一所大学真实的看法，同时又能形成巨大的向心力，在文化品格培育的过程中具有较强的反哺作用。

符号和仪式。文化本身是一个抽象的概念，概念要通过实体展示在世人面前。大学文化的精神，就是以大学特有的文化符号展示出来的。无论是普林斯顿的图书馆，还是清华大学的二校门，都是文化的表现；无论是各具特色的大学校徽，还是各有内涵的毕业仪式，都是大学文化的承载。文化现象就是这样有趣，符号也好，仪式也罢，当它脱离了大学这个整体的文化背景，在任何地方都会显得有些不协调。而在大学中，它显得那么庄重和严肃，这就是大学的独特魅力之所在。

因此，接下来我们将围绕这六个元素和三个维度，对上海高校培育文化品格的经验做法进行总结和归纳。

三、从文化至品格：上海高校灵魂的群体表征

研究大学的文化品格，首先要从各校的校训开始。校训是师生共同遵守的基本道德规范与行为准则，它既是学校办学理念、治校精神的集中反映，也是校园文化建设的重要内容，是一所学校教风、学风、校风的直接表现，是大学文化精神的精华所在，是大学文化品格的核心内容。我们共发放问卷 300 份，回收 292 份。其中，95%以上的受访者认同"校训体现了大学人的文化品格"，这是我们将校训作为文化品格研究切入点的一个重要依据。

1. 校训：高校文化的精华所在

校训是近代大学的产物，是对各个大学精神的概括、提炼和凝结，它用最简洁的文字，表明该所大学的教育理念如何，文化底蕴如何，还向学生指明在校期间应做什么，要把自己培养成什么样的人。

复旦大学校训为"博学而笃志，切问而近思"，出自《论语·子张》。"博学而笃志"，要求复旦人有广博的知识，做人和做学问都要立志，且要志向专一，不能朝秦暮楚、见利忘义，要坚忍不拔、奋斗到底。"切问而近思"，是讲师生应该如何做学问。"切问"，就是经常问，而且要问得中肯。"近思"，就是把问题放在脑子里经常思考。这个校训要求复旦人做人和做学问都志向专一、勤于思考。

"饮水思源，爱国荣校"是上海交通大学的校训，体现了一代又一代交大

人的不懈追求。上海交通大学在20世纪90年代初提出了“饮水思源”校训，不久又拓展为“饮水思源，爱国荣校”。饮水思源，简单的解释就是指喝水的时候要记着水是从哪儿来的，比喻人不能忘本。1926年，学校30周年校庆时，在最早的师范班校友捐建建成的“自流井”落成仪式上，沈叔逵代表校友致辞，说明开凿该井的意义是“饮水思源”。1933年4月，学校37周年校庆时，又有1930届毕业校友捐资，于执信西斋前建造喷水池，池中有一石碑，上刻“饮水思源”，石碑上置放铁铸的交大校徽。长期以来，“饮水思源”碑已成为交通大学的标志性建筑物。

同济大学的校训是“同舟共济”，这也是同济文化的核心内涵，具有鲜明的同济烙印。同济精神体现了同济人矢志不渝的爱国传统，同济100多年的历史是与祖国同行、以科教济世的历史，无时无刻不体现着同济人爱国办学、家国一体的传统。同济精神体现了同济人严谨求实的科学态度，同济人传承了埃里希·宝隆(Erich Paulun)严谨求实的作风和科学精神，养成了严谨而不固化，求实而不守旧，不图虚名，不骛虚声，踏踏实实的文化品格。同济精神蕴含了同济人自强不息、务实开拓、奋发有为的奋斗精神。同舟共济是一种平等、互助、协调的和谐理想，是人类的美好追求，同济的发展无不得益于师生员工同心同德、和衷共济的态度。

华东师范大学在60多年的办学过程中，凝练了“求实创造，为人师表”的校训精神。“求实”是一种实事求是、脚踏实地、探求真理、发展科学、拓展事业的精神与态度。“创造”是指要具有创新、进取的精神与能力，反映的是师大人追求真理、崇尚创新、不断进取的务实精神风貌。“为人师表”反映了学校的师范特色，“学高为师，身正为范”，倡导师大人热爱党和国家的教育事业、忠诚于党和国家的教育事业，努力提高自身的思想道德素质，切实发展国家教育事业。建校以来，华东师范大学正是秉承这个校训精神，以培养创新型人才、提升创新能力为中心，培养了数以万计的优秀人才，为国家教育事业发展作出了卓越贡献。

华东理工大学的校训是“勤奋求实，励志明德”，反映了华理人“不尚虚夸、不事张扬、崇尚实干、志向远大、追求美德”的优秀品格。在多年的发展中，学校围绕“办怎样的大学、如何办大学”等问题，进行了系统深入的思考和不懈的实践探索，逐步形成了“勤奋求实，励志明德”的校训。全校师生在求学问是的长期实践中深刻认识到，“勤奋求实”的原校训需要赋予新的内涵，需要进一步彰显师生开拓进取、敢为人先的精神气魄，指引师生养成“为天地立心，为生民立命，为往圣继绝学，为万世开太平”的浩然正气，引领师生放眼世界，引领未来。“励志”指学校育人之道，重在培养锻炼和努力树立师生员工的科学理想、远大志向。“明德”出自《礼记·大学》，“大学之道，在明明德，在亲民，在止于至善”。此千古名言，早在1990年就铭刻在校园西花园的石碑上。“明德”是指学校育人之道，在于引导师生员工的道德达致理想境界。“励志明德”不仅与“勤奋求实”对态度的强调相互辉映，使得校训立体、生动，更突出了以德为首、志存高远而又脚踏实地的大学风范。

上海大学的校训是“自强不息；先天下之忧而忧，后天下之乐而乐”。老校长钱伟长曾说：“上海大学的校训光‘自强不息’还不够，还要加上‘先天下之忧而忧，后天下之乐而乐’。天下就是老百姓，百姓之忧、国家之忧、民族之忧，你们是否放在心上？”他希望学生们能够担负起天下兴亡的重任，努力学习本领，担负起建设国家、复兴民族、造福万民的时代责任。“天行健，君子以自强不息。”自强不息是中华精神之传承，鼓舞了一代又一代的中华儿女奋勇前进，创造了中华文明一个又一个不朽的辉煌。正是由于这个精神支撑，上海大学才能在坎坷的历史道路上屹立不倒，不断前行。

上海外国语大学入住松江大学城新校区后，大家都有这样的感觉：校园很美丽，但是好像缺了点什么。在“上外人精神”大讨论中，有代表提出校训与学校特色的问题（老校训是：文明、团结、求实、奋进）。校党委讨论后决定，以新校训为抓手，做好上外的大学精神向新校区传承的工作。经过两年酝酿，自下而上，由上而下，三上三下，最后教师代表大会投票决定了新校训：“格高志远　学贯中外”。学校抓住机遇广泛开展形式多样的新校训学习宣传活动，如组织各抒己见的座谈会、从不同角度解读校训的研讨会、师生征文演讲会，在校园网上开设新校训与大学精神专栏，组织千人书写新校训活动，还开展了不同语种的翻译与理解活动。通过这些活动，以新校训为核心的上外精神与文化在师生心目中得到加强，学校的凝聚力也得到增强。

“厚德博学，经济匡时”是上海财经大学的校训。这个校训提出时，正值国家内忧外患、民不聊生、积贫积弱的时候，财经大学提出通过发展经济以匡助时局、拯救中国。在新时期，坚持“经济匡时”，更与党和国家以经济建设为中心这一根本方略相一致。

综观上海各高校的校训，我们发现它们的共同之处主要体现在如下五个方面：

第一，都是经过长期的历史积淀而成。几乎所有高校的校训都具有几十年甚至上百年的历史，而且都经历过新的提炼、修订或延伸，因而都是历史积淀的结果，当然也是高校人不断追求卓越和进步的结果。不断地凝练和不断地深化，使得高校的校训承载着越来越多的内涵。

第二，都有心系苍生、兼济天下的蕴意。中国的知识分子，从来都是将国家和民族的命运与自身的发展紧密结合在一起。综观上海各个高校的校训，都涉及修德、励志、爱国、奋斗等价值追求。

第三，都将学术追求和道德提升作为大学人的必要品质。大学之大，在学识之大，大学人的根本使命在于追求学术的提升和道德的完善。上海各高校的校训中，强调德的重要性和勤的重要性者不在少数。

第四，都对行为规范提出了要求。上海高校的校训，对于师生行为规范的要求可谓明确，如饮水思源、勤奋求实、求实创造、自强不息等。大学的校训，在弘扬传统美德的基础上，进一步强调了实践的行动导向，要求在实践中体现出高校人的德之所在。

第五，都具有鲜明的时代特征。在大学校训的演化发展过程中，每一次修订和内涵深化，都对时代的新要求新使命作出了回应。比如，上海大学的办学历史及长足发展，反映了上大人自强不息的优良文化品格，形成了“自强不息”的校训，后来在钱伟长的提议下，加入了“先天下之忧而忧，后天下之乐而乐”，使得上海大学的大学文化品格更为饱满，既体现出上大人顽强拼搏的可贵精神，又展现出上大人胸怀天下的博大志向。

校训所蕴含的行为准则和价值追求，使得浸润其中的学人身上体现出一种与社会人不同的独特气质，这可以说是一种文化品格的体现。课题组在研究中还发现，尽管上海高校的大学校训有不少相似之处，但是又有结合本校历史和学科特色、体现着独特魅力的差异性。

2. 品格：高校人用行动书写的灵魂

大学文化的形成，都具有历史性和时代性。一种文化的形成，不是一蹴而就的，而是经过几代人努力积淀并内化为信念原则与行为准则。在本课题研究之初，我们调研了上海一些具有代表性高校的文化形成过程。

复旦大学的校名和校训，体现了“不忘本，爱国家，做人、做学问要志向专一，勤于提问，勤于思考”的文化品格。1905 年(清光绪三十一年)，马相伯创立复旦公学。“复旦”二字出自《尚书大传》中的《虞夏传・卿云歌》。《虞夏传》记载，舜禅让帝位给禹时，“卿云聚，俊集，百工相和而歌卿云。帝乃倡之曰：卿云烂兮，糺缦缦兮。日月光华，旦复旦兮。”复旦大学校名，还有不忘“震旦”之旧，更含复兴中华之意，体现了复旦人于小处不忘本，于大处爱国家的宝贵文化品格。

同济大学前身是德文医学堂，为德国医生埃里希・宝隆创办，同济人继承和传扬了德国人严谨、求实的治学态度和注重创新的科学精神。在漫长而又曲折的发展历程中，同济人历经战乱洗礼，克服重重困难，以顽强乐观的态度，不断推动同济大学向前发展，逐渐形成了“同舟共济、自强不息”的同济精神。“同心同德同舟楫，济人济事济天下”，成为同济人宝贵的精神财富和巨大的精神力量。

华东师范大学在办学过程中，紧紧围绕教师教育和教学研究，逐渐形成了自己的大学文化品格。大夏、光华大学及有关大学院、系的物质和精神财富，为华东师范大学文化品格的形成奠定了基础。后来，学校在改革开放的新形势下，提出“求实创造，为人师表”的校训，坚持为社会主义现代化服务、为基础教育服务，注意师范性和学术性的统一，从而使学校事业有了较大的发展。进入新世纪，学校发扬“求实创造，为人师表”的校训精神，坚持培养创新型人才，坚持提升创新能力，朝着“世界知名的高水平研究型大学”目标稳步迈进。

东华大学在多年的办学过程中，逐渐形成了具有东华特色的大学文化品格。东华大学立足纺织特色，主张以德为先，倡导努力学习、博学多才，讲究脚踏实地、磨炼意志，用辛劳和汗水创建了多项骄人的业绩，积淀了东华特有的精神风韵，铸就了东华特有的文化品格，“崇德博学，砺志尚实”作为东华大学的校训，是激励东华人成长和成才的强大精神力量。

在课题组的调研过程中，各个高校均表达出了对本校文化品格的高度认同。

复旦大学反馈认为：博学而笃志，切问而近思，这一复旦校训已经传承近百年。在实践中，复旦人将这个饱含中国传统文化情怀的文化品格演绎得生动感人。在访谈中，复旦人更愿意说的，是复旦的中国情结，传统文化的情结。

上海交通大学反馈认为：饮水思源是交大人代代相传的品格要求，爱国荣校是交大人的责任与使命。交大人身上体现得更多的，是感恩的情怀和历史的使命感，是将学术的发展与祖国民族的命运紧密相连的家国信念。

同济大学反馈认为：脚踏实地，严谨朴实，是学校最具代表性的学术品格，而同舟共济是值得同济人骄傲的文化品格。[①] 同济人更多的，是对于社会责任的承担和对于时代使命的担当。同济人认为，同舟共济是一种高尚的情怀。

华东师范大学反馈认为：求实创造，为人师表这一校训，是华师大人的共同追求。师大人的文化品格，充分体现出教师的使命感和荣誉感。脚踏

① 同济大学在长期的办学历史过程中，还形成了“严谨、求实、团结、创新”的校风。将“严谨”和“团结”结合起来，倡导同济人求学、治学要有严谨的科学态度和互助协作的和谐精神；将“求实”与“创新”结合起来，倡导在同济人在学习知识、传承文化的基础上追求创新和超越。

实地去求知，是为了让知识更为久远地传播。

华东理工大学反馈认为：勤奋求实是学校最具特征的文化品格，而志存高远、明德创新，是该校一直以来的优良传统。该校师生认为，严谨求学、勤奋上进，是几代华理人共同认可的优良品质。以勤为基础，以德为动力，华理人创出“学在华理”的良好声誉。社会对于华东理工大学的印象，也是踏实、诚恳和谦逊。

在访谈过程中，几乎所有的高校人都表现出了对“本校文化品格由校训表达”的认同。因此，我们认为，在较大的可信度上，高校的文化品格可以由校训来总结提炼和表达呈现。

四、群体意识：内化了的文化品格

1. 价值观：内化了的文化认同

价值观是基于人的思维基础而作出的认知、理解、判断或抉择，也就是人认定事物、判定是非的一种思维或取向。从某个角度来说，价值观是人们对于客观世界进行理性认知之后所形成的评判标准和取向。一般说来，价值观是持久和稳定的，在特定的时间、地点、条件下，人们的价值观一般不会轻易地改变。价值观也是具有历史性和选择性的，不同的时代、不同的经济历史条件下，价值观的形成具有与之相适应的特点。价值观也具有一定的主观性，毕竟它是人的思维的体现。

我们可以看到，价值观的基本特征都与外部环境有着直接或者间接的联系。我们认为，文化具备历史性、稳定性的特点，更重要的是，文化是经过人们不断的行为选择而形成的、共同认可的群体规范。这样一来，文化和价值观的关系就自然而然地清晰了。文化的影响被内化为广泛认同之后，人的价值观的形成和确立将会受到文化的深刻影响。价值观的形成和确立，也可以反过来深化文化的内涵。

学校的价值观，是学校大学文化品格的内核，是高校培养师生大学文化品格的灵魂所在，因此学校注重通过课堂教育，或通过宣传引导，或通过活动强化，来推动学校价值观在师生中的认同，实现入脑入心的内化。

上海大学学生马力撰写的《缅怀钱校长，做一个自强不息的上大人》一文可为例证。马力借缅怀钱伟长，阐述了上大人所应具有的优秀品格。他深情地说："如今哲人已逝，思想仍存，我们只有继承发扬钱校长的教育思想，记住老人曾经说的'先天下之忧而忧，后天下之乐而乐'，并把这样的思想用于自己的做人做事工作学习生活之中。我想我们一定可以实现自己的人生价值，做一个对社会有用的人。"

复旦人节是复旦三大校园学生节庆之一，是知名度最高、影响力最大、参与度最广的校园节日，旨在弘扬复旦人精神、倡导学生成为一名优秀复旦人。复旦大学借用复旦人节的活动形式，阐述"复旦人精神"是什么，并通过活动强化师生的复旦人精神。[①] 在近几年的复旦人节中，公益活动扮演着越来越重要的角色，吸引了越来越多的复旦学子的参与。

2. 大师之大：上海高校文化中的"英雄"

"是故聪明秀出谓之英，胆力过人谓之雄，此其大体之别名也。"这是汉代文学家刘劭在《人物志・英雄》中对英雄的描述。无论是在世界历史长河中，还是在中国传统文化中，英雄总是层出不穷。英雄人物寄托了人们对于力所不及事物的良好期待，也寄托着人们对于挑战自我、超越自我的情感。英雄总是在人们需要帮助和力量的时候出现，并且能够解决似乎不可能的困难，人们对于英雄的崇拜正是出于对理想的完美追求。

在高校中，也有着这样的"英雄"，他们不一定有强壮的体魄和过人的力量，但他们却有着闪光的思想和超出常人的智慧；他们不一定在千军万马中取上将首级，却能够用手中如刀之笔，书写出改变世界的科学力量、刻画出人间的善恶美丑；他们并不一定都是舍生取义、杀身成仁的义士，但是他们用严谨的学术品德和高尚的社会道德，影响着一代又一代的未来社会栋梁；

① 复旦人节在每年的五月举行，每届都会有一个特定的主题。节日期间，校内的各种学生组织以及社团会围绕相应的主题开展各具特色、丰富多彩的活动，内容涵盖各个方面，有学术、文艺、体育、公益等，吸引无数在校学生的热情参与。

他们也不一定是振臂一呼、从者云集的群体领袖，但是他们用个人修养和道德造诣，潜移默化地影响着莘莘学子……这些人有一个共同的称呼：大师。大学之大，不在楼宇之大，而在大师之大。大师作为高校文化中具有引领性和示范性的英雄是当之无愧的。上海的各个高校，都有作为本校灵魂人物的大师，他们的学术和道德，指引着本校师生不断前行。

钱学森是上海交通大学的文化英雄，是首届交大“杰出校友终身成就奖”获得者。上海交通大学建有钱学森纪念馆，通过追思和缅怀钱学森这位大学英雄，继承和弘扬钱学森精神。在钱学森身上，体现了交大人坚定的理想信念、炽热的爱国主义情怀，体现了交大人无私奉献、谦虚谨慎的高尚品质，体现了交大人勇于探索、敢于突破的开拓精神。

同济大学的老校长、两院院士李国豪教授，是同济大学的文化英雄。20世纪80年代，上海决定修建跨越黄浦江的南浦大桥。当时，日本专家提出免费设计大桥并提供贷款，条件是工程必须由日本公司承担。李国豪让弟子项海帆院士代表同济大学桥梁系的全体教师给上海市领导写信，力陈中国桥梁界有信心有能力自主完成设计、建造大桥。最后，李国豪提出的“叠合梁斜拉桥”方案被确定为实施方案，而造价只有日本人方案的一半。[15]

张江树先生是华东理工大学的首任校长，是华理人心中的文化英雄，是华理人永远的骄傲。从张老校长的身上，我们可以看到华理人勤奋、求实，不尚虚夸、不事张扬、崇尚实干、爱国爱党之精神品格。① 张江树一生崇尚“德性宜笃实也，知识宜富实也，身体宜健实也”，并在“求知、求实、求真”之路上始终予以践行，为后人留下了宝贵的精神财富和物质财富。

上海财经大学的一些先辈和师长，以自身的修为和实践诠释了“厚德博学，经济匡时”的精髓和要义。著名经济学家马寅初，是上财创始人之一，也是校训的提出者。他一生著作等身，但命运却跌宕起伏。他以铮铮硬骨捍卫着

① 张江树，物理化学家、教育家，中国物理化学与胶体化学奠基人。1952年起，调任华东化工学院（华东理工大学前身）院长，为这所被誉为“培养中国化学工程师摇篮”的大学的创建与发展，倾注了毕生精力。

学术的尊严，被誉为中国当代知识分子的楷模。孙冶方是新中国成立后上财的第一任校长，为了维护和坚持自己的学术观点，被关进监狱达七年之久。然而，真理的光芒终将透射星空，孙冶方成为中国经济学界对经济体制实行根本改革的最早倡导者，"孙冶方经济科学奖"成为国内经济学界公认的最高奖项。

上海高校文化中的英雄，他们或是学校的知名校友，或为学校的奠基人，或为学校作出过杰出贡献的人。他们有一个共同的特征，那就是在他们身上汇集了该校所有优秀学子的品格特点。在某种意义上说，他们就是学校师生高度认同的文化楷模，是师生学习的榜样，是全校师生努力想要成为的人。高校通过塑造、宣传自己的文化英雄，引导师生自觉培育和养成该校的文化品格，从而在师生身上打上自己的文化烙印。

3. 激发文化自信：群体意识的培育路径

通过宣传本校杰出校友、缅怀学校已故文化名人、挖掘学校师生正面典型，可以塑造学习榜样，推进师生大学文化品格的培育。学校文化英雄和正面典型的文化品格，可以说是学校文化品格的载体，是激发文化自信的重要载体和主要培育路径。

2009 年 10 月 31 日，钱学森先生逝世。上海交通大学为学习缅怀钱学森的爱国情怀、科学精神和学术思想，开展了一系列学习钱学森精神纪念活动。创造了校园话剧《传承》，运用舞台艺术再现钱学森精神。积极推进钱学森图书馆建设工作，把图书馆建成充分反映钱老崇高精神和科学成就的爱国主义教育基地。钱老逝世一周年之际，又启动建设钱学森主题广场，组织师生和校友以撰文、追思会等形式追忆钱老一生。这一系列宣传活动，让师生了解了钱学森精神，也推动了大学文化品格在师生中的培育和养成。

上海外国语大学英语学院班导师，坚持 20 多年写导师日志、编辑《导师耕耘录》的做法，在建立和谐师生关系、提高教学质量方面取得了良好成效。上外适时抓住这一典型选树的良机，总结其成功经验，向全校院系推广，在师生中产生了很大的影响。从班主任日志、《导师耕耘录》中，又选取了部分突出的教学心得和导师感悟，编辑出版了《班主任耕耘录》一书，树立优秀师德群体模范，并在师生中展开学习、讨论与交流。

五、积淀传承：文化品格的历史魅力

1. 故事：上海高校文化品格"历史见证"

故事永远和历史连在一起，而历史是人民创造的。经过历史的积淀，每一时期的大师和大事，都会成为高校人引以为荣的故事，而这些故事也是文化品格的历史见证。

以同济大学为例。[16]建校初期，教育界前辈、校董袁希涛先生对学生们提出殷切期望："中国之大患，曰贫曰弱，救弱莫若医，救贫莫若工。务望诸君，各求深造，以养成将来救国之人才。"1937 年"八·一三"事变后，日本飞机轰炸了当时同济大学校园所在的吴淞地区，将教学科研设施和学生宿舍等尽数破坏。自此，同济大学开始了艰苦卓绝的内迁办学岁月。学校先后迁往浙江金华、江西赣州、广西八步、云南昆明等地，师生一路颠沛流离，受尽苦难。直到 1940 年秋，学校迁往四川省南溪县李庄镇才稳定下来，开始了五年半的内地办学时期。20 世纪 50 年代，院系调整后，同济大学成为国内土木建筑领域规模最大、学科最全的工科大学。改革开放后，洋山深水港的兴建，浦江大桥的设计建造，地铁工程贯通，越江隧道掘进，城市智能交通系统研发，苏州河治理，上海世博会场馆设计……上海城市建设的重大工程，浸透着几代同济人的心血。

同济大学的故事，或口口相传，或见诸报端，或结集成书，通过引人入胜的情节，把大学建立、发展、壮大的历史，大学名师的奇闻逸事，大学校友的成功故事，普通师生的生活琐事等娓娓道来，把大学的文化积淀、大学的文化品格以鲜活、动人的方式展现出来，成为大学文化品格的历史见证和忠实记录。

2. 口碑：历史积淀下的社会认同

"劝君不用镌顽石，路上行人口似碑。"口碑的概念从宋代医学家和诗人释普济的作品中传颂出来。这里引用口碑的概念，是源于口碑的几个维度的含义：首先，口碑源于百姓之中。也就是说，口碑并不是谁封的或者是谁给的，而是基于百姓的共同价值和评判标准口口相传而成。与其说是一个词语，倒不如说是一种广泛的自发认可。其次，口碑具有广泛的共识基础。一个人形成不了口碑，几个人、几十个人也形成不了口碑，而是社会大众用共同的价值评判标准进行判断之后，形成的广泛社会认同。最后，口碑与文化品格相互影响。文化品格的展现会促进口碑的形成，而口碑的形成又会进一步促进文化品格的培育。

大学师生具有双重的身份特性，一方面，他们是社会成员中的一部分，言谈举止无法脱离所处社会环境而单独存在；另一方面，他们又是知识分子的代表，具有鲜明的知识结构、鲜明的文化素养、鲜明的精神气质，从而影响着社会对大学师生这一群体的不同期许和评价。我们经常听到“某某不愧为大学生”“某某不愧为某某学校的学生”“某某这种人还是大学老师呢”……这些正负两方面的评价，折射了社会对大学行为文化的期待，折射了大学文化品格的口碑。师生作为学校的主人，走出学校就代表了学校的形象，其言谈举止将直接影响学校的社会声誉。

2008年7月，从上海出发的一支特殊队伍奔向汶川地震灾区。他们是由高校专业教师组成的上海社会工作服务团，前往上海对口支援的都江堰市，开展专业化社会工作服务。在都江堰勤俭人家社区，有十个忙碌的上海人，统一穿着显眼的橙色文化衫，每天穿梭在这个1万多人的受灾群众安置点中。社区居民称他们为上海社工。这支上海社工队由华东理工大学七名具备心理学、社会工作等专业背景的教师和三名志愿者组成。面对受灾群众的疑惑，他们来到都江堰勤俭人家社区的第一件事，就是在社区入口处竖起一块宣传牌，上书“上海社工来了！”社工队设计了“居民自我管理弄堂会”，组织原本互不相识的邻居坐在一起讨论公共事务，使其增进相互了解，建立和谐的社会关系。就这样，聊在一起、住在一起、吃在一起、干在一起，上海社工与灾区群众成了好邻居、好朋友。温家宝总理在视察华东理工大学社工站之后说：华理社工做得好。

3. 源远流长的责任动力：历史风骨的时代培育

优良文化传统是高校宝贵的精神财富，是大学文化品格培育可资利用的重要资源。上海高校依托丰富的校史资源，从中挖掘、提炼优秀的文化素材（校友名人、历史典故等），推动大学文化品格培育工作。

校史，是对在校大学生进行爱国荣校教育最现实、最生动、最亲切、最富有说服力的教材。复旦大学尤其重视新教工入校教育和新生入学教育，参观校史馆、听校史报告成为新教工和新生必修课。通过向师生全面地再现前辈的奋斗历程，弘扬优良传统，凝聚全校人心，彰显精神风范，激发师生的爱校热情和报国之志，使复旦精神和传统代代相传。2003 年以来，学校发挥历史、哲学、社会等人文社会学科的优势，依托口述史研究中心等机构，将口述历史教育纳入文化育人的总体框架中，动员广大师生参与学校的口述历史教育活动，形成了由校文化建设委员会统筹协调、学生工作部门具体部署、院系分类实施的口述历史育人格局。复旦大学采集、出版了一批老校长和知名教授的传记和口述资料，成为教育师生的重要教材。

同济大学注重自身形象的品牌建设，充分利用新闻宣传，形成强大的社会影响力；注重在师生员工中凝神聚气，在全社会彰显同济软实力和影响力，实现同济文化的更深远传播；注重校友文化建设，让同济大学的校园成为全世界校友的共同精神家园；注重校庆、校友大会等仪式的作用，把本校品牌文化扩散到各界校友，使母校成为广大校友的精神纽带；注重培育捐赠文化，拓宽校友参与母校建设的途径和平台；注重参与城乡文化建设，引领城乡文化发展；注重参与城市文明建设，发挥大学文化对城市文化的引领和辐射作用，把学校建设成为上海市的开放型文化高地和重要文化地标。在环同济知识经济圈建设中，着力体现大学文化的引领，依靠经济圈的环境培育作用，养成同济师生的大学文化品格。

华东理工大学着力推动传统媒体和新媒体的错位发展和优势互补，建好用好新闻传播平台，提高学校的社会知名度和美誉度，推动大学文化品格培育。校报、新闻网、广播台深入报道学校各项事业的发展成果和特色工作，生动展示丰富多彩的校园生活。围绕学校的突出成绩和特色亮点，依托校内优势学科资源，学校新闻中心主动向外推送新闻素材，讲好华理故事，广播华理声音。积极发挥新媒体作用，拓展师生校友和社会人士多向沟通的交流渠道。充分利用“I-华理”APP应用客户端、微博、微信等新媒体平台，扩大信息传播途径，增强华理大学文化品格的传播力。官方微博曾获“2013年度教育官微影响力奖”“2013年度全国高校新媒体创新之星”等荣誉。学校也成为教育部教育官微联盟首批盟员单位。

六、环境构建：孕育文化品格的土壤

1. 符号：文化品格的标识演绎

文化标识是大学文化的外在体现。上海高校通过把大学文化的精神内涵注入校训、校徽、校歌、吉祥物等文化标识之中，实现物化，加以固化，推动大学文化品格具象化呈现。

历史上，上海交通大学校徽几经演变，但从总体上看，其外在形式和基本要素没有发生根本性的变化。铁砧、铁锤，齿轮、链条，寓意实践教育与工程教育；砧上中西书籍若干册，错落放置，寓意人文教育与知识创新。上述几种要素互相呼应，象征学校倡导古今融汇、中西兼容、文理贯通、工读并重、知行统一。齿轮24齿寓意一年24节气、一日24小时，象征继往开来、与日俱进；48齿为24的两倍，寓意相似，同时表示4月8日为交大校庆日；砧座“1896”四字，表示学校创办年份。上海交通大学校徽倡导交大人，要古今融汇、中西兼容、文理贯通、工读并重、知行统一，又提醒交大人要目光长远、继往开来、与日俱进。

在上海高校中，华东师范大学的校园文化符号是最多的，除了传统的校名、校徽、校歌以外，还确立了校花（荷花）、校树（水杉）。在建校60周年之际，还设计了吉祥物（狮子）。华东师范大学校歌体现了该校作为师范类大学的特点，反映了华师大人热爱学习、热爱学校、热爱祖国、求实创造、为人师表、立志报效民族和祖国的理念和情怀。学校选用狮子为原型设计了吉祥物，其创意取自华东师范大学的“师”字谐音。该吉祥物昭示着，华东师范大学将以靓丽的身姿、强者的气度、王者的力量和梦幻的速度，迈出更加坚实的步伐，与时俱进，创造新的辉煌。

2. 仪式：文化品格的行为载体

仪式的概念，不同的学科有不同的解释。在人类学研究视野和意义范畴内，仪式首先被限定在人类的社会行为这一基本表述之上。但是，对于仪式到底是什么样的社会行为，各家有各家的观点和态度。

仁者见仁，智者见智，任何一种解释都脱离不开实际的条件。我们认为，在研究文化品格的过程中，将仪式作为一个概念提出，就是要将仪式行为和普通行为区分开来。仪式行为是文化品格的实践载体，也是文化品格的培养路径之一。当我们把仪式行为和普通行为进行区分之后，发现高校的仪式行为，更多的时候具有意识形态的内涵和教育的目的。以最常见的入学和毕业来说，开学典礼上的校徽佩戴和毕业典礼的正冠拨穗，都是有意识地将学校文化渗透到个体之中，以期内化为文化认同。仪式对于大学文化品格的培育具有重要的作用。

仪式有大有小，但标志性意义极强。比如开学典礼对新生意义特殊，意味着大学全新生活的开始。办好开学典礼，既能使学生迅速了解学校的文化精神，也能使学生快速增加对学校的认同感。仪式是校园文化的外显，能够帮助学生较快融入校园文化之中，仪式过程也是校园文化师生中内化的过程；仪式还具有凝聚师生意志的重要作用，隆重的仪式加上鲜明的大学文化元素，有助于凝聚师生的意志、思想、精力等，促使师生为学校的快速健康发展而奋斗。

3. 标签的激励效应：文化环境的培育路径

(1) 校园物质环境的优化。文化品格的培育，离不开优良的文化环境。无论是承载大学文化物质载体的硬环境，还是反映大学文化精神形态的软环境，都是大学文化品格培育可资利用的重要资源。上海高校通过着力打造优美而富有文化底蕴的校园物质环境和富有人文气息的校园文化氛围，既加强了大学文化品格显示度，又推动了大学文化品格深入培育。

上海交通大学注重环境文化培育工作，努力做到“每一块石头都有故事，每一处景观都令人神往”。学校将徐汇老校区的历史感和闵行新校区的现代感相融合，打造独具匠心、交相辉映、卓尔不群的文化特色，充分展示历经百年而形成的文化魅力。从清代请示办学奏折的照壁、印刻“思源致远”的棂星门，到南洋公学办学之初的石碑和创办人盛宣怀塑像，从校内湖名、路名等，都反映了交大深厚的文化底蕴。同时，各二级单位也根据自身学科专业特色进行环境文化包装，并创建一批“楼宇文化示范单位”。通过把交大文化赋予环境之中，师生能够润物无声地接受环境熏陶，在潜移默化中吸收并内化为文化品格。

华东理工大学注重以优美的环境熏陶人，以校园景观建设为载体，推进大学文化品格培育工作。在现有校园景观的基础上，学校重点建设了一批能体现华理历史、华理精神、华理理想的主题雕塑、文化广场和文化长廊，使校园的每一处物质形态都能体现特有的文化信息，形成浓郁的大学文化氛围，让学生在耳濡目染中受到潜移默化的影响。此外，学校还加强了宣传橱窗、公告栏等信息传播平台建设，加强了宣传品置放和悬挂管理，开展了“校园亮丽工程”等校园文化环境治理工作。

(2) 精神形态软环境营造。同济大学注重科学精神与人文精神协调发展。在校园文化建设中，鼓励师生做到探究真理、理性批判的科学品质和志存高远、立德修身的人文情怀有机统一；注重校园内的人文环境建设，充分发挥建筑设计方面的特色，在整体建设中彰显人文精神，充分营造浓郁的文化氛围和较高的文化品位，让师生和广大校友都能受到文化熏陶，让学生在潜移默化中提高文化素养。

华东理工大学注重通过塑造先进的理念，为大学文化品格培育创造优良的精神文化环境。高校以人才培养为核心。“四风”在华东理工大学育人过程中具有重要意义，良好的校风、教风、学风和考风是华东理工大学育人环境的重要组成部分。学校围绕四个方面开展系列活动，即弘扬勤奋求实，励志明德的校风；重视本科教学，树立关爱学生的教风；活跃学生，建设执着求真的学风；坚守底线，保持风清气正的考风。此外，学校还在生活上构建发展服务平台，在学习上构建学风建设平台，同时结合网络发展和学生的特点，构建网络教育平台，为学生提供学习和交流的网上平台。通过“四风”建设，华东理工大学营造了风清气正的精神文化氛围。

(3) 软硬环境兼顾的书院教育模式。复旦大学推行通识教育，设立复旦学院和五大书院，系统培育学生的完全人格。早在20世纪80年代，谢希德校长就提出要借鉴国际先进的本科生培养经验，试行“通才教育”。2005年9月，复旦学院正式成立，率先在国内实质性地推进通识教育改革。复旦希望通过通识教育，向学生传递科学与人文的精神，培养学生具有全面的人格，培养学生具备不同的文化和思维方式，培育学生养成独立思考和探索的习惯，对科学和人文有更高水平的把握。通识教育打破了学科壁垒，贯彻人类学问与知识的共同基础。经过几年建设，复旦大学形成了以核心课程为主轴，以住宿书院制和导师制为辅翼的通识教育培养体系，促进了人才培养质量的提高。复旦学院借鉴西方住宿学院制度，承续中国古代书院传统，发扬复旦历史文化特色，成立了志德、腾飞、克卿、任重、希德五大书院。书院以“读书、修身”为价值核心，辅以“转变、关爱”为两翼，力求建设一种富有新意的书院生活模式。书院是实现文化育人的住宿园区，是师生共建共享的公共空间，是学生自我管理的教育平台。书院由资深教授担任院长，内设管理委员会协助院长工作，学生组建自我管理委员会，履行自我管理、自我服务、自我教育的各项职能。

2007年，华东理工大学开始在奉贤校区探索书院式管理模式，让学生在高起点上体验新型教育模式，主要包括四项内容：一是社区家庭化。整个生活园区做到“一家庭一户主，一楼层一层长，一幢楼一楼长”。2008年开始，启动了“汇贤之家”及“文明社区”的创建活动，营造温馨、和谐的社区环境。二是活动身心化。将大学生日常管理纳入“平等、互动、协商”的框架中，完全融入自治式管理风格，让学生参与到学校的管理和建设中，体现自我管理、自我服务、自我教育。三是组织自治化。吸纳书院文化内涵中的“人文、教化、学术”的精神，结合现代大学的培养模式，为学生提供最开放、最纯朴的校园文化氛围。通过学生社团建设、组织“三大节日”活动、成立八大学生自治组织，推动学生自我管理，取得良好效果。四是学习书院化。以书院为载体，突出书院式教育的特点。奉贤校区根据学生分布情况成立震旦、大同、东吴、江南等书院，将学生课外生活纳入书院管理，将日常的纵向从学院到班级的管理与横向的生活园区日常管理结合起来，采用学院＋书院模式，开展各类拓展活动。

(4) 文化品牌项目的创建。东华大学注重创品牌彰特色，推动大学文化品格培育。依托纺织专业的优势与优越的地理位置打造的服装表演，是东华的靓丽品牌。东华大学的服装、艺术类专业发展迅速，由此带来的系列服装表演、服装设计交流与评比活动，给校园注入了高雅时尚的大学气息。学校自 1995 年以来，连续主办上海国际服装文化节系列活动，吸引了来自世界各地的国际顶级时装设计师和服装业界的精英齐聚东华。艺术大师悉心亲授、高水准 T 台秀炫彩夺目、各类时尚创意大赛频频登场。建立中国服饰博物馆、上海市大学生服饰艺术基地，各类展示交相辉映，使东华校园成为共享繁荣、展示美丽的舞台。为扩大东华服饰文化的社会影响力，中国 2010 年上海世博会筹办之机，东华大学打造了服饰文化秀《时尚东华》品牌文化项目。《时尚东华》为上海世博会设计服装，参加中国上海国际艺术节、上海世博会、全国大学生文艺汇演等活动，反响热烈。项目先后获得“上海市迎世博优秀创意贡献奖”“上海市教育系统百个创意主题活动优秀项目”等荣誉。《时尚东华》世博“秀空间”专场团队，还当选上海市教卫党委、市教委“世博每日之星”称号。

“思索讲坛”是上海外国语大学在松江新校区培育起来的一个校园文化品牌项目，由党委宣传部、教务处、社科部、团委、图书馆等部门共同主办。“思索讲坛”实现了讲座流程规范化的运作和管理，大到主题策划、邀请讲座人、宣传报道，小到租借场地、摄影摄像、讲座整理、主讲人的车辆等都有一套完整的流程。在操作过程中，特别注意标识、讲座时间、讲座地点、主持人甚至宣传方式等，注重打造品牌效应的细节经营。“思索讲坛”还注重在创新中巩固品牌。比如在宣传上，除了常见的横幅、海报、传单之外，学生还开始用手机短信进行讲座预告。在内容上，除了报告讲座之外，还把很多有名的展览引进校园或者组织学生外出参观。在形式上，除了一般的主题演讲外，还注重开展“小众化、前沿化、学术化”的座谈。上海外国语大学的书记、校长都在“思索讲坛”上为学生开过讲座。“思索讲坛”在师生中获得了非常好的反响，先后获得上海市校园文化建设优秀项目和教育部高校校园文化建设优秀成果奖。

七、基于三个维度的高校文化品格的培育与构建

在理论研究和实地调研的基础上，我们归纳了决定文化品格的六个基本元素，并将这六个基本元素进一步归纳为三个维度的大学文化品格培育路径，即：以价值观和英雄驱动文化信念的内在动力（以激发文化自觉），以故事和口碑深化文化自信的历史情感（以深化文化自信），以符号和仪式营造文化认同的环境氛围（以促进文化认同）。

1. 文化品格培育的三个维度

课题组认为，上述三个维度六个因素，对于培育高校的文化品格具有较强的解释力。

第一个维度，内在动力：价值观与英雄。价值观是高校文化品格的灵魂所在，而英雄正是体现这种价值观的优秀典型，对于文化环境中的个体具有强大的引领和影响作用。

第二个维度，积淀传承：故事与口碑。故事承载着文化的历史性，是历史的文化载体。口碑是文化得到的社会认同，这种认同不是一蹴而就的，而是以历史积淀为前提的。

第三个维度，外在环境：符号与仪式。这是文化品格构建和培育中的外在因素。当建立一种独特的符号系统和仪式之后，文化品格将在两种因素

构建的环境中潜移默化地生成出来。

培育文化品格，要以价值观的提炼与英雄人物的感召效应，激励所有个体的荣誉感，增强其文化自觉；以历史的积淀演绎大学文化特有的故事，并在不断的传承和创新中赢得社会的广泛认可，以良好的口碑增强个体与群体文化自信的基础；以标签化的符号系统营造大学文化的环境氛围，使身处其中的个体与群体产生特有的文化认同。

第一，以价值观和英雄人物来激发群体的文化自觉。价值观和英雄人物是一个组织的象征，是这个组织中所有精神的核心体现。这种精神，是经过不断积累和沉淀形成的，将会激发其所在群体的文化自觉。价值观是体现愿景的灵魂，也是规范群体行为的准则，是一种判断善与恶的共同评判标准。例如，党的十八大提出，倡导富强、民主、文明、和谐，倡导自由、平等、公正、法治，倡导爱国、敬业、诚信、友善，积极培育和践行社会主义核心价值观。这二十四个字也正是全社会遵循的道德追求。上海高校深刻践行社会主义核心价值观，激励所有高校人成为践行社会主义核心价值观的模范。英雄人物具有极为强大的号召力和影响力，在每个高校的校史馆里，都展示着一系列英雄人物的成就与事迹，这就像一面面文化的旗帜，激发一代又一代高校人前赴后继地沿着英雄的脚步成长成才。

第二，以历史故事和社会口碑培育群体的文化自信。历史故事会在口口相传中散播着高校文化的力量，这种力量会赢得社会的口碑。口碑又会给予高校人正向的反馈，这种反馈进一步激励高校人的文化自信，从而使高校人更加认同文化并将其发扬光大，使文化品格得以进一步强化。

第三，以标签化的符号系统来激发群体的文化认同。无论是校徽、校训还是校歌，都是高校极为个性化的符号系统。上海高校都建立了自己的形象识别系统。所谓形象识别系统，是包括理念识别、行为识别和视觉识别等维度在内的一个组织的统一文化符号系统，这其中包含了标准字体、标准色彩、象征图案、标语口号、专用字体等方面的内容，被用于组织的文案交流、形象宣传、内外建筑、服装服饰甚至交通工具。这种符号系统具有影响环境的功能作用，对于高校内部群体来说，会培育出强烈的个体归属感。这个逻辑可以用图 2－3－3 来进行直观说明。

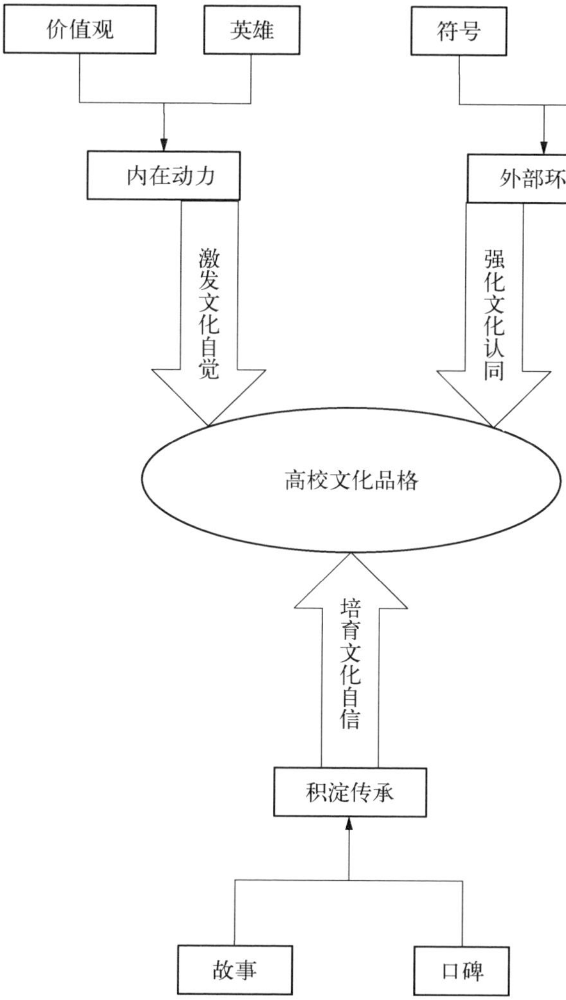

图 2－3－3　高校文化品格培育的逻辑路线

2. 驱动文化信念的内在动力

(1) 培育价值观。价值观是指一个人结合自己的思维认知而形成的对周围的客观事物(包括人、事、物)的总评价和总看法。具体表现为一个人的价值取向、价值追求以及价值目标；另一方面又表现为价值尺度和准则，作为理解、判断、选择、辨别事物、辨别是非思维或标准。

价值观具有稳定性、持久性、历史性、选择性和主观性特点。个人的价值观一旦确立，在较长一段时间内很难改变，但是随着身边周围环境的变化或个人经历的转变，价值观也不断地在变化，传统价值观念会不断受到新价值观的挑战，个人对诸事物的看法和评价也具有选择性和主观性。

价值观和价值观体系是决定人的行为的心理基础。上海高校作为社会主义大学，学校价值观应把社会主义核心价值观作为重要内容，融入本学校的文化品格培育之中，同时又要结合本学校的具体情况，赋予具有本校特点的价值内涵。

高校利用价值观培育大学文化品格，需要从三个方面入手：一是课堂教学。在校本课程开发中，融入本校价值观，发挥课堂教学的主渠道作用。二是实践活动。大力开展丰富多彩的校园文化活动和社会实践，在活动与实践中渗透、融入、贯穿学校价值观。三是主题教育活动。利用形式多样的主题教育活动，深化价值观教育工作。

(2) 塑造文化英雄。英雄是一所大学文化品格的载体。在大学文化品格里，我们所讲的英雄有别于平时的英雄概念，他们是一所大学优秀文化品格的集中代表，因此被视为一所大学的文化楷模，是一所大学的文化英雄。可以说，大学文化品格中的英雄，更侧重的是文化事功和道德楷模。

一般来说，一所大学的文化英雄主要包括三类。第一类是在大学发展过程中起到重大作用的历史上的领导人物。尤其是第一任校长，他们一般会成为大学的第一位英雄人物，他们都为大学的创办立下了文化事功。第二类是大学自己培养出来的杰出校友，他们用自己的功勋为母校争得了荣誉，成为标杆性人物。第三类是优秀的在校学生、在校员工等。利用文化英雄培育大学文化品格，可以从以下三个方面入手：

一是加大力度宣传学校已有的文化英雄，扩大文化英雄的知晓度和影响力，让其成为全校师生学习的楷模。针对已有的文化英雄事迹材料，进一步查找、整理、润色，进行优化。针对事迹材料不完整的，采取补充采访、查阅档案等方式，完善事迹材料。结合文化英雄重要纪念日，在全校范围内开展系列纪念活动，采用宣传栏展示、电视广播报道、新闻网人物专访等形式，在学校讴歌、学习文化英雄的丰功伟绩和高尚情操。也可以利用学校重大纪念日，采取各种方式回忆学校文化英雄的事迹，强化在校师生的文化熏陶。相关部门开辟网上展览、实体展室，线上线下宣传本校英雄，内化大学文化品格。

二是挖掘寻找具有优秀文化品格的新的文化英雄，并加以塑造和宣传，使其成为学校文化品格的杰出代表。加大对校内杰出科研人才、教学能手、对社会有突出贡献的杰出校友、对社会产生较大影响的在校学生等人物材料的采写工作，通过有计划有系统的塑造宣传，使其成为学校文化品格的代表人物，从而为宣传学校文化品格正能量打下基础。例如，上海各高校每年都开展“上海大学生年度人物”宣传和学习工作。

三是向外推送代表本校优秀文化品格的文化英雄，树立学校在社会上的良好形象，提高学校的社会美誉度和知名度。通过出版本校文化英雄专著、向校外媒体推送事迹材料、参加各种类型的评选活动、推荐文化英雄接受校外媒体专访等方式，宣传本校文化英雄，为培育大学文化品格营造良好的外部社会环境氛围。

3. 激发文化自信的历史情感

(1) 讲好大学故事。大学都有自己的精彩故事。各高校都重视讲好自己的故事，充分利用故事来树立、阐释和丰富本校的大学文化品格。通过侧重于历史事件过程的描述，强调情节跌宕起伏，从而阐发道理或者价值观，展现学校的文化品格。故事是塑造高校良好文化品格的有力有效的武器，其以特定的表达方式，把学校的往事与典故娓娓道来，对大学文化品格的培育和形成常常起到事半功倍的效果。因此，在高校的大学文化品格培育中，故事是个不容忽视的工具。

高校利用大学故事培育大学文化品格，可以从以下几个方面入手：

一是梳理历史故事。注重挖掘、整理、撰写学校的历史故事，特别是杰出的校园人物和重大历史事件的故事，为讲好学校的故事做好素材准备。该项工作的好坏，直接决定着大学故事的质量和效果。

二是进行宣传展示。利用校内各种媒体，做好故事的校内宣传和展示工作。一般通过有特殊意义的重大纪念日进行密集的展示和宣讲，加强对学校师生的教育，在潜移默化中为大学文化品格的培育，营造良好的校园氛围。

三是做好故事传播。把故事材料有针对性地对外推送，在社会媒体上刊出或发布，在社会上广而告之那些人、那些故事，使这些正能量从学校辐射到社会，也在无形中扩大了教育对象范围。这样营造内外环境，可以更好地提升大学文化品格的培育效果。

（2）赢得社会口碑。口碑是一所大学文化品格的客观反映，会对大学文化品格的培育和形成产生潜移默化的内在驱动力，对大学的发展起到推动和促进作用。口碑的形成是一个长期的过程，是大学经过几十年甚至上百年文化品格积淀而形成的美好名声，并被公众口口相传。大学口碑一旦形成就相对稳定，但仍需有意识地进行经营。

上海高校利用口碑反哺培育大学文化品格，需要从以下几个方面入手：

一是打铁必须自身硬，做好本校的各项工作，树立学校良好的正面形象。良好的口碑是大学文化品格的一种体现形式，是大学正面形象的直接外显。现在大学的竞争异常激烈，各高校都采取各种措施，推动自身的发展。近年来，上海高校综合改革取得了长足的进展，也为良好口碑的形成奠定了坚实的基础。

二是以人才博口碑，重视学生培养质量，向社会输送优秀人才。人才培养是大学的重要功能，为社会培养合格乃至优秀的人才是大学当仁不让的社会责任。努力培养社会英才，是大学在社会博得口碑的重要法门。“今天你为母校自豪，明天母校为你骄傲”，这是大学为社会培养优秀人才的丰厚回报。

三是以宣传树口碑，主动做好社会宣传，增强学校的社会影响力。大学本身的实力是大学口碑的坚实后盾。虽然“酒好不怕巷子深”，但是大学有意识地加强对外宣传，对口碑的形成具有较大的推动作用。近年来，上海高校高度重视对外宣传，源源不断地向社会推送学校各方面的新闻素材，有效提高了学校的知名度和美誉度。

4. 营造文化认同的环境氛围

(1) 凝练文化符号。大学文化符号的形成时间相对漫长，一旦形成就相对稳定，并在大学的发展中流传沿承。可以说，文化符号是大学文化品格的直观体现。大学文化符号多表现为校名、校标(校徽)、校训、校歌，这些符号都被赋予了独特的历史、人文、文化内涵，成为大学文化品格培育的最重要的内容之一。上海高校都注重于对自身文化符号的阐释工作，大学文化符号已经成为大学塑造自身文化品格的重要载体之一。

利用文化符号培育大学文化品格，可以从以下三个方面入手：

一是与时俱进，完善大学文化符号系统，赋予文化符号更多、更体现文化品格的文化内涵。一般来说，大学文化符号都有明确的内涵，要与时俱进地赋予其新时代内涵，使文化符号更加能够反映大学的新特点，更具辨识度，更形象地反映大学的文化品格。例如上海交通大学校徽多次修改，同济大学校歌修改，华东理工大学校训修改，上海外国语大学校训修改等。

二是通过各种传播形式，在本校师生中进行诠释、推广、普及，使得师生接受并内化为意识，在师生心中打上大学文化符号的烙印。在各种各样的讨论会、辩论会、朗诵比赛、合唱比赛、主题征文比赛等活动中，在校园各类仪式庆典中，融入本校文化符号，潜移默化地进行文化精神和文化品格的熏陶。

三是通过制作音视频文化产品等方式在校内外广泛传播，塑造并展示大学文化品格。上海的高校一般会以校庆庆典等重大活动为契机，精心制作宣传本校的形象片，融入本校的文化符号，投放到各类媒体，广泛宣传。一方面，让社会了解学校，提高本校的社会知名度和美誉度；另一方面，让本校师生增强自豪感和归属感，深化对本校文化品格的理解、认知、认同、接受、内化乃至践行。例如：同济大学制作形象片《同济形象》，并拍摄了同济大学校歌 MV《同济之歌》;华东理工大学在 60 周年校庆时,制作了校庆形象片《因您而感动》,并于校庆庆典日前投放社会网络,受到广泛关注。

(2) 重视仪式教育。一般来说,大学中的仪式有三种表现形式:第一种是对学校发展进程有重大意义的仪式,如校庆庆典仪式;第二种是在学生发展过程中有着重大意义的仪式,是学生在校学习过程中的重要时间节点,如开学典礼、毕业典礼、学位授予仪式等;第三种是重大对外活动,这是向校外展示学校文化品格的重要平台,如重要产学研合作项目揭牌等。

利用仪式培育大学文化品格,主要从以下两个方面入手:

一是把自身文化品格融入学校的各种仪式之中。在仪式的展开过程中,把反映学校文化品格的元素充分纳入其中,如校徽、校标、校训、校歌、形象片等文化标识;把仪式办成塑造学校师生优秀大学文化品格的大舞台,把仪式作为大学文化品格培育的有效方式和手段。

二是创新仪式的内容和形式,深入阐释和活泼呈现本校的文化精神和文化品格。例如,近年来很多高校开学典礼上的校长致辞被学生誉为“大学第一课”,不少校长因致辞内容的思想性和语言的感染力较强而成为“网红”,对宣传和培育学校文化品格产生了重大影响和积极作用。

参考文献

[1] 常书红.大学与北京的文化品格[J].北京师范大学学报(社会科学版),2007(6):99.
[2] 刘创.论现代大学的文化品格[J].首都师范大学学报,2004(2):53.
[3] 姜晓云.大学的文化品格和力量[J].高校教育管理,2011(5):22.
[4] 谭志松.大学的文化性格[J].三峡大学学报(人文社会科学版),2009(1):97.
[5] 吴宗元.大学文化的品格追求[J].中国成人教育,2008(16):18.
[6] 姜晓云.大学的文化品格和力量[J].高校教育管理,2011(5):23.
[7] 刘创.论现代大学的文化品格[J].首都师范大学学报,2004(2):56.
[8] 塞缪尔·亨廷顿.文明的冲突与世界秩序的重建(修订版)[M].北京:新华出版社,2010-01-01.
[9] 塞缪尔·亨廷顿,劳伦斯·哈里森.文化的重要作用:价值观如何影响人类进步[M].新华出版社,2010-01-01.

[10] 吉尔特·霍夫斯泰德，格特·扬·霍夫斯泰德. 文化与组织：心理软件的力量[M]. 北京：中国人民大学出版社，2010：4.
[11] 吉尔特·霍夫斯泰德、格特·扬·霍夫斯泰德，文化与组织：心理软件的力量[M]. 北京：中国人民大学出版社，2010：4.
[12] 吉尔特·霍夫斯泰德、格特·扬·霍夫斯泰德，文化与组织：心理软件的力量[M]. 北京：中国人民大学出版社，2010：6.
[13] 吉尔特·霍夫斯泰德、格特·扬·霍夫斯泰德，文化与组织：心理软件的力量[M]. 北京：中国人民大学出版社，2010：7－8.
[14] 特伦斯·迪尔、艾伦·肯尼迪，新企业文化[M]. 北京：中国人民大学出版社，2009：6.
[15] 裴刚. 同济大学校训背后的故事[N]. 文汇报，2014－7－17.
[16] 裴钢. 同济大学校训背后的故事. [N]文汇报，2014－7－17.
[17] 特伦斯·迪尔，艾伦·肯尼迪. 企业文化[M]. 译者：李原、孙健敏. 北京：中国人民大学出版社，2008.
[18] 特伦斯·迪尔，艾伦·肯尼迪. 新企业文化[M]. 译者：孙健敏、黄小勇、李原. 北京：中国人民大学出版社，2009.
[19] 萧思健，周晔. 文化育人之道[M]. 上海：复旦大学出版社，2012.
[20] 蔡劲松. 大学文化理论构建与系统设计[M]. 北京：文化艺术出版社，2009.
[21] 丁钢. 大学文化自觉管理的向度、模型与方略[M]. 北京：光明日报出版社，2011.
[22] 吴勇. 大学文化：理想与现实的冲突[M]. 广州：中山大学出版社，2010.
[23] 斯迈尔斯. 品格的力量[M]. 译者：赵丽荣. 武汉：武汉大学出版社，2012.
[24] 教育部高等学校社会科学发展研究中心组. 大学文化传承创新研究[M]. 北京：北京大学出版社，2013.
[25] 谈毅，王琳媛. 大学文化建设与价值认同[M]. 上海：上海交通大学出版社，2013.
[26] 孙雷. 现代大学制度下的大学文化透视[M]. 北京：光明日报出版社，2010.
[27] 李长真. 大学文化与当代中国先进文化研究[M]. 西安：陕西人民出版社，2008.
[28] 刘亚敏. 大学精神探论[M]. 青岛：中国海洋大学出版社，2006.
[29] 姜晓云. 大学的文化品格和力量[J]. 高校教育管理，2011－05.
[30] 刘创. 论现代大学的文化品格[J]. 首都师范大学学报，2004(2).
[31] 傅有明. 论现代大学文化品格的塑造[J]. 湖南科技学院学报，2007－06.
[32] 谭志松. 大学的文化性格[J]. 三峡大学学报(人文社会科学版)，2009－01.
[33] 吴宗元. 大学文化的品格追求[J]. 中国成人教育，2008－08.
[34] 常书红. 大学与北京的文化品格[J]. 北京师范大学学报(社会科学版)，2007(6).
[35] 宋亚平. 纪念大学文化品格探微[J]. 广东省社会主义学院学报，2007(1).
[36] 王英杰. 论大学的保守性：美国耶鲁大学的文化品格[J]. 比较教育研究，2003(3).
[37] 赖美琴. 论新时期大学生的文化品格[J]. 惠州大学学报(社会科学版)，1996(l).
[38] 陈洁，王晓春. 论学生文化品梏的要文及其建构[J]. 科研纵横，20l2(11).
[39] 李国. 论中国大学的文化品格追求[J]. 重庆工学院学报(社会科学版)，2007(10).

[40] 赵凡.试论大学文化的独立品格[J].科技创新导报,2012(22).
[41] 孟维杰.文化品格：心理学理论另一种品质[J].社会科学战线,2006(2).
[42] 何西来.艺文六品[M].北京：中央编译出版社,1997.
[43] 周倩,王晓春.校园文化品格的基本要义及其构建方略[J].科研纵横,2012(10).
[44] 王晓春.学校文化品格建构中核心价值观的探寻[J].江苏教育研究,2010.
[45] 王立新.影响与超越：希伯来神话的文化品格与民族特质[J].社会科学战线,2008(6).
[46] 谢文静.高校博物馆与大学校园文化建设[J].教育评论,2014(7).
[47] 陈瑜.解读现代大学精神文化内涵[J].科技风,2014(9).
[48] 周雪梅.论现代大学的文化使命[J].中国成人教育,2014(4).
[49] 龙佳解.论社会主义核心价值观念对大学文化建设的引领[J].大学教育科学,2014(1).
[50] 陈国锋,国外大学文化分析的三种视角及其启示[J].教育探索,2014 年第 3 期.
[51] 李大健、谭乐,以社会主义核心价值体系引领大学校园文化建设[J].国家教育行政学院学报,2014 年第 1 期.
[52] 王珺.加强大学校园文化建设培养造就高素质合格人才[J].毛泽东思想研究,2013(6).
[53] 赵沁平.大学精神的核心是对科学真理的不懈追求[J].中国高等教育,2013(7).
[54] 孟娜,李忠云.论大学文化的育人功能及其强化[J].高等农业教育,2013(1).
[55] 吴咏梅.校史研究：提升高校文化软实力的重要举措[J].湖北社会科学,2013(1).
[56] 游家胜.大学文化创新动力机制探析[J].教育发展研究,2012(13).
[57] 张清学,苏兴仁.地方高校大学精神文化建设的策略[J].教育探索,2012(6).
[58] 庞晓东.从“211”大学校训看中国大学理念的价值取向[J].教育学术月刊,2012(6).
[59] 孔超.大学文化：大学实现理想和价值的根本[J].教育探索,2012(10).
[60] 顾晓松,杨礼宾,王芳.以核心价值体系为魂建设中国特色大学文化[J].中国高等教育,2012(8).
[61] 罗维安.激发学生潜能的个性化大学校园文化景观[J].艺术教育,2013(3).
[62] 宋龙飞,刘强.大学文化视域中的大学文化符号建构初探[J].科教导刊,2013(36).
[63] 谭春生,郑淑荣.大学标识文化建设中存在的问题与建设途径[J].学理论,2013(27).
[64] 徐金才.文化标识是核心理念的形象诠释[J].教育发展研究,2008(16).
[65] 卢长宝,李娜.社交媒体负面口碑的传播机制及理论模型研究[J].福建农林大学学报：哲学社会科学版,2014(4).
[66] 余航,王战平.网络口碑影响的研究综述[J].情报杂志,2013(6).

04 上海高校民族学生教育策略与载体创新研究

◎ 针对上海高校少数民族学生这一特殊且重要的群体，课题组运用问卷调查、个案访谈、文献分析等方法，对其民族特征及成才需求、教育策略及服务载体等进行深入的分析研究，结合国内非民族高等院校的教育实践，提出要遵循"引导、服务、管理"三位一体的工作思路，从思想教育、人文关怀、文化交流、学业指导、就业实践等方面创新教育管理载体，从而加强和完善民族学生教育管理工作体系。①

一、绪论

1. 研究对象的厘定

民族学生，从广义上来讲，是指各层级教育单位（包括小学、中学、中专、

① 本节内容是笔者主持的2011年度上海学校德育创新发展课题"上海高校民族学生教育策略与载体创新"的结题报告。收入本书时内容有删改。课题组成员还有吴婷、朱姝、朱洵涛、崔美娜、刘少文等。

技校、大学等)中少数民族生源的所有学生。本课题根据研究任务的需要,将民族学生限定为上海市普通高等学校所有少数民族生源的学生。上海高校中来自内地西藏班、新疆高中班的藏族和维吾尔族学生数量较多,比较集中,样本特征明显,而其他的民族学生则较为分散,群体性特征表现不太显著。因此,为了便于研究工作的开展,本课题组把上海市普通高等学校招收的内地西藏班、新疆高中班的藏族和维吾尔族学生,作为重点研究的对象。

2. 研究的主要内容和架构

本课题从三个方面展开研究工作。首先,对上海普通高校民族学生的群体特征、成才需求,进行细致的调研分析;其次,对上海普通高校民族学生教育管理工作的现状,以及高校能够提供的各项资源作系统的梳理,对国内其他高校民族学生教育工作存在的问题和有效经验进行了总结和借鉴;最后,就现行国家和上海市相关政策条件下,如何有效地开展普通高校民族学生的思想教育和日常管理,以及具体的实施策略及路径载体提出创新性的建议。

3. 研究的意义

当前研究如何加强高校民族学生的教育和管理,具有极其重要的实践意义。

一是有利于上海高校民族学生的成长成才。本课题的研究成果可应用于实际工作中,为民族学生创造更佳的学习环境,提供具有参考价值的方法和途径,进一步激发民族学生学习的积极性和主动性,使其勤奋学习,实现全面而综合的发展,从而为少数民族地区的经济和社会发展培养出更多的优秀人才。

二是有利于优化上海高校民族学生教育工作体系。当前,上海市关于民族学生教育的工作,虽然在各方的努力下取得了长足进展,但是还存在诸多有待改进的地方。本课题针对这些不足之处,提出了相应的解决方案,这有利于进一步改善和加强当前高校民族学生教育工作。

三是有利于维护上海高校的稳定和发展。民族学生的生活成长环境和各民族文化传统存在很多差异，导致民族学生之间以及民族学生与汉族学生之间容易发生冲突，一旦处理或处置不当就会演变成重大突发事件。本课题提出的加强普通高校民族学生思想教育和日常管理的对策和建议，为预防、解决和处理此类突发事件提供有益的参考。

四是有利于促进民族地区经济社会发展。少数民族优秀人才培养，是国家西部大开发战略和援疆援藏工作的关键一环。本课题的研究可以推动上海高校做好民族学生教育管理服务工作。上海高校通过教育、培养并最终向民族地区输送大量优秀的少数民族大学毕业生，不仅可以促进民族地区经济、社会、文化的发展，而且对于加强各民族交流交融、实现各民族大团结、共同发展、共同繁荣，都具有非凡意义。

五是利于构建社会主义和谐社会。《中共中央关于构建社会主义和谐社会若干重大问题的决定》指出："认真贯彻落实党的民族政策，牢牢把握各民族共同团结奋斗、共同繁荣发展的主题，广泛开展民族团结进步活动，巩固和发展平等、团结、互助、和谐的社会主义民族关系，使各族人民和睦相处、和衷共济、和谐发展。"本课题的研究从小处来看，可以推动上海高校贯彻党的民族政策，提高民族学生培养质量；从大处着眼，可以通过民族学生的正面辐射及带动效应，促进各民族团结，实现各民族共同繁荣共同发展，从而为构建社会主义和谐社会贡献力量。

二、上海高校民族学生群体特征和成才需求分析

1. 民族学生群体特征分析

当前，少数民族学生已经成为高校中一个十分重要的群体，他们在语言、宗教、生活习惯、教育背景等方面，都表现出与汉族学生非常明显的差异。即便是在少数民族学生群体范围内，也会因为民族的不同而表现各异。作为高校的思政工作者，我们应该充分了解并研究这一群体，如此才能科学有效地开展思想教育工作，为其提供切实周到的服务。通过调查研究，我们将少数民族学生的群体特征归纳为以下七个主要方面：

一是思想状况总体乐观，对相关政策认知度高。目前，上海高校少数民族学生的思想政治状况主流是好的。他们具有较高的思想政治素质和觉悟，对于国内形势和国家大事能够作出正确判断，对党和政府的工作给予充分肯定和评价。在涉及民族、政治、宗教等政策的认识上，表现出较高的认知度。调查结果显示，90.12%的民族学生比较了解国家的民族政策；87.65%的学生对民族政策持肯定态度，并对民族政策的积极作用有正确的认识；100%的被调查对象选择坚决抵制民族独立势力和民族分裂行径。

二是宗教信仰氛围浓厚，对宗教政策认同度高。由于民族文化的影响，少数民族学生接触宗教的机会更多，生活中宗教氛围更为浓厚，其群体中信仰宗教的成员比例也较高。调查数据显示，59.26%的受访对象表示有自己的民族宗教信仰，远超过汉族学生信教的比例。在对国家宗教政策的认识上，86.42%的学生认为自己对宗教信仰有正确的认识，但仍有13%的人选择认识模糊，这些模糊之处主要集中于对宗教信仰自由的误解上。

三是生活适应状况总体良好，能与周围同学和谐相处。少数民族学生因为成长环境和生活习俗的特殊性，进入大学后生活上会面临更多的挑战，但从我们的日常观察及调研结果看，民族学生群体的适应状况总体良好，92.59%的学生认为他们能够快速适应大学的生活环境。在人际交往方面，97.53%的受访者认为能够与不同民族的同学友好相处，75.31%的受访者表示跟周围人的关系很融洽，100%的受访者表示自己除本民族的伙伴外，还有其他民族的朋友。可以看出，少数民族学生总体上对大学阶段的人际交往抱着比较开放的态度，在努力扩大自己的交往范围。另外，民族学生性格一般比较朴实豪放，待人真诚热情，也能较快消除初期与其他同学的摩擦。即便如此，民族学生在与其他同学的人际交往中仍然存在一些障碍。数据显示，40.74%的学生表示不太习惯与其他民族的同学待在一起，83.95%的学生表示与其他同学相处时会感到自卑。有资料指出，语言障碍、自尊与自卑矛盾心态、缺乏交往技巧、民族生活习俗和个性差异，是妨碍少数民族学生形成良好人际关系的主要因素。

四是学习态度积极，但学习压力较大。民族学生能够进入大学接受高等教育，他们都付出了大量的努力，都能认识到努力学习的重要性。进入大学以后，民族学生也都能本着积极、上进的态度来对待专业学习。我们在调查中发现，85.19%的学生选择“我认为在大学学好专业知识很重要”，93.83%的学生选择“我能够积极上课，有疑问请教老师或者同学”。这两个数据反映出：民族学生对大学的学业重要性认识清楚，能积极参与和融入新的学习环境。然而，仍有29.63%的学生选择“我对于学习有一种畏惧感，没有信心”。我们在调查中还发现，大部分民族学生都感受到比较大的学习压力，如13%的同学认为学习压力“很重”，58%的同学认为“较重”，认为“不重”的学生只占总数的29%。究其原因，固然有学习阶段和学习方式的变化，但考虑到少数民族学生群体的特殊性，基础知识薄弱是最主要的影响因素。调查中，76.54%的学生认为自己的基础不好，学习上很吃力。语言也是比较关键的因素。

五是经济方面有压力，生活比较朴素。总体上看，少数民族学生中，有相当一部分来自偏远的山区、牧区和农村，家庭经济状况比较困难，贫困学生较多。与家乡比较，上海地区的日常开支要高出许多，调查过程中，67.9%的学生感受到来自经济的压力。对此，他们主要通过助学贷款、勤工俭学等方式来支持学业；64.2%的学生能及时获得经济援助，说明高校在关注贫困民族学生的工作上是比较细致认真的。就民族学生本身而言，他们在日常开支方面比较节俭，65.44%的学生表示他们十分节约，同时也会积极参加校内外的勤工助学活动。

六是内心世界更为复杂，心理压力偏大。民族学生因受地理环境、历史传承、经济因素、文化变迁等方面的影响，他们在大学校园中会感受更多的“文化震撼”，心理上面临的冲突也会较其他群体多，表现在民族学生经常产生矛盾心理。民族学生都具有较强的民族意识，28.4%的学生认为自己民族是最优秀的，18.52%的同学认为此种描述部分符合自己的想法。但是，当他们面对其他民族尤其是汉族学生时，又可能产生某种自卑心理。此外，民族学生那种与生俱来的开放热情的性格与略显保守、封闭的心理也成为一对矛盾。众所周知，我国少数民族地区，尤其是西部少数民族地区的人们，性格都比较豪放，调查显示，98.77%的学生表示对待所有的人都要真诚热情。但是，当他们的某种表达或诉求受挫时，他们更可能倾向于在族群内寻求支持。也因为以上种种状况的存在，少数民族学生会比汉族学生面临更多的生活适应问题，也要承受更多的心理压力。

七是职业规划比较清晰，回原籍就业的比例较高。与其他在校大学生群体相比，民族学生有着更为清晰的职业规划。调查显示，有 71.60%的学生表示自己有明确的职业规划，70.37%的学生认为能够找到自己满意的工作。民族学生职业规划上的明确性主要表现在两个方面：首先是在就业单位上，民族学生更加倾向于选择“国家机关或企事业单位”，有 71.6%的同学选择了此项；其次是表现在就业地域上，有 37.04%的学生期望回到原省、自治区、直辖市，只有 17%的学生期望在上海就业。这与其他同学的选择表现出很大的差异。究其原因，少数民族大学生因受民族政策和民族文化的影响，他们选择回原籍的期望较高。

2. 民族学生成才需求分析

基于上海高校民族学生的特点，结合国家的政策期望与民族学生自身成长的实际情况，我们着重从以下几个方面对民族学生的成才需求进行分析。

一是思想政治方面，民族学生需要进一步的价值引导和政策解读。高校民族学生作为一个特殊群体，受国家政策影响较大。一方面，党和政府希望广大民族学生能够认真学习了解相关的法规政策，比如民族政策、宗教政策、教育政策等等；另一方面，民族学生也需要了解国家政策对他们的指向意义。虽然民族学生对大是大非的政治问题有正确的判断，但对与他们相关的一系列政策的内涵理解还远远不够，他们需要高校工作者就有关的重要政策进行宣传和解读。

二是校园生活及适应方面，民族学生需要更加细致的关心和专业的辅导。首先，民族学生作为贫困生比重较高的一个群体，需要我们在资助政策上予以倾斜，更加关注他们的日常生活，确保每个民族生的生活水平。其次，在民族生的人际交往方面，他们需要积极主动地融入大学校园生活中。我们应通过完善管理制度、举行团体培训、加强生活指导等手段，努力为民族学生营造一个方便、愉快的生活环境。最后，针对民族学生比较“孤独”“矛盾”等心理特点，更加重视他们的精神生活，有针对性地实施心理教育与辅导，帮助民族学生释放包袱，破除心理上的消极因素，真正融入校园生活。

三是文化学习方面，民族学生需要多方位、针对性的辅导。民族学生由于特殊的成长过程，其学习基础较汉族学生而言要显得薄弱一些，在汉语理解、英语学习、计算机课程等方面表现得尤其明显。尽管绝大多数民族学生学习态度积极认真，但效果仍差强人意，要赶上正常的教学进度不掉队，民族学生都表现出较大的压力。在调研中，受访者表示：希望在课堂教学之外，还能够得到学校有针对性的辅导，比如可以采取集中辅导、个别答疑、优秀学生帮带等形式，逐渐提高他们的学习水平。

四是就业方面，民族学生需要更多的政策支持和技能培训。民族学生的就业存在一定的特殊性，尤其对于新疆、西藏两地的内地班学生而言，由于他们是委托培养性质，他们的就业去向比较明确。其他少数民族同学没有特殊政策的支持，要进入开放的就业市场参与竞争，面临不小的挑战。鉴于民族学生的群体特征，在就业问题上，他们需要一定的政策支持，帮助他们实现顺利就业，同时还需要有针对性地加强职业辅导。

三、部分高校的民族学生教育策略与经验启示

1. 部分高校民族学生教育的多案例比较

通过文献检索和资料收集整理，我们选取了国内具有代表性的非民族普通高校的几个个案[1]进行分析和比较，为上海高校民族学生教育策略和载体创新提供借鉴。

北京大学注重发挥少数民族辅导员在民族学生教育工作中的重要作

用。学生工作部定期组织全体辅导员进行专项学习和研讨，邀请少数民族辅导员和有少数民族学生工作经验的辅导员，进行案例讲解、经验分享和现场答疑。此外，在学生工作系统例会上，学生工作部定期进行情况通报，组织院系辅导员进行工作交流，将对少数民族学生教育引导的专项研讨常规化、案例化，形成了内部充分交流和分享的良好氛围。注重加强辅导员引导教育少数民族学生的工作能力培训。多次组织辅导员赴石河子大学、新疆大学、云南大学等民族地区高校进行参观交流，使他们增进对少数民族学生的文化传统、民族习俗和心理特征的理解，学习掌握与少数民族学生沟通交流的方式方法，普遍提高做少数民族学生教育引导工作的能力。

清华大学举办少数民族风情周活动。由校党委统战部、校团委主办，每年组织实施为期一周的少数民族学生风采展示和民族文化交流活动。一是根据不同的民族文化设置不同的主题。例如以蒙古族文化为主题，开展“天上草原——2007 年清华大学少数民族风情周”系列活动。二是鼓励活动形式丰富多样。例如组织少数民族题材电影展映、各民族风情图片展览、民族文化主题讲座、民族文化展示与互动、趣味知识问答、风味小吃品尝、民族服饰试穿和舞蹈联欢等各种互动活动，激发更多同学对少数民族文化的兴趣。三是组织少数民族学生外出参加考察实践。组织民族学生赴少数民族自治区如新疆，外省市如深圳、上海等地开展暑期社会实践。2010 年 8 月，清华大学的 12 名师生抵达新疆，在乌鲁木齐市和喀什地区开展了为期两周的就业实践调研活动，旨在深入了解新疆经济社会发展的总体情况、重点领域和发展前景，了解新疆的人才需求和就业政策，使学生明确自己的奋斗目标，为毕业后回到家乡工作或投身民族地区建设事业提前做好准备。参加活动的全部队员，都是来自少数民族聚居区的民族在校生，来自不同的专业。

浙江大学举办民族学生运动嘉年华活动。2008 年，浙江大学为迎接北京奥运会的召开，举办了主题为“喜迎北京奥运，共建和谐家园”的民族学生运动嘉年华。少数民族同学为大家热情介绍自己民族独特的文化，讲述近年来家乡的巨大变化，以这种方式表达他们对祖国、对本民族文化的热爱与自豪感。现场还开展了包括厨艺展示、才艺表演等在内的形式多样的互动活动。

复旦大学积极开展民族宗教法制宣传周活动。在全校范围内，广泛开展以“深入学习贯彻《宗教事务条例》，努力推进依法管理宗教事务”为主题的民族和宗教法制宣传周活动。积极探索高校民族宗教工作规律，加强高校民族宗教工作长效机制建设。复旦大学少数民族联合会枫林分会与徐汇区少数民族联合会就“共建友好民族联”签订了合作协议，明确枫林校区民族联每年两次为徐汇区少数民族居民，提供医疗咨询服务或其他服务性、公益性活动，而徐汇区民族联每年资助枫林校区在读贫困少数民族学生若干名，帮助其迎接挑战，完成学业。

上海交通大学推出多项措施帮助少数民族新生实现“四个适应”，即：生活上细致入微，帮助新生早日实现“生活适应”；经济上关心备至，帮助新生早日实现“经济适应”；学习上未雨绸缪，帮助新生早日实现“学业适应”；成长上尽心尽责，帮助新生早日实现“成才适应”。上海交通大学注重少数民族教育者队伍的建设。充分利用少数民族教师、辅导员等熟悉少数民族、了解民族习惯的优势，担任班导师，负责少数民族学生思政教育工作，做民族团结的“护花人”，当学生成才的“引路人”。2007 年，安泰经济与管理学院委员会副书记田新民（哈萨克族）策划了“阳光育人”志愿者服务团计划，由知名企业家担任优秀少数民族本科生的职业导师，进行“一对一”的帮扶。上海交通大学强化少数民族党员管理，点面结合做好工作。通过成立少数民族学生工作党支部，推进学生党员“双支部”管理，学生党员既在组织关系所在的院系党支部履行职责，同时又在民族学生工作党支部中发挥党员的示范引领作用，为发挥少数民族学生自我管理、自我教育、自我服务提供了平台。上海交通大学还组织了少数民族学生暑期返乡社会实践活动。例如，一个由八名新疆学生组成的实践团，利用暑假回到家乡，开展名为“寻访体验哈萨克族民俗文化”的社会实践，积极为家乡的文化建设和经济发展服务。

武汉大学聘任校内外优秀民族工作者担任少数民族学生辅导员。2011年3月，武汉大学举行“学习杨昌林精神关爱少数民族学生代表座谈会”，正式聘任武汉大学体育部退休教师、民族团结楷模杨昌林老师为该校学生辅导员，杨昌林老师专门负责指导学校少数民族学生教育、管理和服务工作，并和爱人次仁德吉成立了“藏族之家”，夫妻俩33年如一日，关爱藏族大学生近万人次，坚持不懈地为他们办实事、解难事，用自己的专业知识和人生阅历指导学生们的生活、学习和思想，使这些少数民族学生感受到了祖国大家庭的温暖，为培养爱党爱国、团结向上、建设发展西藏的藏族优秀人才作出了重要贡献。

华东师范大学做实常规工作，注重人文关怀。2003年9月，在上海市政协委员、华东师范大学人口学博士生导师高向东教授（蒙古族）的努力下，学校率先在全国高校中设立“少数民族大学生奖学金”。学校通过优先安排校内勤工助学岗位，每年召开少数民族学生座谈会和少数民族毕业生座谈会，组建少数民族教工联谊会等工作，切实解决少数民族学生在经济、生活、学习、心理、就业等方面可能遇到的困难。同时，学校还专门设立了一个邮箱，为少数民族学生反映问题畅通渠道，体现了学校的人文关怀。学校积极组织少数民族学生系列活动。2009年，华东师范大学举办以“创新教育载体，增进民族团结，促进民族和谐”为主题的首届大学生民族文化艺术节。学校尊重藏族学生的民族风俗和文化，提倡增强藏文的学习和传承，开展传承少数民族非物质文化的活动，例如两周一次的锅庄舞会，每周两节的藏语课，一年一度的实习交流会和藏历新年联欢会，民族文化展览等。学校还注重工作经验总结和理论研究。2011年，由华东师范大学学生工作部主持的课题《大学生民族文化艺术节——华东师大少数民族学生团结教育工作探索》，获得上海大学生思想政治教育工作创新成果奖。

2. 相关高校民族学生工作的经验与启示

上述高校在少数民族学生教育管理的实践中，结合自身特点探索出了很多新颖、有效的具体方法。本课题组认为，这些高校的主要经验和启示有以下五个方面：

一是课堂教育与实践活动相结合，引导民族学生增强爱国精神和荣校意识。上海交通大学通过“新生开学第一课：选择上海交通大学就是选择了责任”“励志讲坛”“砺行计划”和感动交大人物评选等活动，用真实鲜活的事迹来感染教育少数民族学生，引导少数民族学生把握学习机会，刻苦学习、努力成才。在充分发挥课堂教学主渠道作用的基础上，把课堂理论教育、形势政策教育与丰富多彩的实践活动相结合，扎实推进民族团结教育。将民族团结教育与民族学生个人成才教育结合在一起，通过亲身感触、切身体会，使民族学生真正懂得“团结稳定是福，分裂动乱是祸”的道理，鼓励少数民族学生志存高远，树立爱国荣校情感及社会责任意识。

二是注重思想政治工作队伍建设和能力提升，帮助民族学生适应大学校园生活。通过组织培训、团队交流、校际互访等形式，加强思政工作者对民族学生的了解，切实提升辅导员与民族学生的沟通效果。注重民族学生新生入学期及大学生涯各个阶段的发展特点，帮助和引导他们适应多元文化交融的社会环境和校园生活。积极发展少数民族学生党员和少数民族学生骨干的主动性与积极性，发挥群体内部自我管理优势。充分利用少数民族教师、辅导员、校友及热心于民族团结工作的社会人士，借助于他们熟悉少数民族、了解民族习惯的优势，担任班导师、督导员、生涯导师等辅导角色，为少数民族学生思政教育工作提供强有力的支持。上海交通大学各院系为每一位少数民族新生配备“双导师”，即课业辅导老师和学习导师，分别由专业教师和高年级学长担任。根据学生实际情况，定制专业学习计划，使少数民族新生尽快实现从高中生到大学生的转变，以全新的姿态投入学习中。

三是举办民族特色活动，促进民族文化交流，提供民族学生展示自我的舞台。通过举办以民族大团结为主题的形式多样、生动活泼的校园文化活动，号召学生积极参与到校园文化活动中，进而潜移默化地启迪、熏陶、感染和影响大学生的思想与行为，使之坚定地树立起民族团结意识。例如，许多高校抓住重要纪念日、少数民族传统节日等契机，举办诸如民族风情大赛、民族知识竞赛、民族传统体育项目竞技等各类校园文化活动，展现各民族风采，促进各民族文化交流融合，增强各族学生对祖国的认同、对中华民族的认同、对中华文化的认同、对中国特色社会主义道路的认同。另外，学校充分利用校园广播、校报、电视台和校园网络等媒介，大力宣传民族团结和爱国主义精神，宣传先进人物和典型事迹，形成“以维护民族团结为荣、以损害民族团结为耻，以维护国家统一为荣、以危害国家统一为耻”的校园文化风尚。

四是针对家庭经济困难的民族学生，提供相关资助政策，帮助解决后顾之忧。上海交通大学建立了一整套经济资助体系，通过学费减免、奖助学金、助学贷教、勤工助学等措施，妥善解决好少数民族学生的生活困难。考虑到少数民族新生有不少是来自边远山区，家庭经济困难的比例较高，学校采取多项措施，为学生排忧解难。一是开学当日为少数民族新生开辟“绿色通道”，实现零付费注册。二是在制定各项帮困政策时，适当向少数民族学生倾斜，确保满足其基本生活需要。三是指导学生制订“理财计划”，合理安排每月生活开支，避免不必要的浪费和攀比。许多高校在制定帮困政策时，都首先考虑向少数民族学生倾斜。通过开展节假日送温暖活动、结对帮扶少数民族贫困学生等活动，给予民族学生特别关爱。例如，武汉大学启动“奖、贷、助、补、减”五位一体的联动助学机制，有效解决少数民族学生的经济困难，同时还有针对性地对他们进行“自立、自强、自尊、自爱”教育。

五是为民族学生提供参与社会实践的机会，帮助他们制定成才规划。北京大学在给予少数民族学生物质资助的同时，还通过学生服务总队等平台，鼓励少数民族同学积极投身于社会公益活动，培养他们的综合素质与奉献精神。引导学生前往少数民族地区开展社会实践工作，为当地发展献计献策、贡献力量。复旦大学积极推荐少数民族学生到各类企事业单位实习，培养其社会交往和实际工作能力。这些社会实践活动使大学生有机会深入了解民族地区的发展变化、民族风情、生活习惯等，加深各族大学生之间的相互理解、文化认同与团结友爱，从而提高了民族团结教育的说服力、影响力，以文化人、以情感人、以实践育人，最终获得良好成果。

3. 存在的问题分析

一是与民族学生有效沟通存在障碍。少数民族大学生各自族别背景、文化背景的不同，带来认知差异、心理差异，加上宗教信仰的多面性、多向性特点，使得他们在观察问题、洞悉社会、感悟人生方面，总是自觉或不自觉地带有自身民族、宗教的烙印，这使得不同民族的师生、同学间的沟通交流受到上述差异和隔阂的限制，进而影响沟通的有效性和实效性。

二是部分民族学生存在过度依赖心理。上海和其他地方的高校为了帮助少数民族学生克服生活适应、课程学习、深造就业等各方面的困难，制定了不少针对民族学生的优惠政策和资助方案，在切实帮助民族学生解决很多后顾之忧的同时，也导致小部分民族学生存在“有问题学校就得负责解决”“少数民族学生在内地高校理应享受一些特殊照顾”的依赖心理。

三是民族学生管理存在非均衡性。非民族院校对民族学生进行培养，必须把“特殊照顾”与平等管理有机结合起来，平衡好“尊重差别”与“维护平等”，形成促进少数民族学生健康成长的教育管理体系。这是非民族高校履行民族学生培养责任时必须认真思考的问题。

四是部分民族学生易发生突发事件。少数民族学生多数性格豪爽、坦诚、率直，这为维护各民族学生之间的团结、建立良好的人际关系奠定了坚实的基础，但是，由于成长环境造成的粗犷倔强的个性以及直爽的表达方式，也往往使他们的情绪和行为自控能力相对较差，遇到困难或不顺心的事情时不够冷静，受到批评、指责或语言、行为不被他人理解时容易引起外在情绪和行为的异常表现，如出现酗酒或与其他同学肢体冲突的情况，导致不同民族学生之间的矛盾和冲突。学校要完善突发事件的事前预案及紧急处理机制，避免因学生之间的微小事件影响校园内同学之间的团结和谐，以及各民族团结大局。

五是少数学生易受民族分裂势力影响。随着以互联网、新媒体为代表的现代信息传媒的迅猛发展，少数民族大学生接受和选择外部信息的自由度大大增加，同时由于互联网信息的智能推荐算法，增加了少数民族学生辨别信息真假以及是非的难度，少数不明就里的民族学生，容易受到国内外民族分裂势力的蛊惑与煽动，参与到一些反动分裂行径中去。如何有效掌握民族学生的思想动态，应对各类不良社会思潮对民族学生的渗透，已成为学校教育管理工作者面临的重大课题。

四、上海高校民族学生教育策略与载体创新

本课题在分析普通高校民族学生群体特征及需求的基础上，结合调研中发现的问题，借鉴部分高校的先进做法及成功经验，就如何深入贯彻《国务院关于深化改革加快发展民族教育的决定》的精神，落实《教育部关于贯彻落实〈中共中央 国务院关于进一步加强民族工作，加快少数民族和民族地区经济社会发展的决定〉做好民族教育工作的通知》的要求，切实落实好《学校民族团结教育指导纲要（试行）》，有效开展上海高校民族学生教育工作，提出了一些策略方案及实施建议。

1. 根本遵循

高举中国特色社会主义伟大旗帜，坚持以邓小平理论、“三个代表”重要思想和科学发展观为指导；全面贯彻党的教育方针和民族政策；坚持育人为本，把民族团结教育贯穿于学校教育工作的各个环节，牢固树立“增强民族团结，维护祖国统一，反对民族分裂”的意识。全面贯彻党的教育方针和民族政策，按照素质教育的基本要求，重视中华历史文化和爱国主义教育，加深师生对民族团结必要性和重要性的认识。[2]

增进各族学生对我国各民族共同缔造伟大祖国历史的认识，增强各族学生维护民族团结、维护国家统一、反对分裂的责任感和自觉性；认识和理解马克思主义关于民族问题的基本理论及党和国家的民族政策；在社会交往中，具备正确对待和处理民族问题的基本素质；自觉维护“平等、团结、互助、和谐”的社会主义民族关系，促进各民族共同进步和祖国繁荣昌盛。[3]

不断丰富学校民族团结教育的内容和形式，使各族学生牢固树立正确的祖国观、民族观、文化观；加强“三个离不开”（汉族离不开少数民族，少数民族离不开汉族，各少数民族之间也相互离不开）教育；了解和把握在处理影响民族团结问题的事件中坚持“四个维护”（维护人民利益、维护法律尊严、维护民族团结、维护祖国统一）原则；开展具有民族特色的教育活动，促进各民族之间的平等团结，树立民族自尊心和自豪感，不断增强中华民族的向心力、凝聚力。[4]

正确处理高校民族学生教育工作的几个关系。一是“小”与“大”的关系。少数民族在非民族普通高校中，从绝对人数来看是不占大比例的“小”众群体，但“民族、宗教无小事”，日常工作上的任何细微疏忽，都有可能对学生思想政治教育、和谐校园氛围，乃至国家民族安定团结的“大”局造成重“大”的影响。二是“异”与“同”的矛盾。在非民族普通高校，作为“小”众群体的少数民族学生与“大”部分的汉族学生之间，存在民族文化、风俗习惯、语言文字等诸多方面的“异”，但由于身处同一时代背景、社会大环境和同一校园中，少数民族学生与汉族学生又在很大程度上具备很多相似乃至完全相同的特点，在很多问题上都会遇到同样的问题。三是“分”与“和”的权衡。“异”与“同”的并存，使得学生工作部门在对待少数民族学生的教育管理问题上，需要首先考虑他们与汉族学生的差别，区别对待，相应采取不同的处理方式和方法；同时从整体上把握权衡好学生教育管理的公平公正，一视同仁。

2. 基本原则

一是坚持统一思想与分类指导相结合。学校开展民族团结教育必须贯彻以人为本的原则，在统一思想、整体指导的基础上，从不同民族、不同地域、不同宗教的实际和各族学生不同年龄阶段身心发展的特点出发，分阶段、分层次、有重点、有针对性地设置具体教育内容。要结合具体民族、具体学段、具体学生的特点，将民族教育的管理体系与育人为本的教育理念有机整合起来，统筹安排。

二是坚持管教结合与引导关爱相结合。学校要严格按照国家政策法规、教育部文件和上海市教委的相关要求，做好民族学生的思想教育工作，深化国家认同、民族认同、文化认同教育。落实“严格、细致、关爱”的管理理念。在思想、道德、纪律、学习上严格要求，不迁就。工作做细致，当有心人，关注学生的心理波动和可能出现的各种问题苗头，及时给予引导教育。生活上多给予关心，让民族学生感受到学校和社会集体的关爱与温暖。

三是坚持普遍关注与重点关注相结合。学校对民族学生群体的管理，必须做到面上“全覆盖”和个体“点深入”，强调群体普遍关注和个体差异对待的有效结合。对民族学生群体的特征属性、思想动态、需求诉求要全面掌握，在政策制定和教育管理策略的制定实施上实现全方位覆盖的同时，针对重点个体采取差异化的管理教育策略。在民族学生群体教育管理实践中，既要关注整体，更要兼顾两头，做到对前者的激励褒奖与对后者的引导鼓励并重。

四是坚持传承弘扬与开拓创新相结合。学校在民族学生教育管理的方式方法上，既要继承与弘扬优良传统，又要坚持与时俱进、开拓创新。随着手机、网络等现代传媒的发展，社会思潮在高校的传播及影响，给学校民族团结教育工作带来了前所未有的压力与挑战。在传承长期行之有效的好经验和好做法的同时，高校要紧跟时代前进的步伐，不断更新教育观念，在教育内容、培育方法、沟通方式和长效机制保障等方面积极探索创新，做到因势而新、因时而进、因事而化，主动使用新技术，开辟新路径，占领新阵地。

3. 教育策略

基于上述高校民族学生教育工作的基本原则，本课题提出“引导、服务、管理”三位一体的教育策略。

一是“引导”：加强民族团结教育，搭建多元教育平台，创新教育载体，引导民族学生树立爱国荣校、立志成才的理想信念。

以爱国主义教育为重点，理想信念教育为核心，爱校荣校教育为抓手，通过课堂教学、活动实践、生活关爱等载体，倡导与弘扬爱国主义和民族团结的要求。注重理论学习与实践活动相结合，将民族团结教育、立志成才教育贯穿于课堂教学、实践指导等常规教育手段中，并结合民族学生的特点，做到因材施教、有的放矢。注重思想引导与行为规范相结合，结合特殊时期、特殊事件的教育契机，通过多形式、多角度、有针对性地开展思想教育工作，注重培养民族学生遵规守纪、爱校荣校的思想意识。

结合理论研究、社会实践、党建团建、社团组织、就业指导等具体实践，搭建多层次、多领域、多形式的教育阵地体系，提供多元的素质教育平台。结合大学生涯规划及阶段性教育，分析社会人才需求，帮助民族学生了解自身情况，引导他们树立合理的发展目标，制定大学生涯规划。学校要充分利用校内外各项资源，搭建学业指导、学术科研、社会实践、就业指导、党建团建、学生组织、社团活动等各个领域的教育实践阵地，为民族学生丰富校园生活、实现综合素质提升及成才发展提供多元平台。

注重教育载体的创新。加强网络等多媒体载体及先进传媒工具的使用，扩大教育工作的覆盖面与影响力，切实提高民族团结教育工作的实时性与实效性。在当前社会环境下开展民族团结思想政治教育工作，高校教育者应该重视高科技和计算机信息手段的应用，加强对网络舆情及新型通信交流媒介的了解与掌握能力，扩大思想政治教育的时空阵地。开发具有高校特色、学生喜闻乐见的网络文化产品，从单一的舆情管理和队伍建设工作向网站建设、网络技术研发、网络文化产品制作等方面推进，做到多方面发展。

二是“服务”：突显以人为本理念，加强硬软件基础设施建设，建立保障措施，帮助民族学生适应校园生活和大学生涯的各个阶段。

注重人文关怀，尊重民族文化。坚持落实人本原则的教育服务理念，在服务政策制定、服务队伍建设、硬软件设施完善等环节中，贯彻全面细致的质量准则。在具体的服务实践中，必须充分尊重民族学生作为主体人的特殊属性、合理要求和正当权利。把握新生入学、毕业就业等特殊阶段，结合民族节日、宗教庆典等时间节点，针对饮食习惯、文化风俗等需求要素，在民族学生校园生活和文化适应的各个环节，做好细致入微的服务工作，让民族学生在异乡也能感受到家一般的温暖。

校级领导层面要高度重视民族学生教育工作。通过建立校党委领导、行政部门负责、后勤部门提供保障的领导体系与服务机制，努力营造安定和谐的校园氛围。建立有关部门协调联动机制，针对民族学生的具体需求，从政策制定、制度建设、人员保障、氛围营造等方面，积极探索有效的工作载体，建立健全相关保障制度及激励机制，创造一个积极健康、和谐向上的育人环境。在应对特殊时期、特殊事件和突发情况时，保障各项机制的有效发挥、相关部门的有序联动，切实提高民族学生思想政治教育的针对性与高效性。

注重健全民族学生的各项服务保障体系。针对后勤服务、奖励资助、就业指导、心理咨询各个层面落实相关政策，建立各项机制，切实解决他们的后顾之忧。在国家、上海市相关政策的指导下，做好民族学生新生“绿色通道”，优化国家助学贷款发放机制，落实国家、上海市政府各项奖助学金、生活补贴、学费减免等资助政策，结合学校实际情况尝试开展特色资助项目，接受社会及爱心人士的捐赠。在给予各项优惠政策的同时，鼓励民族学生自强不息，积极参加勤工助学，并通过全面细致的保障服务，让少数民族学生感受到家的温暖。

三是“管理”：充实思政管理队伍，制定并完善管理条例，建立机制，切实提升民族学生思政工作的管理实效。

加强民族学生思想政治工作队伍建设。建立以党政干部、共青团干部、思想政治理论课教师、思想政治辅导员为骨干的少数民族大学生思想政治工作队伍。充分发挥学生党员和学生干部的作用，鼓励加强与民族学生之间的沟通与交流，建立感情和友谊，从学习、实践和生活等方面关心和帮助民族学生，为他们解决实际困难。培养民族学生内部的活跃分子、骨干力量，加强民族学生的自我管理。

制订针对民族学生特点的教学计划和学籍管理条例。完善学业规划、课程辅导、学风建设、成绩考核激励等相关机制，激发他们的学习热情、提高他们的学习绩效。建立民族学生学风建设体制，提供相关辅助措施，帮助民族学生适应高校学习氛围和节奏，从而顺利完成专业课程学习任务。在成绩考核、管理以及奖学金的评定过程中，按照“单独评选、择优评定、表彰优秀、带动后进”的原则，奖励德、智、体、美、劳全面发展的学生。鼓励在专业学习、社会实践等方面有突出表现的少数民族学生，积极参加各项课外研究学术实践活动，争取学业上的继续深造。

建立并完善民族学生管理工作的预警机制。将日常动态关注与突发事件干预结合起来，组织相关队伍，制定预警方案，掌握影响校园安全稳定的各项因素。要注重对民族学生思想动态的跟踪和观测，建立一支以党委主管、各部门配合，以辅导员、班导师、宿管员、学生干部、学生党员为基础的预警监控队伍，制定突发事件预警和处置预案。重视培养民族学生骨干力量，使之及时反馈民族学生的思想动向及行为倾向，实时掌握、及时发现和有效处理影响校园安全稳定的潜在隐患。

4. 实施载体

在上述教育策略的基础上，就如何有效开展上海高校民族学生教育工作，本课题提议构建工作实施载体体系，具体分为八大模块。

一是思想教育。突出抓好民族理论、民族政策教育，加强爱国主义教育，帮助学生树立正确的民族观和积极的民族意识。在实际教育中，要充分考虑少数民族学生的特点，做到因材施教，有的放矢，多形式、多途径开展民族政策教育，开设民族理论和民族政策方面的选修课。重点抓好少数民族学生入党教育，加强民族学生骨干的培养工作，注重在团组织和学生会中培养少数民族学生干部，发挥少数民族学生骨干的“领头羊”作用，影响、带动其他同学共同发展。

二是人文关怀。及时掌握民族学生的思想动态及各项诉求，因时、因地、因事灵活运用各种方式和资源，对少数民族学生开展人文关怀。充分了解不同民族学生的文化风俗、饮食习惯、生活习俗、宗教信仰，结合民族特殊节日、重大节庆假日等时间节点，对民族学生开展慰问、庆祝活动。建立完善机制，让民族学生能够充分表达自身的意愿、反映需求，学校应及时予以信息反馈和资助兑现，让民族学生在异族文化氛围中体会到关爱与温暖，增强爱校荣校的感恩与责任意识。

三是文化交流。将少数民族文化交流纳入和谐校园文化建设的范畴，把各民族传统文化与社会主义、共产主义理想信念教育相互联系、密切结合，开展多元文化的交流交融体验活动，促进各民族文化在高校文化背景下充分交流交融，不断丰富校园文化的内涵。可以通过举办“少数民族艺术节”“文化周”“文化月”等活动，利用校园活动平台和多媒体网络媒介，充分发挥民族大学生能歌善舞的文艺特长，充分利用多媒体技术载体，创新交流方式、搭建交流平台，促进各民族文化在校园中的充分交流，也有利于各民族学生间的沟通与交流。

四是帮困资助。针对少数民族学生经济困难的情况，积极帮助他们减轻经济压力，提供多种形式的保障机制，着力解决好少数民族学生的实际问题。针对民族班及少数民族学生，设立各类奖学金助学金、减免学费、贫困生补助、新生“绿色通道”、助学贷款、社会爱心捐助、评奖评优比率倾斜、勤工助学等帮困资助机制，帮助民族学生克服经济困难，解决后顾之忧。

五是学业指导。针对少数民族学生的学科知识基础薄弱，做到因人施策，制定有针对性的教学计划和少数民族学生学籍管理规定，提供继续深造指导和特殊政策。引导民族学生学好主干课程，着重提高他们分析问题、解决问题的能力，以及汉语阅读和写作能力。在少数民族学生成绩考核、管理以及奖学金评定的过程中，要考虑实际情况，可进行一定的成绩折算，并设置少数民族学生专项奖学金。组建汉族学生与少数民族学生共同参与的学习小组和兴趣小组。在条件允许的情况下可尝试单独设立民族班，平衡学习进度和学习质量。

六是就业实践。将就业指导与日常实践结合起来，注重少数民族学生业余时间的安排，积极为他们提供认识社会、了解社会的平台与机会，做好毕业就业环节的各项指导工作。依托学校、企业、社会及个人的资源，组织民族学生外出参观考察和参与暑期社会实践。积极创造杰出“民族校友”、优秀“民族学长”、热心“民族人士”与民族学生的交流机会，在生涯规划、社会实践、就业择业等方面予以指导。

七是心理辅导。做好少数民族大学生入学阶段的心理适应教育，帮助其尽快完成角色转换。针对少数民族学生心理健康状况，加强心理辅导。构建民族学生心理干预多级网络，建立少数民族学生心理健康档案，加强心理健康教育的针对性。搭建心理健康辅导平台，通过朋辈辅导、个别咨询、心理健康知识教育等方式，帮助少数民族学生与其他同学和谐相处，缓解他们的心理压力，增强其心理自我调适能力、人际关系处理能力和危机应对能力。

八是制度保障。学校党政系统和相关职能部门齐抓共管，协调联动，完善各项管理制度，为民族学生教育管理提供长效机制保障。建立思想政治教育目标化管理制度，针对少数民族学生教育管理的各个环节，制定针对性的政策及实施举措，建立工作责任制体系。把各项任务逐一分解、细化落实，使各部门及其工作人员能自觉履行岗位责任，落实相关考核激励政策。同时，注重学术理论支撑，发挥理论研究对工作实践的指导作用，实现科学决策。

综合上述模块和基本要素，提议中的上海高校民族学生教育工作体系如表 2-4-1 所示。

表 2-4-1　上海高校民族学生思想政治教育实施载体

模　块	内　　容	载　　体
思想教育	突出抓好马克思主义民族理论、党的民族政策教育和爱国主义教育等思想引导，帮助学生树立正确的民族观和积极的民族意识	加强思想政治理论课建设、辅导员和导师队伍建设（少数民族教师参与），注重加强民族学生骨干培养，发展少数民族学生党员

续 表

模 块	内 容	载 体
人文关怀	因时、因地、因事灵活运用各种方式和资源，对少数民族学生进行教育疏导，解决需要等	组织民族特殊节日、重大节庆假日慰问等活动，提供生活住宿、饮食风俗方面的特殊照顾
文化交流	在校内积极开展多元文化的体验活动，搭建和完善高校学生的民族文化、民族思想交流平台和网络沟通渠道，让汉族和民族学生加强文化交流沟通	组织少数民族文化展示活动，与校内外各层少数民族团体共建，加强民族社团建设
帮困资助	针对少数民族学生经济困难的情况，积极帮助其减轻经济压力，提供多种形式的保障机制，着力解决好少数民族学生的实际问题	设立针对民族班及少数民族学生的各类奖学金助学金，减免学费，提供贫困生补助，设立新生"绿色通道"，鼓励社会爱心捐助，评奖评优比率倾斜，支持勤工助学
学业指导	针对少数民族学生文化基础薄弱问题，制定专门的教学计划和学籍管理规定，引导少数民族学生加强学风建设，激发学习热情，提高学习的主动性，提供继续深造指导和特殊政策	有针对性地设计课程大纲，优化第二课堂、教学管理环节，组织学业帮扶，开展先进评比表彰
就业实践	注重少数民族学生业余时间的安排，积极为他们提供认识社会、了解社会的平台与机会，做好毕业就业环节的各项指导工作	组织民族学生外出参观考察，参加暑期社会实践，提供就业环节的特殊指导、生涯规划指导
心理辅导	针对少数民族学生心理健康水平，加强心理辅导，帮助少数民族学生解决文化适应、人际交往、学业就业等方面的心理压力，增强其心理自我调适能力、人际关系处理能力和危机应对能力	建立少数民族学生心理健康档案，搭建心理健康辅导平台，灵活运用朋辈辅导、个别咨询、心理健康知识教育等各种形式

续 表

模 块	内 容	载 体
制度保障	各个相关部门(统战、民族办、学工、后勤等)联合参与,针对少数民族学生教育管理各个环节,制定针对性的政策及实施措施	完善招生制度、专业教育制度、日常管理制度、就业保障制度,注重工作的总结研究

五、结语

民族学生作为高校中重要的群体,在语言、宗教、生活习惯、教育背景等方面都不同于汉族学生。高校教育管理工作者必须在充分研究这一群体的特征属性、发展需求的基础上,有针对性地提供教育、管理和服务,科学有效地开展思想教育工作。在深入学习贯彻国家、上海市相关政策文件精神的基础上,积极创新工作思路和载体。在实际工作中,要不断使教育策略更科学,教育路径更多样,教育内容更有针对性,教育方法更灵活。好的做法要坚持,不足的地方要及时改进;成功的经验要总结推广,失败的做法要坚决摒弃。要不断摸索,逐步完善民族学生教育模式,使少数民族学生的教育工作更有质量、更加高效。

参考文献

[1] 本课题所列的其他地区高校民族学生教育的相关案例,主要来源于有关期刊文献和各高校校园网。

[2] 教育部. 教育部办公厅 国家民委办公厅关于印发《学校民族团结教育指导纲要(试行)》的通知(教民厅〔2008〕9 号),附件《学校民族团结教育指导纲要(试行)》中"一、民族团结教育的指导思想、课程性质和基本原则"[Z]. 2008 - 11 - 26.

[3] 教育部. 教育部办公厅 国家民委办公厅关于印发《学校民族团结教育指导纲要(试行)》的通知(教民厅〔2008〕9 号),附件《学校民族团结教育指导纲要(试行)》中"二、民族团结教育的目标与任务"[Z]. 2008 - 11 - 26.

[4] 教育部. 教育部办公厅 国家民委办公厅关于印发《〈学校民族团结教育指导纲要(试行)》的通知(教民厅〔2008〕9 号),附件《学校民族团结教育指导纲要(试行)》中"二、

民族团结教育的目标与任务”[Z]. 2008－11－26.
[5] 金炳镐. 马克思主义民族理论发展史[M]. 北京：中央民族大学出版社，2007.
[6] 赵杰. 民族和谐与民族发展[M]. 北京：民族出版社，2007.
[7] 联合国教科文组织[M]. 北京：教育科学出版社，1996.
[8] 王金元. 当前非民族院校民族学生教育面对的问题与挑战：以某高校藏族学生教育为例[J]. 思想教育研究，2011(8).
[9] 王建辉，李丽辉，白亮等. 高校少数民族学生教育管理实践模式研究[J]. 思想教育研究，2010(5).
[10] 李中耀，粟迎春. 创新少数民族大学生思想政治教育的思考[J]. 新疆社会科学（汉文版），2010(2).
[11] 徐建军，陈迎明，欧旭理. 教育细化　管理细致　服务细心：切实做好少数民族学生教育管理工作[J]. 思想教育研究，2009(1).
[12] 石咏梅，赵建基，梁国杰等. 对新疆少数民族大学生信息素质教育特殊性的思考[J]. 图书馆工作与研究，2010(5).
[13] 钱昭楚，王俊衡，孙国会. 浅谈高校少数民族学生统战工作[J]. 管理观察，2010(10).
[14] 赵梦影，万慧琳. 高等院校中少数民族学生的思想政治教育工作研究[J]. 教育时空，2009(12).
[15] 李珊珊. 加强普通高校少数民族学生的心理素质教育探析[J]. 时代教育，2008(7).
[16] 赵雷. 东部沿海地区高校少数民族学生的心理健康教育问题初探[J]. 中国科教创新导刊，2008(5).
[17] 赵丽梅. 对普通高校少数民族学生思想政治教育问题的探讨[J]. 教育探索，2007(7).
[18] 王贵生. 民族学生学习心理与民族教育改革[J]. 中国成人教育，2005(10).
[19] 吴文钰，高向东. 上海高校在校少数民族学生状况调查报告[J]. 社会，2004(8).
[20] 高艳华. 在沪新疆少数民族的城市适应问题及其社会支持路径选择[D]. 上海：华东师范大学，2008.

05　内派少数民族学生服务管理教师队伍建设研究

◎ 针对新疆籍少数民族学生服务管理教师这一特殊群体，课题组坚持理论研究与实证分析相结合，运用问卷调查、个案访谈、文献分析等方法深入开展调研，并邀请多名校内外专家进行专题探讨，比较全面地分析了上海市新疆籍少数民族学生服务管理教师群体的基本情况。依据国家和上海市有关政策文件精神，结合内派教师工作实效和工作需求，提出了具有建设性的政策建议。[①]

依托内地高校优质教育资源培养新疆少数民族人才，是党中央推进少数民族教育事业发展的战略创举。内地新疆籍少数民族学生是国家的宝贵

① 本节内容是笔者主持的2017年上海市德育决策咨询研究课题《新疆内派少数民族学生服务管理教师队伍建设研究》的结题报告，收入本书时内容有删改。课题组成员还有胡兵、倪炜、侯宇、钱嫦萍等。

人才资源。加强新疆内派少数民族学生服务管理教师（以下简称“内派教师”）队伍建设，对于不断提升新疆少数民族人才培养质量，具有重大的战略意义。

一、加强内派教师队伍建设的重要意义

加强内派教师队伍建设，是促进新疆籍少数民族学生成长成才的重要举措，有利于深化民族团结教育、促进民族区域建设和少数民族学生自身发展。党和国家历来高度重视民族工作和民族地区发展，始终坚持民族平等、共同发展、共同繁荣的民族政策，先后召开六次中央民族工作会议，出台一系列文件，有力促进了少数民族地区经济社会发展。《国家中长期教育改革和发展纲要（2010—2020）》明确要求，对民族教育给予高度的重视和支持，大力发展民族地区的教育事业，对于发展少数民族地区的经济，促进各族人民共同奋斗，推动各民族的共同繁荣，具有非常长远的意义。

1. 加强内派教师队伍建设，促进内地新疆籍少数民族学生成长成才，既是全面建设小康社会的需要，也是维护国家安全和统一的需要

今天，我们比历史上任何时期都更接近、更有信心和能力实现中华民族伟大复兴的目标。习近平总书记指出，“中国梦是国家的、民族的，也是每一个中国人的。国家好、民族好、大家才会好。只有每个人都为美好梦想而奋斗，才能汇聚起实现中国梦的磅礴力量”。内地新疆籍少数民族学生是少数民族地区建设和发展的重要的人才保障，促进他们成长成才，是自觉维护我国主权、安全、发展利益，坚决反对一切分裂祖国、破坏民族团结与社会和谐稳定的重要行为，只有民族团结、国家统一，才能在2020年实现“全面实现小康，一个民族都不能少”的国家战略。

2. 加强内派教师队伍建设，促进内地新疆籍少数民族学生成长成才，既是实施区域协调发展战略的需要，也是深化民族团结进步教育的需要

党的十九大报告指出：“加大力度支持革命老区、民族地区、边疆地区、贫困地区加快发展”“加快边疆发展，确保边疆巩固、边境安全”。新疆的战

略位置十分重要，内地新疆籍少数民族学生是加快新疆地区建设的人才保证和智力支持。近些年来，内地新疆籍少数民族学生成为民族分裂势力重点关注的对象。党的十九大报告指出："深化民族团结进步教育，铸牢中华民族共同体意识，加强各民族交往交流交融，促进各民族像石榴籽一样紧紧抱在一起，共同团结奋斗、共同繁荣发展。"因此，促进内地新疆籍少数民族学生成长成才不仅是争取人心、增强各民族之间团结的重要保证，也关系到"培养什么样的人、如何培养人以及为谁培养人"这个根本问题，对于办好中国特色社会主义大学、推进党和国家事业发展，具有十分重要的意义。

3. 加强内派教师队伍建设，促进内地新疆籍少数民族学生成长成才，既是促进民族学生自身健康发展的需要，也是培养又红又专、德才兼备、德智体美劳全面发展的社会主义建设者和合格接班人的需要

大学生正处于人生积累的阶段，需要不断提升知识和技能，也需要不断锤炼品格、品性和品质，更需要不断培养创新思维和增长才干。内地新疆籍少数民族学生也是如此，由于其自身的特点，决定其发展需求更加迫切。因此，内地新疆籍少数民族学生的成长发展需求和期待，对内地新疆籍学生的教育和管理提出了更高要求，这也是中国特色社会主义进入新时代，建设新目标，开启新征程，为实现"两个一百年"奋斗目标、实现中华民族伟大复兴中国梦而培养合格建设者和可靠接班人的根本要求。

4. 加强内派教师队伍建设，促进内地新疆籍少数民族学生成长成才，既是捍卫主流意识形态的需要，也是提高人才培养质量的需要

内地新疆籍少数民族学生，较多来自边疆地区和偏远农村，与外界社会交流较少，生活环境相对封闭，社会政治意识和分辨能力相对较弱，易受外界干扰和影响。当前国际国内形势不断发生深刻变化，以互联网为代表的新媒体迅猛发展，全球化进程日趋加快，不同的思想文化交流、交融、交锋，这些都给内地新疆籍的少数民族学生带来了思想冲击。近年来，一些西方国家在世界范围内屡屡挑起民族矛盾，企图分裂其他国家，从而达到自己的政治经济目的。它们运用各种手段和途径向境内渗透，尤其通过宗教活动

对少数民族学生进行思想和文化渗透，给内地少数民族学生培养工作带来诸多挑战。同时，学业、经济、心理等存在的困难与问题，也将成为影响内地新疆籍少数民族学生成长成才的因素。少数民族学生在遇到困难或者问题时寻求帮助的途径较为单一，当面临的问题得不到及时帮助或解决时，会引起心理、思想上的波动与变化，如果不及时加以引导，就容易产生负面影响。因此，如何加强少数民族学生思想教育和价值引导工作，培育其理性平和、向上向善的积极心态，是内派教师的重要工作内容。

加强内派教师队伍建设，发挥他们在新疆籍少数民族学生教育管理中的工作优势和积极作用，是解决内地新疆籍少数民族学生思想问题和实际问题的重要举措，是筑牢各民族学生反分裂反渗透思想防线的重要举措，有利于促进学生的全面发展和健康成长，有利于维护新疆和内地的社会稳定和长治久安。

二、上海内派教师队伍现状分析

本课题组运用访谈法和问卷调查法，了解派出机构（新疆内学办）、接收单位（上海市教育管理部门、不同层次和类别的高等学校等）与内派教师等意见，采用三角互证分析技术，对内派管理教师的岗位职责、队伍现状、胜任特征等进行分析。

1. 上海内派教师队伍的基本情况

当前，上海内派教师总人数为 122 人，其中女性 67 人，男性 55 人。年龄在 30 岁以下的有 21 人，占 17%；30～39 岁的有 30 人，占 25%；40～50 的有 46 人，占 38%；50 岁以上的有 25 人，占 20%。汉族 51 人，维吾尔族 45 人，其他民族 26 人。中共党员 66 人，入党积极分子 3 人，共青团员 10 人，群众 43 人。会维吾尔语的有 64 人。原工作单位是大学的有 29 人，公务员或事业单位的有 37 人，中学有 56 人。有 49 名教师被分配到高校工作，57 名教师在内高班工作，16 名教师在内职班工作。在高校工作的教师中，1 人曾在教育局工作，5 人原在中学工作，其中有 2 人的最高学历是大专。

基于以上基本数据，结合内派教师的工作任务，课题组发现，有两个方面的问题可能会影响内派教师开展工作：一是中共党员人数不够，可能造成在工作要求上政治约束力不足，同时会影响对党的方针、政策的学习、宣传和贯彻，进而会影响少数民族学生思想政治教育的实效性和针对性。二是原身份与内派工作单位性质匹配不足，比如原本在中学工作的教师被派到大学开展工作，中学工作的性质和面对的学生群体与高校有很大不同，这会对其工作的实效性产生一定影响。

2. 上海内派教师队伍的工作情况

2017 年 5 月至 6 月，课题组针对 122 名上海内派教师进行了全面的调查，运用问卷调查和深度访谈，覆盖所有内派教师，其中发放问卷 100 份，实收问卷 92 份，有效问卷 92 份，有效问卷率为 92%；采用访谈和座谈会的形式调研 22 人。

在针对上海内派教师“内派工作的职责清楚程度”的调研中，课题组发现，有 2.2%的教师非常不清楚，1.1%的教师比较不清楚，2.2%的教师一般清楚。对认为比较清楚的教师进一步访谈发现，其中近 20%的教师不能比较清晰地表述工作职责。从内派教师平均服务学生对象的数据来看，每一位内派教师平均要服务 80 余名新疆籍少数民族学生。如果部分内派教师不清楚自己的职责所在，就难以及时发现少数民族学生中存在的思想问题和心理问题，因而不利于加强对少数民族学生的思想政治教育，势必会影响教育的针对性。

在对上海内派教师“培训系统的满意程度”调研时课题组发现，“非常不满意”和“比较不满意”总计达 10%左右，感觉“一般”的教师达 26%。联系“内派工作的职责清楚程度”的数据结果，说明对上海内派教师的培训工作还存在诸多不足之处，需要完善培训机制，提高培训质量，帮助内派教师了解岗位职责和工作标准，不断提高他们的责任意识、业务能力和管理水平。

在对上海内派教师“内派工作期间遇到的困难有哪些”调研时课题组发现，问题主要集中在“个人家庭安置”“薪资待遇”和“职业发展”三个方面，但新疆教育厅《内地新疆籍少数民族学生服务管理教师管理办法(试行)》(以下简称《管理办法》)曾要求,不得向内地省(区、市)教育行政部门、内地学校提出规定以外的条件和要求,特别是提高生活待遇方面的要求。《管理办法》中的规定对内派教师提出了更高要求。但是,由于在上海生活消费水平较高,必然给内派教师带来一定的经济压力,从而影响其在工作中的积极性。

从上海内派教师“内学办给予的工作指导对您个人实际工作的帮助程度”调研情况来看,认为“非常没有帮助”“没有帮助”和“一般”的教师占比达22%左右,结合“内派工作期间遇到的困难有哪些”这一问题中“和内学办配合”存在困难的13.19%比例来看,说明内派教师在与内学办配合方面存在一些问题和困难,需要予以解决。

在针对上海内派教师“所驻学校对您个人工作的支持程度”的调研中,课题组发现,认为学校对其工作“非常不支持”“比较不支持”和“一般”的占比达21%,结合“内派工作期间遇到的困难有哪些”这一问题中“和所驻学校配合”存在困难的27.47%占比来看,说明内派教师在与所驻学校配合方面也存在较大困难。驻地学校对内派教师工作的支持力度不够,不利于其工作的开展,也将影响其工作效率,从而影响对新疆籍少数民族学生的思想政治教育工作的实效性和针对性。

在针对上海内派教师“在未来的培训中希望得到哪方面的指导”的调研中,60.44%的教师希望加强学生心理指导方面的培训,说明内派教师在指导学生心理健康方面遇到的困难和挑战最为突出。其次是希望加强民族政策和相关法律法规方面的培训,这与之前调研“内派教师培训系统的满意程度”“内派期间享有的权利清楚程度”所反馈的问题基本相吻合。还有较多教师希望能够加强相互间的交流及实地调研学习,这与“内学办给予的工作指导对您个人实际工作的帮助程度”调研发现的问题基本吻合。

在针对上海内派教师“内派期间的激励保障机制的满意程度”情况的调研中,“非常不满意”和“比较不满意”占比达15%左右,感觉“一般”的占比达

32.97%，说明内派教师对内派工作期间的保障机制存在诸多意见，这与“内派工作期间遇到的困难有哪些”调研中“个人家庭安置”“薪资待遇”和“职业发展”三个方面集中存在问题基本相吻合。如何有效解决内派教师的实际问题和思想问题，也是对内学办和上海市教育行政部门工作的一个重要挑战。

3. 上海内派教师的工作实效性

本课题组为保证研究的客观全面，同时针对新疆籍少数民族学生进行了访谈，访谈对象包括高校、内高班、内职班等部分学生，访谈问题有“管理教师与学生交流频次”“管理教师对学生学习、生活、心理、思想关心程度”“管理教师对学生职业发展指导”“管理教师对学生就业帮扶”“管理教师对学生民族团结进步教育”“管理教师对学生法治法规教育和反分裂反渗透教育情况”等。根据访谈反馈，内派教师的工作实效方面主要存在以下几个问题：

首先，大部分内派教师工作认真负责，得到了新疆籍少数民族学生的认可和好评，但同时也存在部分内派老师与学生交流不足的问题。有同学提出，个别内派教师与同学交流较少，更没有开展过民族团结进步教育。这样，内派教师势必对少数民族学生的学习、心理和思想的变化掌握不足，从而影响对少数民族学生的“五观”“五个认同”和“三个离不开”教育，影响对新疆籍少数民族学生思想政治教育的针对性和实效性。

其次，大部分内派教师对学生教育作用明显，但同时也存在部分内派教师对新疆籍少数民族学生的职业发展和就业指导较少的问题。部分学生反馈，相关教师很少与他们进行交谈，更缺少指导。因此，学生在思想、学习、生活和未来发展存在困难时，也很少向教师求助，从而造成师生之间的隔阂，这无法达到内派教师工作职责的要求。

最后，大部分内派教师对学生比较关心，但同时也存在部分内派教师对新疆籍少数民族学生的学习、生活、心理、思想关心程度不够的问题。这表现在学生线上与内派教师交流时反馈较慢；线下与内派教师交谈，却难以约到时间。一段时间之后，这些学生就很少跟内派教师交流了，造成教师与学生联系不紧密，无法及时掌握学生的思想动态。

三、上海内派教师队伍面临的主要问题

调研发现，部分内派教师的需求得不到满足，影响到教育管理服务工作的有效性。因此，应加强内派教师队伍建设需要，从其需求出发，坚持问题导向，推出相应的措施和办法，促进内派教师队伍更好地发挥作用。

一是内派教师工作上培训不足。在调研和访谈中发现，部分教师对本身的工作职责还不够明确。从学生反馈情况来看，部分教师在履行职责的过程中存在不到位、不全面的问题。这反映了两个问题：在内派教师选拔对象上，需要全面考察；在培训内容的针对性上，需要进一步加强。

二是内派教师生活中存在一定困难。从调研的反馈来看，近 50%的教师存在个人家庭安置问题，这与内派教师年龄分布层次的数据基本吻合，40岁以上的教师占比达 58%左右，这些教师较多地存在一些家庭问题需要解决。在生活保障上，由于上海消费水平较高，部分教师反映保障机制不足，这也会影响内派教师工作的积极性。

三是内派教师工作上需要“再适应”。部分内派教师反馈，驻地学校有配合及支持不足的现象，这种不足有上海新疆两地政策差异造成的，也有因沟通不够造成的，但不管是哪一种原因，都将影响内派教师工作的有效开展。因此，内派教师需要改变当前这种局面，需要“再适应”角色转换、岗位转换和区域转换。

四是内派教师与相关工作力量之间的沟通不足。在工作过程中，新疆教育厅直接下指令给内学办，由内学办给相关内派教师分配任务。大量工作都需要各高校、内高班、内职班进行配合。显然，教育行政部门、内学办、驻地学校都是有效的工作力量，但由于沟通不畅，造成工作力量无法得到有效利用。当前，内学办缺乏与相关接收单位沟通的有效渠道，直接与各学校沟通也存在一定障碍。

五是内派教师与少数民族专职辅导员的职责边界不清晰。从现有的工作队伍看，内派教师与少数民族专职辅导员是两支重要的力量，工作对象都是少数民族学生，但对应上级却不同，内派教师以内学办管理为主，少数民族专职辅导员以学校管理为主，双方往往有一些工作上的重叠或者重复，如果无法进行清晰的职责边界划分，容易造成效率低下或者资源浪费。

四、加强上海内派教师队伍建设的建议

从内派教师的需求出发，结合上海各学校新疆籍少数民族学生工作的实际情况，课题组提出以下对策建议：

一是加强内派教师队伍的系统培训。加强岗前培训，明确工作任务和职责，加强民族宗教政策和有关法律法规、学生群体特征、心理健康、就业指导等方面的培训。对内派教师的培训，应纳入学校师资队伍和干部培训的整体规划中，建立上海市、学校两级培训体系。上海市教育管理部门应设立内派教师专项培训项目，依托上海高校辅导员培训基地、上海高校心理健康教育与咨询中心等提供市级培训。各驻地学校应提供规范的岗前培训，介绍本校工作情况、岗位情况和少数民族学生情况。学校应根据实际情况，每学期提供不少于两次专题培训。

二是推出保障内派教师生活状况的政策。上海市教育行政部门要与新疆内学办加强沟通，出台指导性意见和建议。一方面，根据上海新疆两地的物价差异，由上海市提供一定的工作津贴，有效降低内派教师的经济压力。同时，出台指导性政策，加强驻地学校的资源保障。另一方面，驻地学校应当制定专门的管理办法，建立相应的激励保障机制，积极为内派教师的工作和生活等创造便利条件，根据内派服务管理教师的工作特点、工作内容，在岗位津贴、办公设施、生活服务等方面制定相关政策，为内派教师的工作和生活提供必要保障。

三是建立内派教师派出单位与接收单位的沟通联系机制。首先，新疆内学办加强对内派教师的指导，明确内派教师辅助驻地学校对新疆籍少数

民族学生进行培养，要配合并适应驻地学校的政策、形势和工作环境。其次，驻地学校要将内派教师纳入教师队伍中，一视同仁地安排相应工作，并提供对应联系的教师。最后，搭建内学办与驻地学校直接沟通的机制，建议每学期至少沟通一次，避免对新疆籍少数民族学生教育管理工作的时效性延误。

四是搭建内派教师与驻地学校之间的沟通交流平台。首先，搭建内派教师与驻地学校之间沟通的机制，各驻地学校也需要了解其他内派教师的工作状态，从而有助于对本校的内派教师提出新的要求；内派教师也需要了解其他驻地学校的工作方式，从而更好地适应驻地学校的工作节奏。其次，要畅通上海与新疆两地的沟通机制，确保新疆内学办与驻地学校的沟通顺畅，从而更好地培养新疆籍少数民族学生。目前，内派教师群体建立了负责人制度，可建立负责人与各驻地学校定期沟通和信息共享的机制。

五是明确内派教师的工作职责边界。对于内派教师而言，其职责是清晰的，但是在具体工作中，边界却有些模糊，因为学生除了对应内派教师外，还对应着少数民族专职辅导员，这两支队伍的分工要有所侧重。要改变之前由内派教师一把抓却抓不深的局面，建立内派教师与少数民族专职辅导员相互配合的工作模式。各学校结合实际建立具体的工作机制，在某些工作模块以一方为主，在某些工作模块共同参与但有所区分，这样双方都能明确工作重点，形成互补的工作格局。

加强内派教师的队伍建设，关系到“为谁培养人、培养什么人、怎么培养人”这一核心问题。支持和保障内派教师的工作和生活需求，是进一步提高内派教师工作成效的重要举措。因此，新疆内学办、上海市教育行政部门、各驻地学校需要加强交流，协同建设，从而促进内派教师的业务能力、管理水平以及工作成效不断提高。

参考文献

[1] 金炳镐. 马克思主义民族理论发展史[M]. 北京：中央民族大学出版社，2007.

［2］赵杰. 民族和谐与民族发展［M］. 北京：民族出版社，2007.
［3］习近平. 把思想政治工作贯穿教育教学全过程开创我国教育事业发展新局面［N］. 人民日报，2016-12-09.
［4］国家中长期教育改革和发展纲要（2010—2020），2010-07-29.
［5］决胜全面建成小康社会，夺取新时代中国特色社会主义伟大胜利：习近平同志在中国共产党第十九次代表大会上的报告［M］. 北京：人民出版社，2017.

06 “三全育人”综合改革的创新思路和有效路径

◎“三全育人”综合改革，既是对当下育人项目、载体、资源的整合，也是对长远育人格局、体系、标准的重新建构。本文认为，深入推进“三全育人”综合改革，要在育人目标上，由知识传授向价值引领转变；在角色定位上，由“独奏曲”向“交响乐”转型；在工作方法上，由经验思维向大数据思维演进；在机制保障上，由“软指标”向“硬约束”升级。改革路径与举措有十个方面：发挥课堂教学主渠道作用，凝聚各方力量“开门办思政”；依托学业发展大平台，落实五育并举全面促提升；强化实践育人大舞台，扎根中国大地奉献求真知；建设校园文化多品牌，营造百花齐放多元凝心魂；开展网络思政新工程，促进微圈共振同频聚时力；聚焦育心育德强特色，立足学科支撑服务助圆梦；推进队伍建设强基础，依托专兼结合关爱导青年；提供靶向服务正能量，推行自助服务便捷新体验；落实一体资助新方案，引导群体发展感恩馈社会;深化定岗明责实机制,永葆初心牢记爱国担使命。[①]

一、背景与意义

习近平总书记在2016年全国高校思想政治工作会议上强调,高校要坚持把立德树人作为中心环节,把思想政治工作贯穿教育教学全过程,实现全程育人、全方位育人,努力开创我国高等教育事业发展新局面。2016年12月,中共中央、国务院印发了《关于加强和改进新形势下高校思想政治工作的意见》,强调要坚持全员全过程全方位育人(以下简称"三全育人"),把思想价值引领贯穿教育教学全过程和各环节,形成教书育人、科研育人、实践育人、管理育人、服务育人、文化育人、组织育人长效机制。2017年12月,中共教育部党组印发《高校思想政治工作质量提升工程实施纲要》,详细规划了课程、科研、实践、文化、网络、心理、管理、服务、资助、组织等"十大育人"体系的实施内容、载体、路径和方法。"三全育人"综合改革既是对当下育人项目、载体、资源的整合,也是对长远育人格局、体系、标准的重新建构。通过改革,构建一体化育人体系,为办好中国特色社会主义大学、培养德智体美劳全面发展的社会主义建设者和接班人贡献力量。

1. "三全育人"综合改革是提高新时代人才培养质量的重要支撑

党的十九大报告指出,"人才是实现民族振兴、赢得国际竞争主动的战略资源。要坚持党管人才原则,聚天下英才而用之,加快建设人才强国……努力形成人人渴望成才、人人努力成才、人人皆可成才、人人尽展其才的良好局面,让各类人才的创造活力竞相迸发、聪明才智充分涌流"。人才资源是第一资源。进入新时代的中国,对优秀人才的需要比以往任何时候都更为迫切。新时代人才培养工作,要围绕"培养什么人、怎样培养人、为谁培养人"这一根本问题,坚持立德树人根本任务,培养德智体美劳全面发展的社

① 本节内容是笔者2019年根据"华东理工大学'不忘初心、牢记使命'主题教育活动"的要求,围绕"'三全育人'综合改革的创新思路和有效路径"开展专题调研的结题报告。课题组成员还有倪炜、侯宇、崔珊珊、郑东等。收入本书时内容有删改。

会主义建设者和接班人。“三全育人”综合改革，顺应人才培养的历史变革，更加注重“社会全面进步”与“人的全面发展”的有效融合，有利于为日益强大的国家提供人才资源，有利于提高新时代人才培养质量，有利于培养担当民族复兴大任的时代新人，具有强烈的时代意义和长远的战略意义。

2. “三全育人”综合改革是推动高等教育内涵式发展的强大动力

教育强国是中华民族伟大复兴的基础工程。习近平总书记指出，必须把培养社会主义建设者和接班人作为教育工作的根本任务和教育现代化的方向目标，努力构建德智体美劳全面发展的教育体系，形成更高水平的人才培养体系。高等教育作为最高层次的国民教育，集中代表一个国家发展的水平和潜力，“肩负着人才培养、科学研究、社会服务、文化传承创新、国际交流合作的重要使命。”“三全育人”综合改革，既是深入贯彻习近平总书记在全国高校思想政治工作会议上重要讲话精神和全国教育大会精神的客观需要，也是进一步加强思想政治教育工作与高等教育内涵式发展、一体化推进、协同性创新的重要抓手。改革将把育人贯穿学校的学科体系、教材体系、教学体系、管理体系，纳入学校各项事业发展规划和人才培养方案，贯穿学校“双一流”建设全过程和全方面，实现教学、科研、实习实践、创新创业等工作协同协作、同向同行、创新发展。

3. “三全育人”综合改革是解决学生成长发展现实问题的有效渠道

进入新的历史阶段，当代青年的成长环境、思想特点和成长规律发生了深刻变化。面对新的时代要求和形势变化，做好高校思想政治工作，要按照习近平同志在全国高校思想政治工作会议上提出的“因事而化、因时而进、因势而新”的要求，根据工作对象、环境和条件的变化，不断创新理念、方法和手段。“三全育人”综合改革，致力于将知识体系教育、日常服务管理同思想政治教育有机结合，全员、全过程、全方位地“围绕学生、关照学生和服务学生”，以解决学生成长发展中的现实问题，在满足学生需求的过程中，引导学生成为理想信念坚定、爱国情怀浓厚、有担当、肯奋斗、本领过硬、品德高尚的新时代青年。“三全育人”综合改革实质就是供给侧的改革，通过调结构、调方向、调内容来实现与需求侧的契合发展，是解决学生成长发展现实问题的钥匙。

二、综合改革的工作基础

华东理工大学坚持以立德树人为根本，以理想信念教育为核心，以全面提高人才培养能力为关键，不断推进思政工作和“三全育人”改革创新取得了诸多成效。

1. 建设了一批思政课程与课程思政同向同行的示范课程

坚定不移推动习近平新时代中国特色社会主义思想“三进”工作。以教育部首批“全国高校党建工作样板支部”培育创建单位，以全国高校“双带头人”教师党支部书记工作室建设为龙头，开展“走新”又“走心”的“书记上党课”活动，学校党委书记、校长等纷纷走上讲台，共开课 50 余次。

启动《形势与政策》课程改革，该课程成功入选国家精品在线开放课程。在上海市首批开设习近平新时代中国特色社会主义思想概论课程，成立习近平新时代中国特色社会主义思想“三进”讲师团，努力将新思想的理论体系转化为学生的价值体系。

在全部课程中遴选并立项建设了一批课程思政示范课程。组织跨学科、跨院系师资团队，开发“绿色中国”系列课程，通过中国大学慕课、易班优课等平台，将学科优势转化为育人资源。邀请党政领导、专家学者和知名企业家等，开设“国情报告”“经典导读”等活动。

在社会实践中打通第一课堂与第二课堂，推进校园小课堂与社会大课堂相结合。积极组织实施社会实践“双百双千”工程，组织百名指导教师、千名学生团队，走进百家重点单位、千个乡镇社区，开展社会实践。引导青年学生走基层、下社区、去企业、进农村、赴边疆，在实践中受教育、长才干、作贡献，形成“四个正确认识”。

2. 选树了一批有代表有影响的先进典型和榜样人物

坚持育人导向，凸显育人效果。以十大育人体系为基础，推荐一批有特色、有亮点的学院，打造育人示范单位。化工学院入选教育部首批“三全育人”综合改革试点单位。

以“中国青年五四奖章”“中国大学生自强之星”“中国大学生年度人物”等各级各类先进典型评选为契机，近几年涌现出中国大学生年度人物、全国向上向善好青年、上海市青年五四奖章标兵获得者张琦，中国大学生年度人物木纳瓦尔·木沙，中国青少年科技创新奖获得者曹婵，全国十大“最美村官”方月萍，“中国大学生自强之星”何一昊，全国大学生创业英雄十强周元凯等一批先进典型，发挥了先进典型的示范辐射效应，引领了校园风尚。

通过奖学金颁奖大会、基层就业典型宣传、志愿服务成果凝练等多元渠道和平台，不断挖掘和宣传在自立自强、学习实践、创新创业、扎根基层、爱国奉献、服务社会等领域中“榜样的故事”，引导学生“立大志，入主流，上大舞台，成大事业”，立鸿鹄志、做奋斗者。

近年来，我校毕业生奔赴基层的意愿逐年增强，重点单位就业比例逐年增加。学生参与志愿服务氛围浓厚，成立青年志愿者协会，开展“科学商店”“温暖夕阳”“阳光之家”等各类长期志愿服务项目，“湛蓝”系列助残项目荣获第二届中国青年志愿服务项目大赛银奖。在首届中国国际进口博览会中，88 名华理“小叶子”志愿者圆满完成志愿服务工作，向世界展示了华理青年的青春形象。

3. 打造推出了一系列多元特色的文化育人品牌

构建形式多样的文化育人平台，拓展培育“五育”品牌活动，强化覆盖面和实效性。搭建“通海讲堂”“国情报告”“通海茶叙”“名师论道”四个本科生论坛和“名师讲坛”“梅雅博论”“研之有道”三个研究生论坛平台。其中，以浸入式、渗透式、启发式的隐性教育为亮点的“通海茶叙”精品项目至今已举办 400 余场活动，受到《光明日报》《解放日报》和中国新闻网等十余家媒体的广泛报道。连续五年举办的民族文化博览会，吸引了 40 余个民族的师生参与，温情营造民族融合氛围，共享中华民族共有的精神文化财富。大学生合唱团先后在意大利、匈牙利、俄罗斯、瑞典等地举行的国际合唱节中斩获金奖。退伍学生编排的军旅题材话剧《海岛来信》《金珠玛米》，荣获上海市高校国防剧演一等奖。推动高水平运动体教结合，积极反哺校园体育文化，女子乒乓球队在2017年、2018年蝉联中国大学生乒乓球锦标赛女子团体冠军，代表中国在第30届世界大学生运动会上夺得四枚金牌。

积极培育“叫好”又“叫座”的育人工作品牌。学校启动“学习创未来”微视频、动态长图等教学辅助课件建设；加强校园网络文化产品建设，主要由学生创作的《一克重的春运行李》《带设计立县回家》《我和我的祖国》（传承篇和奋进篇）等视频作品，获得主流媒体广泛推介。同时，学校着眼于全面振兴新时代本科教育，坚持“以本为本”，开展大一新生入学“新生成长营”活动；强化就业价值全周期引领，注重提高学生的就业能力，全面满足社会发展需求，从而让学生更有目标感和归属感。

开发宣传新思想的网络文化产品，结合易班平台，开设“学习进行时”“学习贯彻党的十九大精神”“华理思政有温度”“青春奋进”等专栏专题。建同频共振的网络传播机制，以学校官方微博、官方微信、“小花梨”“易班”等为核心，构建了包含70余个新媒体平台的“华理微圈”。组建了涵盖网络评论员、学术外宣专家、宣传委员、信息员、新媒体运维人员及网络文明学生志愿者等在内的“网络宣传集团军”。

4. 积极建设形成了一套“温度＋精准”的服务保障机制

着眼学生“关注什么”，增强国际国内社会热点现象、问题、难题的解疑释惑能力；聚焦学生“需要什么”，提高精准满足学生成长成才需要的供给能力；立足帮助学生“解决什么”，将思想价值引领与评优奖励、心理健康、学生资助、就业指导等深度融合，体现思政工作有温度、保障服务很精准。

在体制机制完善、项目带动引领、组织条件创新等方面出实招，保障“三全育人”工作机制良好运行。努力构建以育人为导向的师生荣誉体系，充分发挥教师的育人主导作用；完善“科教协同”评价体系，校准科研评价的导航仪，努力形成科研成果进教材建设、进课堂教学、进创业项目的工作机制。

构建“全员覆盖、全程跟踪、全方位受助”的资助工作体系，形成精准识别、精准培养、精准引领的工作特色。实施新生入学“放宽心工程”、日常帮困“暖人心工程”和“‘双困生’就业帮扶计划”，启动重大自然灾害及家庭变故应急帮扶机制，免除学生后顾之忧，每年各类资助项目总金额近 2 300 万元，实现家庭经济困难学生全覆盖。注重能力培养，创办“NFTE 创业教育”“职业经理训练营”等综合素质培养平台，年受益者达 6 000 人次。体现人文关怀，为绿色通道新生定制“温暖四季求学路”“锦囊妙计”特色暖心项目，开展暑期家访、新生中秋座谈、“四季如春”持续资助等主题活动，增强学生的归属感和爱校荣校情怀。强化理想信念，开展“我是国旗手”“乡约”返乡资助宣讲等活动，在大型仪式活动中嵌入理想信念教育，激发学生的家国情怀。

在教师教学评价、职称评聘、评优奖励中，把工作精力投入、思政工作表现作为首要指标。强化“一院一品”项目支持引领，把思政元素融入课程、校园文化中。成立师德建设委员会，出台了《华东理工大学教师师德失范处理办法》。同时，学校划拨专项经费，开展课题研究，不断建立健全“三全育人”工作评价标准和指标体系。通过完善工作标准，激励广大师生全面提升育人实效。

三、现存短板

聚焦新时代高校立德树人的新背景、新形势，结合智能化时代社会发展新变革提出的新挑战、学生群体代际新特征等综合因素，课题组先后与相关职能部门主要负责人、二级学院学生工作副书记、两校区辅导员、专业任课教师、学生代表群体进行座谈交流，并通过问卷、访谈、走访、座谈等形式，收集了校友代表、社会企事业单位代表、学生家长代表的意见和建议，认真梳理学校进一步开展“三全育人”综合改革面临的主要问题，查找存在的不足之处。

1. 落实全员同参与、增强手段创新不够

全员育人合力构建的多元模式仍有待创新，模式效率还有待检验。课程思政的全员参与程度有待提高。思政课程与课程思政的同向同行，需要更多挖掘多学科领域的育人元素，进一步推进以学习习近平新时代中国特色社会主义思想为核心的思政教育课程群建设。健全建强思政工作队伍的力度有待加强，需进一步完善保障和激励措施，鼓励优秀青年教师、专业任课教师、优秀研究生兼职加入并充实辅导员队伍。落实由点上着力到面上覆盖的主动作为不够，需要探索将校院、部门、师生、课堂内外、线上线下等局部合力全面融合，凝练立体育人的系统合力。主动作为的良好氛围营造有待强化，需要转变考核推动为激励引导，立足师生群体特征，建立针对性强、实效显著的评价反馈机制，依托来自主体自身的使命与价值激发的内生性动力形成持续性动力等，这些问题和短板还需继续研究。朋辈引领的影响有待增强，要更多地让学生发挥自我教育主体作用，探索引领学生主体责任担当主动站位的有效方式，创新榜样力量和典型先进作用发挥的多元渠道。

2. 激活全方位合力、强化机制创新不够

全方位多元化持续性育人的内容提供不足，要立足培养德智体美劳全面发展的社会主义建设者和接班人的育人目标，丰富教育内容供给的内涵，提高教育内容供给的质量。“五育”高质量文化内容有待充实，需要注重“五育”并举，拓展“五育”文化品牌，提供新时代青年群体喜爱的高质量文化内容产品。网络育人产品的精品化和传播度有待加强，需要依托各专业各学科优势，培育孵化一批立意深远、制作精良、口碑上乘、传播广泛的人气网络育人产品。实践探索和机制凝练有待加强。拓展育人平台浸润育人机制还未建立起来，需要将育人触角深入学生学习、实践、生活、发展的各个时段和空间，在营造浸入式、渗透式、启发式教育文化氛围的隐性教育上下功夫。师资队伍有待扩充，需要积极引导多学科多领域的校内外专家学者加入，培育一批具有较好理论功底和表达能力的青年学生加入，进一步扩大理论育人效果的覆盖面，增强理论育人效果的持续性与浸润性。科研创新成果保持和提升的机制有待完善，大学生学术科研创新项目活动的参与度有待提升，学生参与科技创新和创新创业实践的激励、培训保障机制有待完善。生活园区服务岗位的育人功能有待梳理，需要协同发挥辅导员、后勤管理等多支队伍的合力，积极梳理各类服务岗位所承载的育人功能，对接学生生活园区的需求。

3. 精准对接全过程、助力服务创新不够

"三全育人"要求，价值引领贯穿于人才培养全过程，成才服务落实于思政育人的全过程，由阶段性关注到全程性关爱，提高学生对于育人效果的获得感和满意度。学业指导联合发力的机制有待探索，需要依托学业与发展指导中心，进一步挖掘学业与生涯发展体系中的育人元素，促进学生学业与发展全面提升的保障能力。志愿服务体系常态化机制有待总结，需要基于前期志愿服务工作的经验凝练和首届进博会志愿服务工作的总结反馈，形成提高学生志愿服务意愿和能力的常态化机制，进一步提高服务水平和育人成效。"三全育人"要求，价值引领由育人环节全覆盖到个体发展全覆盖，尊重学生成长成才共性规律，体现差异，兼顾个性。靶向服务精准发力的技术手段有待创新，由于学生信息管理方面缺乏大数据、人工智能技术的支撑，难以实现对不同群体、不同类别学生的群体分析和个体画像，现有的心理健康、资助育人体系的靶向性和精准性难以得到突破。

在"三全育人"综合改革的后续工作中，高校要聚焦短板弱项，将思想政治工作融入办学治校的全过程，构建党委统一领导、部门协同分工、院系重点发力的"大思政"工作格局。坚持把破解思想政治工作不平衡不充分问题作为目标指向，把满足学生成长需求作为工作着力点，打通育人最后一公里，着力培养担当民族复兴大任的时代新人。

四、先进经验借鉴

围绕"三全育人"综合改革的系统问题、核心问题和难点问题，聚焦重点任务、重点领域、重点区域和薄弱环节，课题组通过邮件函调、电话访谈和实地交流等方式，调研了教育部首批十家"三全育人"示范校的经验做法，与兄弟院校相关职能部处负责人交流经验和问题瓶颈。兄弟高校在落实“三全育人”综合改革的探索经验方面，为我们深入推进“三全育人”综合改革提供了有益的借鉴。

1. 完善思想政治理论课程体系，统筹推进课程育人体系建设

各兄弟高校深刻把握通识教育、专业教育和思政教育的育人共通点，深刻挖掘各门课程和教学方式中蕴含的思想政治教育资源。复旦大学深入推进“三进”工作，把习近平新时代中国特色社会主义思想作为毛泽东思想和中国特色社会主义理论体系概论课程讲授重点，将领导干部上讲台列入教育教学计划，并组织实施具体教育教学活动。大连理工大学以传承“红色基因”为主线，寓价值观引导于知识传授之中，完善“课程＋专业＋学科”三位一体的“课程思政”教育模式。

2. 引导师生投身科学事业，培育科学精神，增强科研能力

为着力加强科研育人，各兄弟高校通过科研活动培育学生的健全人格和为人类文明进步服务的崇高理想。吉林大学引导师生积极参与科研工作，培养集体攻关、联合攻坚的团队精神和协作意识，提高科研育人质量，增强学校原始创新能力和竞争实力。东南大学大力培育黄大年式教师团队，培养选树一批科研育人示范项目、示范团队。

3. 建立社会实践长效机制，贴合国情民情，实现知行合一

为进一步培育学生的实干精神、创新能力、创业意识、社会责任感和社会服务能力，复旦大学整合育人资源，依托高新技术开发区、大学科技园、城市社区、农村乡镇等，建立多种形式的社会实践、创业实习基地。东南大学组织实施了“牢记时代使命，书写人生华章”“追寻习近平总书记成长足迹”“重走复兴之路”“红色筑梦之旅”等新时代社会实践精品项目。

4. 弘扬社会主义先进文化，增强文化自觉，坚定文化自信

各兄弟高校深入推进文化育人，大力弘扬社会主义先进文化。重庆大学推进“传统文化振兴工程”，实施“中华经典诵读工程”“中国传统节日振兴工程”，建设“川剧文化传承与保护基地”“西南地区非物质文化遗产影像保

护与传承中心”。吉林大学做好话剧《唐敖庆》《黄大年》《白求恩》的创作演出工作，加强青年文化书院建设，开展“鼎新青年论坛”“文化播讲团”等活动。

5. 推进网络思想政治工作平台建设，夯实网络思政工作主阵地

在建设好高校三全育人工作网、强化师生网络意识和素养方面，东北大学加强校园各类思想文化阵地的规范管理，加强校园网络安全管理，建立健全校园重大主题活动和社会热点问题校园舆情引导机制及突发事件处置机制。重庆大学推动网络文化成果评价认定，实施“网络教育名师培育支持计划”，建设好舆情信息研究所，打造三级网络评论员队伍。

6. 坚持育心与育德相统一，促进学生身心健康，乐观向上

为多渠道多维度感知学生心灵，健全心理育人体制机制，东南大学编写了大学生心理健康教育示范教材，开设全校性的大学生心理健康教育选修课和心理辅导讲座等，着力开展各种特殊学生群体的心理辅导活动，建立心理辅导跟踪体系。同济大学积极应用“中国大学生心理健康筛查量表”和“中国大学生心理健康网络测评系统”，建立在校学生心理健康档案，提高心理健康素质测评的科学性，扩大其覆盖面。

7. 明确行为准则，激发法治自觉，强化自我约束

为推进依法治校，构建管理育人制度体系，北京科技大学加强对全校师生关于校史校情校规校纪以及各类规章制度的教育和培训，引导师生培育自觉、强化自律。大连理工大学实施“管服结合树人计划”，健全依法治校、管理育人制度体系，结合学校章程梳理各管理岗位的育人元素，编制岗位说明书，明确管理育人的内容和路径。

8. 增强服务供给能力，提升服务育人意识

各兄弟高校积极研究梳理各类服务岗位所承载的育人功能，在帮助人、服务人中教育人、引导人。复旦大学持续加强机关作风建设，开展“改革先锋、岗位建功”文明岗、文明窗口评比，建设一批“管理育人示范岗”。重庆大学加强人防物防技防建设，全面开展安全教育，提高安保效能，培养师生安

全意识和法治观念。

9. 优化资助育人，引导奋发成长成才，积极回馈社会

为加强资助工作顶层设计，建立资助管理规范与育人成效，东南大学在勤工助学活动中培养学生自强不息、创新创业的进取精神，培育建设了一批“发展型资助的育人示范项目”，推选展示资助育人优秀案例和先进人物。吉林大学依托“求实致远”学生培养计划和勤工助学岗位线上管理平台建设，实现学生和设岗单位之间的即时双选和评价提升功能。

10. 突出各级党组织领航作用，发挥基层群团组织育人功能

各兄弟高校充分发挥党组织在学生思想政治工作中的领航作用，推动共青团、工会、学生会等组织创新动员、教育的载体与形式。重庆大学实施教师、党支部书记“双带头人”培育工程和“高校基层党建对标争先计划”。北京科技大学强化学生公寓党组织的育人功能，打造和谐、文明、安全的学生公寓。

五、改革创新思路

1. 在育人目标上，由知识传授向价值引领转变

要走出思想政治教育等同于政治理论学习的认识误区，牢固树立以学生为本的教学理念，深化对学生思想发展现状和学习心理发展特点的研究，尊重学生的成才诉求，积极回应学生的现实关切和思想困惑，增进学生对社会现实的认知与理解，努力满足学生对高水平思想政治教育的需求。

2. 在角色定位上，由“独奏曲”向“交响乐”转型

“三全育人”中，教学、科研、管理和服务的职能是通融而非对立的。要全局思考、系统规划、整体推进，激发全体教师共谋学校的发展和育人质量的提高，整合协同各项工作的育人元素，发掘一切校内外资源，打造全方位、立体式的育人时空。

3. 在工作方法上，由经验思维向大数据思维演进

要把思政工作者从“亲力亲为”的信息收集中解脱出来，将自己面对的

教育对象，由单个个体扩充到一定范围内自己能够关注的任何一个受教育者，实现对所有受教育者的关注，发现新趋向，尽早做出前瞻性的判断。

4. 在机制保障上，由“软指标”向“硬约束”升级

在体制机制完善、项目带动引领、组织条件等方面出实招，保障“三全育人”工作机制良好运行。不断建立健全“三全育人”工作评价标准和指标体系，努力把“软指标”变成“硬约束”。通过完善工作标准，激励广大师生全面提升育人实效。

六、改革路径与举措

1. 发挥课堂教学主渠道作用，凝聚各方力量“开门办思政”

充分发挥思想政治理论课立德树人的关键作用。推进以学习习近平新时代中国特色社会主义思想为核心的思政课程群建设，加大习近平新时代中国特色社会主义思想概论课程的建设力度，力争建成“学生喜爱、华理特色、上海知名”的品牌课程。

推动思政课程与课程思政同向同行。凝聚校内外多学科、多领域、跨专业力量，深刻挖掘各门课程和教学中蕴含的思想政治教育资源，打造一批课程思政的“金课”，引导学生明确人生方向。

加大思想政治理论课教师队伍建设。秉持“开门办思政”原则，推动党政领导干部带头上“思政课”，建立由校领导带头、思政专职教师为骨干的包括领导干部、专职教师、思政辅导员、社会知名专家等在内的教师队伍，落实“政治要强、情怀要深、思维要新、视野要广、自律要严、人格要正”的要求，积极开展多层次成系列的教学培训。

2. 依托学业发展大平台，落实五育并举全面促提升

加强对学生学习的日常管理。全方位落实学生工作者听课、进宿舍、谈心谈话制度。积极探索学生日常管理“一班一制”，督促学生自觉遵守校纪校规，养成良好的学习生活作风。做好学生学业预警工作，为学习困难学生配备“学业导师”。

实施学风建设攻坚行动。针对学生学习基础薄弱、方法不当、网络成瘾等学业“疑难杂症”,有针对性地开展心理辅导和学业帮扶,确保今后三年学生学业预警人数逐年降低。

强化科教融合。既要善于从科学育人中寻找科研的生长点,又要积极将优秀科研资源、前沿科技成果有效转化为优质育人资源。对接教育部高等教育协会鼓励大学生参与的 17 项大赛,积极培育和孵化参赛团队及参赛作品,加强学生参与科研工作的培训指导,引导学生投身科学事业,培育科学精神,增强科研能力。

3. 强化实践育人大舞台,扎根中国大地奉献求真知

强化实践理论课建设。组织专家教授为学生系统讲授社会调查研究方法、实践报告撰写、网络宣传技能。优化实践主题和内容,将社会实践与专业学习、社会服务、择业就业、创新创业等相结合,围绕长三角一体化等发展战略,促进个人成长成才,助力上海城市发展。

前往重点领域重点企业,帮助解决技术难题,服务国家战略。聚焦美丽乡村规划、特色集镇产业发展、乡村治理、电商产业创业孵化等领域,助力打赢精准脱贫攻坚战。

整合各类实践资源,以“行万里路,知中国情”为主题,积极组织实施“双百双千”工程,引导青年学生走基层、下社区、去企业、进农村、赴边疆,鼓励师生结合专业课题研究,到基层一线解决具体问题。让师生在实践中汲取学术养分,将论文写在中国大地上,让讲台行走于田间地头。

4. 建设校园文化多品牌,营造百花齐放多元凝心魂

提质校园文化活动品牌。对“通海讲堂”“国情报告”“通海茶叙”“名师论道”等论坛平台,进行精心设计和系统升级,努力形成既有相互交叉、又各自侧重的校、院、班三级校园文化活动格局。

加大“民族文化博览会”的参与和宣传力度,努力营造温情融合的民族氛围。发掘大学生艺术团和艺术实践基地的美育功能,打造一批知名度高、参与度高、影响力大的文化品牌。

注重校史教育。推动校园“大师剧”创编演出，举办“解读校训”展览，拍摄校歌 MV，推出“校史回眸”专题网站，组织出版校史系列丛书，强化校训校歌校史育人功能，为建校 70 周年预热。

打造绿色校园。通过举办节能低碳、节水和资源循环利用报告会以及废旧物品回收交换绿植、低碳日能源紧缺体验活动等方式，加强节能环保宣传教育，把生态文明理念融入校园精神文明建设全过程。

5. 开展网络思政新工程，促进微圈共振同频聚时力

突出思想价值引领，加大“学习进行时”“华理思政有温度”等网络专栏的建设力度，构建同频共振的网络传播机制。探索“艺术党课”上网上线，打造网络党建新产品。

在现有的“华理微圈”和网络文化内容基础上，打造以官微、“小花梨”为核心的融媒体平台，把社会主义核心价值观教育融入数字化迎新、信息化事务、网络化课程等环节。

突出文化资源融合，积极参与“易班”、中国大学生在线等联盟建设，推动资源融合、平台共建与内容共享。深入实施“网络名师培育计划”“校园好网民选树计划”，落实网络文化成果评价认证，建设由学校新闻发言人、教师与学生信息通讯员、学生文化宣传员、学生骨干评论员、文明志愿者等构成的网络育人队伍。

突出方式方法创新，推行“一张表”数字化管理，加强学生信息数据的统一集成管理与智能定制服务。推行“一张表”大数据决策分析，及时掌握学生学习与生活数据，包括学生评奖评优与学习成绩统计、贫困状况认定、课程学习预警等。

6. 聚焦育心育德强特色，立足学科支撑服务助圆梦

依托学校优势学科社会工作专业的支撑，融合学科资源，发挥专业优势，建立健全“四位一体”的心理健康教育工作格局。

打造心理健康教育精品课程。努力将新生心理健康教育课打造成上海市级精品课程，并在此基础上推出多门示范课程，促使单一精品课程向系列

精品课程转变。

优化心理健康教育实践活动。通过项目牵引、活动宣传、媒介传导、朋辈带动，开展丰富多彩的心理健康教育实践活动。在校、院、班等不同层面上，定期开展“双周心理讲堂”，推进心理健康教育常态化。

强化心理咨询服务。梳理新形势下心理咨询的政策、制度和法律法规，定期开展个案研讨活动，推进信息化技术、大数据技术在心理健康教育领域的应用。

增强心理危机预防。构建由学校、学院、班级、宿舍组成的“四级”心理危机预防体系，与医院和精神卫生中心签约合作，形成心理危机转介诊疗机制，开展“新生成长营”活动，建立并实时更新学生心理档案。

面向全体新生开展团队心理辅导，帮助新生班级形成凝聚力。加强研究生心理委员队伍培训，探索研究生心理健康教育模式。

7. 推进队伍建设强基础，依托专兼结合关爱导青年

坚持配齐与建强相结合，建立公开招聘、党政干部及专业教师转任、从德才兼备的推荐免试研究生中选聘“三轨并行”的辅导员选聘机制。

实施“辅导员名师工作室创建计划”，带动团队专业化发展和辅导员个体加速成长。坚持严管与厚爱相结合，定期普查、抽查三本日志(《辅导员工作日志》《班导师工作日志》《班级日志》)和两本台账(《安全稳定工作台账》《重点关心学生台账》)，确保“人头熟、家底清”。每年编印《辅导员学习读本》，推行辅导员理论学习系统化。

坚持激励与约束相结合，设立“模范辅导员”等校级辅导员奖项，建设优秀辅导员荣誉墙，制订《辅导员考核办法》，构建“学生满意度测评、同行互评、学院评价、学生工作部门评价”四维度全方位考核体系，突出思想政治、纪律作风、工作实绩、学生认可的考核权重，引导辅导员严格自律、敬业爱生，成为学生“健康成长的知心朋友，成长成才的人生导师”。

选拔优秀的研究生，特别是博士研究生担任兼职辅导员，加强本研兼职辅导员队伍建设。

8. 提供靶向服务正能量，推行自助服务便捷新体验

筑牢阵地，牢牢抓住学生在宿舍的时间，把学生公寓作为育人的重要阵地。建立健全领导干部深入基层联系学生制度，建立辅导员“三同”机制。在学生公寓建立“党员先锋岗”并予以挂牌公示，让学生党员在生活中发挥带头作用，成为“行走的正能量”。

夯实力量，加强园区辅导员队伍建设，定期组织园区辅导员开展生活关怀、纪律教育、心理疏导等育人培训，把育人的成效纳入岗位考核评价体系。拓展载体，推行“一站式”自助服务，推动学生事务办理进网络，整合学工、教务、图书馆、后勤、宿舍等信息，实现费用缴纳、事项申报、证书证明打印等学生事务自助化办理。

9. 落实一体资助新方案，引导群体发展感恩馈社会

坚持物质资助与精神激励相结合，扶贫、扶志、扶智相结合，量身定制集经济资助、精神激励、学业帮扶、成长辅导、职业规划于一身的资助方案。

建立家庭经济困难学生信息库及动态化管理机制，对家庭经济困难学生进行校园卡消费数据监测，对家庭经济特别困难的学生开展家庭走访，及时对信息库进行动态调整。

成立专业团队，围绕家庭经济困难学生精准识别方法、学生资助工作效果评估等方面开展专题研究，积极申报教育部高校思想政治工作资助育人类精品项目。

注重开展诚信教育，举办“以诚修身，以信立世”主题学生资助诚信教育月活动，增强学生的诚信意识、法治意识和责任意识。成立校院两级受助学生公益服务组织，组建50余支学生公益服务团队，力争每年吸纳3 000余名受助学生参与其中，共同开展文明校园创建、爱心助学、公益宣传、敬老助残等社会公益服务活动和社会实践活动，形成“解困—育人—成才—回馈”的良性循环。

10. 深化定岗明责实机制，永葆初心牢记爱国担使命

坚持“自查—督导—提升”工作机制，加强对学生党支部工作的指导，分

别制定本科生、研究生党支部工作考核评价办法，从优秀大学生党员中选拔学生党支部书记，建立责任清单，深化定岗明责，定期开展学生支部规范化建设巡查。

对学生支部委员及以上党员骨干，开展业务能力专题培训和工作考核，切实提高他们的履职能力。组建学生党建专兼职辅导员队伍。推动学生党支部与团学组织结对共建，增强党支部和学生党员在团学组织与青年学生中的影响力、感召力，发挥党组织和团组织协同育人的组织优势。

压实学生社团校院两级管理责任，实施“团学组织供给侧改革计划”，推动学生会和学生社团深化改革，促进学生自我教育、自我管理、自我服务。

第三编

评论随笔

01 深刻理解党的十九大报告的精神实质

◎ 党的十九大报告，内容博大精深，内涵极其深刻。学习宣传贯彻党的十九大精神，必须在原原本本全面学、结合工作重点学、贯彻落实长期学的基础上，准确理解和深刻把握十九大报告的主要精神实质：以人民为中心的价值导向，全面、辩证和综合的系统思维，实事求是的改革方法论，与时俱进的创新品格。①

党的十九大报告，高举中国特色社会主义伟大旗帜，分析了国际国内形势发展变化，回顾和总结了过去五年的工作和历史性变革，作出了中国特色社会主义进入了新时代、我国社会主要矛盾已经转化为人民日益增长的美好生活需要和不平衡不充分的发展之间的矛盾等重大政治论断，深刻阐述了新时代中国共产党的历史使命，确立了习近平新时代中国特色社会主义

① 本节内容是笔者 2017 年 11 月 20 日在共青团中央学校部理论学习会上的交流发言，收入本书时内容有删改。

思想的指导地位,提出了新时代坚持和发展中国特色社会主义的基本方略,确定了决胜全面建成小康社会、开启全面建设社会主义现代化国家新征程的目标,对新时代推进中国特色社会主义伟大事业和党的建设新的伟大工程作出了全面部署。

这个报告是我们党团结带领全国各族人民在新时代坚持和发展中国特色社会主义的政治宣言和行动纲领,是马克思主义的纲领性文献。报告内容博大精深、内涵极其深刻。学懂弄通做实党的十九大精神,必须在原原本本全面学、结合工作重点学、贯彻落实长期学的基础上,准确理解和深刻把握十九大报告的主要精神实质。

一是树立了以人民为中心的价值导向。报告处处体现人民利益至上,“人民”一词在报告中出现了200多次。报告把“坚持以人民为中心”纳入党的基本方略,这成为习近平新时代中国特色社会主义思想的组成部分和鲜明底色。报告首次明确提出,“中国共产党人的初心和使命,就是为中国人民谋幸福,为中华民族谋复兴”,并深刻指出:“这个初心和使命是激励中国共产党人不断前进的根本动力”。报告科学判断“我国社会主要矛盾已经转化为人民日益增长的美好生活需要和不平衡不充分的发展之间的矛盾”,并要求“着力解决好发展不平衡不充分问题,大力提升发展质量和效益,更好满足人民在经济、政治、文化、社会、生态等方面日益增长的需要,更好推动人的全面发展、社会全面进步”。报告还多次要求,“坚持人民主体地位”,“把人民对美好生活的向往作为奋斗目标,依靠人民创造历史伟业”,“更加自觉地维护人民利益”。

二是突出了全面、辩证、综合的系统思维。报告立足于党的十八大以来以习近平同志为核心的党中央治国理政新理念新思想新战略,从“八个明确”“十四条坚持”等方面,系统构建了习近平新时代中国特色社会主义思想并确立其为党的指导思想,对在新的历史起点上全党全国各族人民进行伟大斗争、建设伟大工程、推进伟大事业、实现伟大梦想具有重大的现实意义和深远的历史意义。报告作出了中国特色社会主义进入了新时代和我国社会主要矛盾已经转化的新论断，系统回答了在新时代坚持和发展什么样的中国特色社会主义，怎样坚持和发展中国特色社会主义，提出了新时代党的历史使命。报告科学谋划了分两步走全面建设社会主义现代化强国的新目标。还从“五位一体”总体布局、“四个全面”战略布局，系统部署了未来五年乃至三十年建设社会主义现代化国家新征程，从六大建设、八个方面系统构架了党的建设新的伟大工程，体现了高屋建瓴、磅礴精深的顶层设计和系统谋划。

三是坚持了实事求是的改革方法论。“实”是十九大报告的一大特色，主要体现为：成就总结实，报告认真总结回顾了我们党五年来带领人民在十个方面取得的全方位、开创性的极不平凡的成就和深层次、根本性的历史性变革；问题找得实，报告总结了工作中存在的诸如发展不平衡不充分、民生领域存在短板、社会矛盾和问题交织叠加等七个方面的不足；形势分析实，报告对我国发展的新的历史方位、我国社会主要矛盾转换、面临的国内外发展机遇挑战等进行了客观分析，提出了科学对策；思路提得实，报告提出了新时代坚持和发展中国特色社会主义的 14 条基本方略，分两步走的发展规划以及经济建设、政治建设、文化建设、社会建设、生态文明建设、国防建设、统一事业等方面的部署，无不体现着我们党实事求是、真抓实干的改革精神。

四是体现了与时俱进的创新品格。报告作出了一系列理论创新、实践创新、制度创新、组织创新等，充分体现了我们党解放思想、实事求是、与时俱进、求真务实的思想传统和一贯作风。例如在理论创新方面，提出了习近平新时代中国特色社会主义思想，作出了社会主要矛盾转化的新判断等；在实践创新方面，把政治建设放在党的建设首位，实施乡村振兴战略，实施重要生态系统保护和修复重大工程，探索自由贸易港，提出建设现代化经济体系的要求等；在制度创新方面，制定了国家监察法和全面实施市场经济准入负面清单制度等；在组织创新方面，成立中央全面依法治国领导小组，组建国家、省、市、县监察委员会，设立国有自然资源资产管理和自然生态监管机构，组建退役军人管理保障机构等。此外，党的十九大报告还诞生了许多振奋人心的新提法。例如，在国家总体建设方面，提出新时代中国特色社会主义要建设“富强民主文明和谐美丽的社会主义现代化强国”和“美丽中国”的理念；在党的建设方面，要求不断增强政治领导力、思想引领力、群众组织力、社会号召力，注重培养专业能力、专业精神、增强干部适应新时代的能力；在社会建设方面，提出“保护人民人身权、财产权、人格权”“打造共建共治共享的社会治理格局”等；在国际事务方面，提出“秉持共商共建共享的全球治理观”。这些崭新的提法，无不闪耀着习近平新时代中国特色社会主义思想的创新智慧，体现着我们党进一步深化改革的勇气魄力，如同一声声催人奋进的号角，激励全国各族人民在中华民族伟大复兴的征程上奋勇前进。

当前，深刻把握党的十九大报告的精神实质，关键是要坚持以习近平新时代中国特色社会主义思想为指导，以党的十九大精神为根本遵循，再接再厉、接续奋斗，纵深推进各项改革攻坚。要切实提高思想认识，提高政治站位，增强“四个意识”，在思想上着力解决为什么要改、改什么和怎么去改等根本性问题。要准确把握改革重点和主要任务，按照“强三性”（政治性、先进性、群众性）、“去四化”（机关化、行政化、贵族化、娱乐化）的要求，紧紧抓住团学改革“5+5”重点任务，细化任务要求，明确责任主体，强化任务督进，既要稳扎稳打，又要快马加鞭。要积极推进组织创新和工作创新，贯彻落实团学改革实施方案中的创新举措，大力推进以体制机制、项目载体等为主的组织创新和工作创新。要大力完善组织保障和条件保障，积极争取党政关心和支持，加强团学干部队伍建设，推动各方协同，整合各方资源，为团学改革纵深推进创造良好的外部环境和工作条件。

要做好新时代的青年群众工作，带领广大青年跟党走，首先必须把思想和行动统一到党的十九大精神上来，把深刻学习领会党的十九大精神作为首要的政治任务，自觉用习近平新时代中国特色社会主义思想武装全团、指导工作。切实学懂弄通做实党的十九大精神，需要从以下方面下功夫：

一是要原原本本全面学。学习十九大精神必须端正学习态度，找准方法路径，原原本本学习原文，反反复复钻研原文，细化专题深入研讨，努力汲取原汁原味的精神内涵，从学习中提高理论水平、大局把握能力，增强推动本职工作的本领。十九大报告是一本生动的学习教材，逻辑严谨，框架清晰，语言生动，文风清新，金句不断。比如，“不能因现实复杂而放弃梦想，也不能因理想遥远而放弃追求”“世界上没有完全相同的政治制度模式，不能脱离特定的社会政治条件和历史文化传统来抽象评判”“不忘本来，吸收外来，面向未来”“找到最大公约数，画出最大同心圆”等。这些生动有力的语言，有高度、有广度、有温度，为我们做好青年工作提供了新鲜而强大的思想武器。团干部切实学懂弄通坐实党的十九大精神，才能引领广大青少年在复杂社会环境中不迷失、不迷茫，把个人梦想与实现中国梦统一起来，在全面建设社会主义现代化国家的伟大历史洪流中放飞青春梦想、实现个人价值。

二是要结合工作重点学。学习十九大精神，必须联系本职推动工作，分层分类突出精准，确保学到位、学深入，结合工作重点学，真正把党的十九大精神变为思想和行动自觉。首先，要关注和学习工作相关的重点领域，尤其是教育发展、文化建设、社会建设、党的建设、青年工作、群团改革等领域的规划部署。党的十九大全面谋划了新时代中国特色社会主义事业发展的重大战略部署，为今后30多年党和国家发展明确了时间表和路线图，报告涉及的许多内容都是与青年成长发展、与新时代共青团工作密切相关的重要判断和部署。只有认真学习领会党的十九大报告丰富而深刻的内涵，掌握重点领域的规划部署，提高自身认识水平，才能更加精准地把握工作要点，更加有力地推进共青团改革工作。其次，要关注和学习工作相关的重点项目。十九大报告提到的许多重点项目、作出的许多重要指示，为我们未来工作的开展画好了路标、指明了方向，需要我们紧紧围绕指示，推动改革，抓好落实：推动习近平新时代中国特色社会主义思想深入人心；培育和践行社会主义核心价值观；深化中国特色社会主义和中国梦宣传教育；深入实施公民道德建设工程，深化民族团结进步教育；铸牢中华民族共同体意识；在全党开展“不忘初心、牢记使命”主题教育；培养担当民族复兴大任的时代新人；加强和改进思想政治工作，深化群众性精神文明建设；推进诚信建设和志愿服务制度化，强化社会主体意识、规则意识、奉献意识；落实立德树人根本任务，培养德智体美全面发展的社会主义建设者和接班人。

三是贯彻落实长期学。学习十九大精神不仅要端正学习态度、找准方法经验，更要突出结果导向。坚持用有没有更加自觉地强化“四个意识”、有没有更加牢固地树立“四个自信”、有没有自觉用习近平新时代中国特色社会主义思想武装头脑、有没有更加牢固地坚持“党员是第一身份”“抓党建是最大政绩”的意识与行动、有没有进一步提升做好新时代共青团工作的能力水平作为标准，来检验和评判学习的实效性。在持续的学习和自我检验中，不断加强党性锻炼，不断提高政治觉悟和政治能力，把对党忠诚、为党分忧、为民造福作为根本政治担当，团结和引领广大青年在政治上、思想上、行动上同以习近平同志为核心的党中央保持高度一致。

02　党史百年：历史的选择，人民的选择

◎ 任何历史事件都是在特定的历史时空中发生的，只有在特定的时空框架中，人们才能对历史的前进方向有着准确的理解。让我们回到风雨如磐的20世纪上半叶中国，在历史选择的起点上，在具体的时境中，理解社会主义道路的大势所趋、民心所向。[①]

2021年7月，中国共产党迎来百年华诞。6月6日和7日，新华社连续发表两篇重磅文章，向全世界宣言："社会主义没有辜负中国""中国没有辜负社会主义"。百年求索，百年奋斗，中华大地天翻地覆，沧海变桑田，旧貌换新颜。曾经积贫积弱、任人宰割的中国，经历了凤凰涅槃、浴火重生，正沿

① 本节内容撰写于2021年6月12日中国香港特别行政区，发表于2021年6月17和18日香港《文汇报》。香港中联办青年工作部张静和李黎两位同志提供了部分资料整理上的帮助，并给予了不少修改意见。收入本书时，主标题、小标题和部分内容均有修改。

着社会主义道路，日益走近世界舞台的中央，迎来民族伟大复兴的光明前景。

今天，我们回首百年，学史增信，仍有必要回答一个问题：为什么说中国走社会主义道路是历史的选择、人民的选择？这是一个基础且重要的问题，它关系到今天我们如何坚守共产主义远大理想和中国特色社会主义的共同理想，也关系到今天我们如何增强中国特色社会主义的道路自信，还关系到我们在百年未有之大变局中如何廓清迷雾，在中国特色社会主义康庄大道上不忘初心，继续前进。

历史的车轮滚滚向前，时代的潮流浩浩荡荡。任何历史事件都是在特定的历史时空中发生的，只有在特定的时空框架中，人们才能对历史的前进方向有着准确的理解。让我们回到风雨如磐的 20 世纪上半叶中国，在历史选择的起点上，在具体的时境中，理解社会主义道路的大势所趋、民心所向。

一、中国传统文化精神与马克思主义的思想共鸣

当十月革命一声炮响，为中国送来马克思主义的时候，中国先进的知识分子为什么愿意学习它、接受它、实践它？思想上的共鸣是一个极其重要的原因。

马克思主义关于解放全人类的思想，是马克思主义全部理论的宗旨。实现共产主义是人类解放的根本体现。共产主义社会生产力高度发达，人的道德水平极大提高，每个人的自由发展是一切人的自由发展的条件，人人各尽所能、各取所需。《共产党宣言》描绘的最高社会理想，也是中华民族自古以来孜孜以求的“大道之行也，天下为公，选贤与能，讲信修睦”的大同社会。

中国文化传统重视家庭观念、看重宗族利益、倡导社会价值，在处理群己关系时强调重义轻利，与马克思主义理论中的集体主义价值取向是一致的。

明末王夫之的“气学”，认为“理在气中”“理随事变”，已有唯物主义思想

的萌芽。晚清实学所追求的“经世致用”，与马克思主义强调的不仅解释世界还要改造世界，有着精神上的会通。

作为中国最早的哲学著作，老子《道德经》充满了朴素辩证法的智慧。“有无相生，难易相成，长短相形，高下相倾，音声相和，前后相随”，讲的都是矛盾的对立和转化。“九层之台，起于垒土，千里之行，始于足下”，“图难于其易，为大于其细；天下难事，必作于易，天下大事，必作于细”，已有量变达致质变的思想。“反者道之动”，“大曰逝，逝曰远，远曰返”，“无为而无不为”，与马克思主义哲学“否定之否定规律”异曲同工、相映成趣。另外，《庄子》《荀子》中也蕴含了唯物主义认识论的朴素思想。

因此，马克思主义之所以能够在中国扎根并被中国化，一个重要的原因就在于，中国文化中存在着朴素唯物主义和朴素辩证法的悠久传统。

二、社会主义与资本主义发展态势的现实比较

20 世纪中期，资本主义制度模式相对于社会主义并没有表现出明显的优越性，甚至于社会主义在很多方面还表现出明显的先进性。

1929—1933 年的大萧条期间，美国工业产值下降了 42％，英国下降了 12％，德国下降了 39％，法国下降了 24％。整个资本主义世界一片萧条，总体工业生产下降了 33％。第二次世界大战打破了全球殖民体系，殖民地纷纷独立，老牌资本主义国家步履蹒跚，衰象明显。列宁关于“帝国主义是现代战争的根源”的判断显得更加深刻。美国靠发战争财在战后走出大萧条，而欧洲则在美国主导的政治经济体系中缓慢复苏。20 世纪 40 年代的资本主义世界危机重重。

反观世界上第一个社会主义国家苏联，当时则呈现出勃勃生机、蒸蒸日上的景象。苏联建立初期，经济社会发展水平与先进资本主义国家相比还很落后。然而，在西方资本主义的大萧条时期，苏联的工业增长率接近 20％。到苏联第二个五年计划结束时，苏联已由一个落后的农业国变成了以现代技术为基础的工业国，形成了独立的工业体系，工业产值跃居欧洲首

位、世界第二位。正因如此，苏联在随后的第二次世界大战欧洲战场上，依靠强大的综合国力和军事实力，发挥了中流砥柱、力挽狂澜的重要作用。

两种社会制度模式的现实对比产生了强烈反差。经历百年屈辱、渴望富国强兵的中国人民，从社会主义模式中看到了希望。

三、救亡图存曲折探索中的可行出路

观中国近代史，鸦片战争后，列强蹂躏，割地赔款，丧权辱国的条约一个接着一个，大大小小的租界成为“国中之国”，中国快速沦为极度虚弱的半殖民地半封建国家。

中国向何处去？中国人民在黑暗中苦苦摸索救亡图存道路长达一个多世纪。以太平天国运动为代表的旧式农民革命昙花一现，以改良主义为要义的戊戌变法百日维新胎死腹中，激进民族主义的义和团运动始乱终弃，辛亥革命作为资产阶级民主革命，最后却发展成为军阀混战、民不聊生。改良主义、自由主义、社会达尔文主义、无政府主义、实用主义等主张，最后都是“风流总被雨打风吹去”。

“先生老是侵略学生。”当中国因学习西方的努力屡遭失败而陷入苦闷、彷徨之际，十月革命给中国送来了马克思主义。它给中国送来了一种崭新的理论与制度选择，让苦苦寻求救国良方的中国人，看到了实现民族独立和人民解放的希望：那就是经济文化落后的国家，可以用社会主义思想指引自己走向人民解放国家富强之路。很多有识之士把探寻出路的目光，从效法欧美资产阶级革命转向效法俄国十月社会主义革命，从资产阶级民主主义转向社会主义。

“五四”运动后，社会主义思潮在中国的影响迅速扩大。以李大钊、陈独秀为代表的马克思主义者，运用唯物史观，认为从当时的国际环境和国内社会情况来看，在中国独立发展资本主义是不可能的。至此，走俄国人的道路，走社会主义道路成为先进知识分子的共识。

苏联在一段时期内，对中国革命曾起到了较强的支持和示范作用。十月革命后，苏联是第一个宣布废除与中国签订的不平等条约的国家(英美在宣布全面对日作战后宣布废除，中国各地的外国租界也就在那时才成为历史)。中国共产党从诞生起，就作为共产国际的一个支部，接受苏共的经费资助和工作指导。不仅仅是共产党，在孙中山提出“联俄、联共、扶助农工”三大政策后，国民党也接受了苏联极大的帮助。仅在大革命时期，苏联就向国民党提供了 3 000 多万卢布的援助，连著名的黄埔军校都是在苏联人帮助下建立的。抗日战争时期，苏联还是最早向中国提供军事援助的国家。

那个时候的共产党人，为什么被捕入狱遭遇严刑拷打都能坚贞不屈、保守秘密，一个很重要的原因，就是他们心中有信仰，相信个人的牺牲会让未来的中国变成像苏联那样强大的国家。

四、中国共产党长期浴血奋斗后的民心所向

自古道，得民心者得天下。从革命战争年代的“十送红军”，“淮海战役的胜利，是人民群众用小推车推出来的”，到新时代美国知名公关公司信任度调查显示，中国民众对本国政府信任度达 95%，在受访国家中排名第一，中国共产党能够取得革命成功并长期执政最根本的原因，就是始终以人民为中心，赢得了中国人民的广泛支持和衷心拥护。

革命战争时期，中国共产党打土豪分田地，开展土地革命，让广大人民群众翻身做主人。人民群众认识到，只有中国共产党才能真正解决土地和农民问题。

“半床棉被”的故事，至今让人动容。在湖南汝城县沙洲村，三名女红军借宿徐解秀老人家中，临走时，把自己仅有的一床被子剪下一半给老人留下了。老人说，什么是共产党？共产党就是自己有一条被子，也要剪下半条给老百姓的人。

中国共产党在延安的团结、民主、廉洁氛围，曾吸引无数有志青年、知识分子、民主人士、工商人士义无反顾地奔向延安。1940 年春天，华侨领袖陈嘉庚率领南洋华侨回国慰劳考察团先后到重庆、延安两地考察，对比国统区

与解放区后，他大胆预言："得天下者，共产党也！"

抗日战争时期，当正面战场全面溃败、纷纷撤往大后方之时，中国共产党领导的八路军、新四军却选择了勇敢逆行，开赴敌后，建立抗日根据地，沦陷区的人民从此有了主心骨和活下去的希望。1941 年 12 月，日军侵占香港后，包括宋庆龄、何香凝等人在内的数百位知名人士，成为日军搜捕的对象，处境十分危险。危难之际，处在敌后的东江游击队成功策划大营救，掩护、组织 800 多名爱国人士安全撤离香港，无一失手。

正因为共产党同人民风雨同舟、血脉相通、生死与共，人民才会始终与共产党一条心，正如沂蒙歌谣中所唱的："最后一块布当军装，最后一口粮做军粮，最后一个儿子送战场！"新中国成立前夕，在香港的民主人士，即便将经历重重困难，也要赶到北京共商国是。

新中国成立后，中国共产党为人民谋幸福的初心不改，带领中国人民在中国特色社会主义道路上砥砺奋进、阔步向前，实现了中国人民从站起来到富起来再到强起来的伟大飞跃，取得了世所罕见的经济快速发展奇迹和社会长期稳定奇迹，人民群众更加坚定地拥护和支持中国共产党。

今天，中国共产党已经发展成为一个走过百年光辉历程、在最大的社会主义国家执政 70 多年、拥有 9 100 多万名党员的世界上最大的马克思主义执政党。历史已经证明，在中国共产党的领导下走社会主义道路，是近代以来中国历史发展的必然，是中国人民的理性选择。历史还将继续证明，中国人民的历史性选择是完全正确的。我们回首那段波澜壮阔的奋斗历程，就是要永葆初心和使命，坚定走中国特色社会主义道路的自信，矢志奋斗，不负重托，向着建设富强民主文明和谐美丽的社会主义现代化强国奋勇前进。

03 提高媒体素养是领导干部的必修课

◎ 领导干部要善于运用媒体宣讲政策主张、了解社情民意、发现矛盾问题、引导社会情绪、动员人民群众、推动实际工作。领导干部如果缺乏媒体素养，就不会是一个称职的领导干部。可以说，媒介素养也是一种行政能力，体现了行政水平的高低。①

2016 年 2 月 19 日，习近平总书记在党的新闻舆论工作座谈会上强调，党的新闻舆论工作是治国理政、定国安邦的大事。领导干部要增强同媒体打交道的能力，善于运用媒体宣讲政策主张、了解社情民意、发现矛盾问题、引导社会情绪、动员人民群众、推动实际工作。可以说，领导干部的媒介素养也是一种行政能力，体现了行政水平的高低，从某种程度上看，也会决定一个地方的治理质量。领导干部如果缺乏媒体素养，就不会是一个合格的

① 本节内容于 2016 年 3 月在上海撰写。

领导干部。然而，在现实生活中，领导干部的媒体素养，往往被误读为“应付”媒体的技巧和方法，被看作是应对媒体之“术”，这显然是在较低的层面上看这个问题。领导干部提高媒体素养，实质上也是对公众知情权和民主权利的尊重。

领导干部缺乏媒体素养，主要有以下三种表现：

一是在心理意识中不愿意接触媒体。有些领导干部对媒体报道认识不深，合作态度不端正，不愿意与媒体积极互动，闪烁其词，敷衍了事，喜欢将问题推向其他单位或个人，进而引发公众对官员和政府产生不满。为了个人的利益和前途，有些领导干部为民服务的意识淡薄，不敢担负责任，面对难题不愿说实话真话，对民众关切的公共事务尽最大可能隐瞒。

二是存在本领恐慌因而不敢与媒体接触。由于担心在媒体面前说错话，部分领导干部不敢直接与媒体打交道，有意选择逃避。对于公众的疑问和不满，不知道该如何应对，因而不敢面对媒体发表看法。一旦发生重大突发事件，就采取防范、封堵和掩盖的方法，想方设法进行消息封锁。结果，往往事与愿违，突发事件发酵成更大的公共舆论危机，对事件的后续处理产生较大的消极影响。

三是经验不足因而不善于接触媒体。前些年，领导干部在媒体面前经常出现“雷人雷语”的现象。少数领导干部面对媒体情绪失常，言语偏颇，接访的态度和言谈举止备受争议。少数领导干部处理公共危机经验不足、能力不够，不能在第一时间当好发言人，不能及时公开民众关心的信息，错过公共危机的黄金处置时机。还有，少数领导干部缺乏沟通技巧，不注重民众情绪变化，增加了危机事件的处置难度。

为什么有些领导干部的媒体素养不强？笔者认为，主要有以下四点根本原因：

一是为民服务的宗旨意识不强。由于长期受到“官本位”思想的影响，一些领导干部理想信念树得不牢，为民服务的宗旨意识不强，将党和政府与人民的关系错误地对立起来，将政府的利益与百姓的利益对立起来，不愿意用心倾听人民的心声，不关心百姓的疾苦，用官话、套话、假话应付公众的疑问。

二是对新媒体的认识滞后于公众。受年龄经历、知识结构和生活环境等因素影响，少数领导干部对于互联网时代认识不足，对媒体的认识仍然处于传统媒体时代，对于新媒体的特征和规律更是一无所知，因而在处理公共事务和重大突发事件时，会采取不公开、不报道、不交流的消极方法。

三是面对难题心理素质不过硬。新媒体在传播路径、传播方式和传播速度等方面，与传统媒体相比存在许多不同，具有传播速度快、信息量大、涉及面广、复杂多变等特点。在这些新变化面前，一些领导干部心理素质不过硬，面对网络媒体，内心充满焦虑和恐惧，从心底排斥与新媒体打交道，害怕由于自己的言行不当，引发网民的批评和责难，进而引发更大的舆情，导致公共事件朝向负面发展。

四是工作能力上存在不足。一些领导干部不擅长应用互联网、手机等智能终端，不能通过微博、微信、短视频等方式，及时准确地获得最新资讯和社情民意。少数领导干部的专业知识、沟通能力和应变技巧都比较欠缺，不能客观冷静、理性科学地回应网民的疑问。这种能力上的不足，为妥善处置公共突发事件增加了难度和不确定性。

领导干部提升媒体素养是一个渐进的过程，不可能一蹴而就，需要持之以恒、循序渐进地动态培育。

首先，要通过学习正确认识新闻媒体的功能与作用。新闻媒体运用得当，可以起到宣传发动、广而告之、团结鼓劲的重要作用；新闻媒体运用不当，可能事与愿违、事倍功半，甚至重要的工作功败垂成。领导干部要深入学习新闻传播规律，提高对新闻媒体的认知水平，做到善待媒体，善用媒体，善管媒体。特别是要正确认识正面宣传和舆论监督二者的关系，遵循新闻传播规律，树立正面宣传激励推动工作、舆论监督鞭策促进工作的思想意识，从而善于运用媒体推动工作。在新媒体时代，领导干部还要积极转变理念，学网、用网、懂网，不断提高对新媒体的认识，正确判断其社会影响，从而把握新媒体环境下的工作策略、方式和方法。

其次，要主动增强与媒体打交道的能力。现代社会中，每个人既是信息的接受者，也可能是信息的传播者，与其被动应对，不如主动引导。领导干部要加强与媒体的沟通协作，积极走出去和媒体打交道，设置好议题，做好策划。要多层面、多角度、立体化进行宣传推送，把“我们想讲的”与“受众想听的”结合起来，把“自己讲”和“别人说”结合起来，进一步增强新闻议题的影响力、感染力、吸引力、渗透力。要注重提高与媒体打交道的技巧，做到四个明确，即：明确说话的对象（对谁说），明确自己的身份要求（说者为谁），明确讲话内容（说什么），明确表达方式（怎么说）。另外，与媒体打交道还要注意时、度、效。“时”，即时效性，与媒体打交道既要讲信息的时效，也要讲程序；“度”，着重于一分事实一分陈述，不藏着掖着，坦诚相待，尤其遇到突发状况，在没有掌握事实的情况下，只陈述不评价不猜测；“效”强调的是事件效果和社会效果的统一。

再次，要提高运用网络媒体支持管理的能力。网络媒体传播改变了传统媒体的传播方式和途径，社会透明度日益增强。领导干部要增强运用网络媒体感知社会态势的能力。必须主动接触网络媒体，了解舆情监测系统开展舆情监测的方法。通过建立网络交流机制，了解他们的所思所想、态度、情绪等，并由此感知社会态势。领导干部要增强运用网络媒体与群众沟通的能力。敢于运用网络媒体与群众开展交流沟通，能够放下身段，与基层的群众开展互动交流。掌握与群众沟通交流的语言方式，回应群众所关注的问题。领导干部要增强运用网络媒体辅助决策和开展政务活动的能力。网络媒体产生的数据，能够为科学决策提供重要参考依据，领导干部应具有运用大数据决策的意识，并善于运用网络媒体产生的数据为决策提供辅助支持。

最后，要注重运用网络媒体进行思想宣传和舆论引导。领导干部要主动适应传统媒体与新媒体融合发展新趋势，深入研究融媒体时代的新闻传播规律和宣传报道特点，充分发挥主流媒体受众面广、融媒体报道平台多、新媒体交互性强等特点，增强社会公众参与度，强化“多次传播”频率，共同汇聚融媒体时代的新闻舆论“正能量”。领导干部要学会使用微语言。从改变说话方式开始，摒弃官话套话，讲得鲜活、生动，使个人网络空间成为与网民分享幸福、传播正能量的阵地。“朋友圈”已经成为公众舆论发声的重要阵地。领导干部发表言论应始终坚持对党负责、敢于担当，以正义、善良、向上的言论引导舆论。坚守主流价值观，坚持正面发声、传播正能量。领导干部要关注和回应网络热点。积极与群众交流意见，释疑解惑，提供可以帮助网民作出正确判断的信息，旗帜鲜明地抵制有害信息。

04 超越现实困难，树立远大理想

◎ 不要急躁，不要迷失，因为路永远都在脚下，只有超越现实困难，树立远大理想，才能始终不随波逐流，坚守自我，不忘初心，勇往直前。希望珍惜机会，激情奋斗、顽强拼搏、磨砺自我，成就人生。①

从今天起，学校将成为大家学习、生活和成长的地方，你们将从这里出发，开启一段从自我发现到自我实现的成长之旅。在这段旅途中，你们将不得不面对各种机遇与挑战，是一门心思学习还是去参加班级、社团丰富多彩

① 本节内容是笔者2016年8月31日在华东理工大学励志明德班开班仪式上的发言，收入本书时内容有删改。“励志明德班”是华东理工大学落实国务院提高重点高校招收农村学生比例的工作要求，每年将专项计划招生的学生组建成一个班集体。励志明德班的活动，主要围绕爱校荣校、理想信念、学习技能、素质教育、励志成才、志愿奉献六大板块展开。学校在学生入校前、报到时和入学后等不同阶段都做了精心安排和部署，涵盖学生生活、学习、社会锻炼、素质提升等各方面，确保通过励志计划进来的学生不仅能上好大学，更要走好大学路。

的活动？是泡在高大上的图书馆读书，还是去听大师的精彩演讲？暑假是回家乡实习还是留校复习考研？丰富的资源和多样的选择，将让你目迷五色，眼花缭乱。

你也会遭遇现实的打击：面对接踵而至的挫折和困难，你可能会因为基础薄弱而对学业失去信心，你可能会因为生活习惯差异而出现人际交往困难，你可能会因为经济的入不敷出而埋怨父母、埋怨家庭。在遭遇困难、痛楚时，怎样做到坚守自我，不忘初心？请不要急躁，不要迷失，因为路永远都在自己的脚下，只有"超越现实困难，树立远大理想"，才能始终不随波逐流，坚守自我，不忘初心，勇往直前。

一、为什么要树立远大理想

远大理想可以明确人生方向。俄国作家列夫·托尔斯泰曾经说过："理想是指路明灯。没有理想，就没有坚定的方向，而没有方向就没有生活。"远大理想就如照亮人生航程的灯塔，让人们不为任何风险所惧、不为任何干扰所惑，矢志不渝地朝着前方奋进。有梦想才有向往，有向往才有追求，有追求才有奋斗，有奋斗才有成功。青年人朝气蓬勃，应最富有理想。在历史上，凡是对人类进步事业作出重大贡献的人，大都从青年时代就高擎理想的火把，树立远大的奋斗目标。毛泽东同志在 1910 年走出韶山冲踏上求学路前写下了"孩儿立志出乡关，学不成名誓不还。埋骨何须桑梓地，人生无处不青山"的豪迈诗句，来抒发他胸怀天下、志在四方的远大抱负。习近平总书记对当代青年提出了"志存高远"的期许，要求广大青年树立远大理想，以理想指引人生前进，把个人的奋斗与国家的前途、民族的命运、人民的幸福结合在一起，在实现中国梦的伟大实践中创造自己的出彩人生。

远大的理想可以提供人生动力。远大理想是克服现实困难、不断前行进步的强大引擎。古人云："志之所趋，无远弗届，穷山距海，不能限也。志之所向，无坚不入，锐兵精甲，不能御也。"志存高远的人，再遥远的地方也能达到，再坚固的事物也能突破。青年时期牢固树立远大理想，人生道路就会越走越宽，无论遇到怎样的艰难险阻，都能义无反顾、勇往直前。我校已故著名校友、名誉校长成思危先生，在青年时代就为自己订立了近乎苛刻的学习计划和超越常人的奋斗目标。毕业后，他始终抱定要为祖国的事业、民族的利益而努力拼搏、自强不息，一直没有放弃自己的理想。

远大理想可以提高人生境界。人生的意义在于为理想而奋斗。纵观古今中外取得杰出成就的人，无一不是为实现理想而矢志不渝地奋斗着，并且把这种奋斗当作一种幸福。古希腊著名哲学家苏格拉底曾说过："世界上最快乐的事，莫过于为理想而奋斗。"这个"乐"字，乃是从德产生，因为理想本身就包含道德层面价值。当你全身心地投入为理想而奋斗的事业中时，你就能体会到孔子"发愤忘食，乐以忘忧，不知老之将至"的忘我快乐，当你和杜甫一样追求"安得广厦千万间，大庇天下寒士俱欢颜"的理想时，你自然就会油然而生一种"吾庐独破受冻死亦足"的满足与宽慰。有理想，才有永不停息的奋斗，才有成功的喜悦，才有人生的辉煌。

二、青年应成为什么样的人才

青年兴则国家兴，青年强则国家强。你们是勇担时代重任的青年一代，中华民族伟大复兴终将在你们的接力奋斗中变为现实。

要用好你们的黄金时代，成为全面发展的人。学习不应仅仅停留于书本知识，要在学习中"转识成智"，读好无字之书。注重学习人生经验和社会知识，培养自我发展的能力，成为有格局、有底线、做人做事皆有品位与追求的人。养成良好的生活习惯，遇到困难和压力要摆顺心态，始终保持身心健康。

要始终牢记科技强国的责任，成为勇攀科学高峰的人。"科技是国之利器，青年是创新先锋"。科技创新是实现中华民族伟大复兴的强大驱动力，作为天之骄子的你们，当如饥似渴、孜孜不倦地学习专业知识，在科学的道路上不畏艰险，沿着陡峭山路向上攀登，成为科技兴国的中坚力量。

要肩负起时代赋予的责任，成为成才报国的人。青年一代有理想、有本领、有担当，国家就有前途，民族就有希望，实现中华民族伟大复兴就有源源不断的强大力量。你们要将人生理想融入国家和民族的事业中，坚持与祖国同行、为人民奉献，才能最终成就一番事业，实现个人的成才梦，实现全民族的中国梦。

三、我们要如何奋斗成才

相比其他同龄同学，你们肩负着更多的社会责任和公众期望。你们将享受到更多的机遇和更有利的条件，拥有更浩瀚的天空和更广阔的舞台。希望大家珍惜机会，激情奋斗、顽强拼搏、磨砺自我，成就人生。

一要坚定必胜信念，永不言弃。在刚刚结束的里约奥运会上，中国女排用顽强拼搏的精神和奋斗到底的意志，克服重重困难，时隔 12 年重获奥运冠军，“女排精神”随之在各大社交媒体上被刷屏。女排从 1981 年夺冠后几经挫折、磨难、沉浮，但靠着“顽强拼搏、永不言弃”的精神一次又一次地克服现实困难，取得成功。信念有自我实现的功能，一个人，在遭遇困难的时候，拥有必胜的信念对于克服困难尤为重要。进入大学之后，每个人的基础是不一样的，但是对于人生的万里长征而言，你一个阶段跑得快，并不意味着你全程都跑得快；一个阶段跑得慢，并不意味着你全程都跑得慢，每一个同学都要树立起“一定能成才”的必胜信念，永不言放弃。

二要坚持勤奋学习，练就过硬本领。学习是成长进步的阶梯，实践是提高本领的途径。青年一代，正处于学习的黄金时期，应该把学习作为首要任务，练就一身过硬的本领，才能担当责任，不辱时代使命。今年暑假，《解放日报》以“华东理工大学洁净煤技术研究所斩获‘上海市技术发明奖特等奖’——这个团队为什么能”为题，报道了我校洁净煤技术研究所不懈努力，用众多科研成果完美诠释“汗水哲学”的事迹。正是这个平均年龄 39 岁的年轻团队，凭着浸入血液的“汗水哲学”，用勤奋和拼搏攻克了一个又一个难关，团队也因此获得上海市历史上首个技术发明特等奖。我想，汗水哲学适用于在座的每一位同学。站在新的起点上，大家一定要勤于学习、勇于实践，掌握真才实学，练就过硬本领，努力成为可堪大用、能担重任的栋梁之材。

三要锤炼高尚品格，筑牢道德之基。大家知道，一个没有精神力量的民族难以自立自强，而一个民族的文明素养很大程度上体现在青年一代的道德水准和精神风貌上。习近平总书记教导青年人，要系好人生的第一粒扣子，因为第一粒扣子扣歪了，后面的扣子怎么扣都不会正。我们人生的第一粒扣子，要从学会做人开始。大家要把正确的道德认知、自觉的道德养成、积极的道德实践紧密结合起来，加强思想道德修养，自觉弘扬爱国主义精神，始终保持积极的人生态度、良好的道德品质，以实际行动践行社会主义核心价值观。上学期，我们打造了大型、多主题系列谈话类活动“通海茶叙”，这个活动有一个重要的目的，就是通过浸润式引导来发挥教育的价值导向功能，比如师生一道鉴赏玉器，从玉文化中感受“宁为玉碎”的民族气节和“化为玉帛”的团结友爱风尚；学习跆拳道，其实是学习“礼仪、廉耻、忍耐、克己、百折不屈”的精神。在这种思想的交流和碰撞中师生能够正确认知自我和社会，崇德向善，自觉传承和发扬中华民族的传统美德。这个活动新学期还会持续开展，希望大家能够积极参加。

四要培养创新精神和创新能力。创新是民族进步的灵魂，是国家兴旺发达的不竭源泉，也是中华民族最鲜明的民族禀赋。近年来，华理在科技创新的道路上取得了不俗的成绩，在2015年度上海市科学技术奖励大会上，华理揽下全市头奖八分之一，而且技术发明奖、自然科学奖、科技进步奖三大类别全覆盖，成为当之无愧的“头奖大户”。我校化学与分子工程学院博士后应佚伦，在2015年被联合国教科文组织评为“世界最具潜力女科学家”，也是中国首位“世界最具潜力女科学家”。回顾她的成长道路，正是怀着对科研的不懈追求，对技术的不断创新，这个只有28岁的青年教师才取得了一个又一个重大成果，站到了国际舞台上。我校在课程设置、实践活动等方面，提供了多种平台培养学生的创新精神和创新能力。希望大家抓住机会，积极参与其中，培养创新思维，提升创新能力，成为执着的、有行动力的创新者。

五要广泛涉猎，培养健康的生活情趣。我校提倡综合素质教育，希望同学们不要囿于一隅，处理好“专”与“博”的关系，抓住可以利用的时间培养健康的生活情趣。大学校园和中学校园很大的一个区别就是，大学校园相对而言有那么一点课余时间，同学们可以参与专业学习之外的活动，这一点大家很快就会感受到。所以，大家要做好准备，积极投入丰富多彩的大学生活中。

未来几年是大家打基础的阶段，既是打学问的基础，也是打人生的基础，这个基础要宽一点、厚一点、深一点才好。同学们可以积极参加社会实践、校园文化活动和各类社团活动。学校的社团规模还是不小的，我们有80多个学生社团。学生社团的特点就是兴趣爱好相同的人聚集在一起，大家在活动中培养兴趣，发展特长，形成特色。学校还专门创办了“汇贤讲堂”“名师论道”“通海茶叙”等校园文化品牌，就是希望帮助同学们打开视野，博采众长，在参与中培养健康的生活情趣和生活方式，在观世界的过程中培养正确的世界观。

05 在社会大课堂中探求真知砥砺成长

◎ 读万卷书不如行万里路，必须把校园小课堂与社会大课堂有机结合起来，坚持让学生在社会实践中受教育、长才干、作贡献。用双脚丈量土地，用双手描绘蓝图，勇做走在时代前列的奋进者、开拓者、奉献者，于实践中探求真知，于体验中锻炼才干，于感悟中增长见识，用年轻有力的肩膀，扛起新时代赋予的重任，将激昂的青春梦融入伟大的中国梦之中，在实现中华民族伟大复兴中国梦的新长征路上，书写壮丽的青春篇章。[①]

我国高校开展学生社会实践工作已有多年，形成了许多好经验，也取得了不少成绩。但是，在新的时期，新发展阶段、新发展理念和新发展格局，对落实立德树人根本任务提出了新要求。大学生理论武装和政治引领工作迫

① 本节内容是笔者 2019 年 7 月 12 日在华东理工大学“青春心向党，建功新时代”大学生暑期社会实践出征仪式上的发言。收入本书时内容有删改。

切而重要，传统的社会实践工作模式需要改革创新，亟须系统建构高校学生社会实践育人体系，从而更加有效地推动党的创新理论入脑入心。

一、读万卷书不如行万里路

习近平总书记多次强调，社会是个大课堂，青年要成长为国家栋梁之材，就要读万卷书、行万里路，既读有字之书，也读无字之书，注重学习人生经验和社会知识，注重在实践中加强磨炼、增长本领。总书记多次鼓励青年要在实践中成长，在基层中成才，这为当代青年成长成才道路标明了时代坐标，体现了基层导向。

社会实践可以帮助青年学生形成正确的世界观。实践是一种主观见之于客观的物质活动，是认识的来源、真理的标准和认识的目的。大力开展社会实践活动，必将有效引导同学们正确处理心物关系、义利关系和知行关系，从而正确认识世界、认识社会和认识自身。在座的青年朋友们正处于世界观、人生观和价值观形成的关键期，对实现人生目标有着强烈渴望。同学们思想活跃、思维敏捷，观念新颖、兴趣广泛，探索未知劲头足、接受新生事物快，主体意识、参与意识强，我们要充分尊重同学们的这些特点，创造各种机会让同学们走出校园，在观世界中培育世界观。

社会实践可以促进青年学生德智体美劳全面发展。高等教育的使命和初心，就是要通过润物无声的教育行为把立德树人根本任务落细、落小、落实，最终实现学生德智体美劳全面发展，而社会实践则是实现青年全面发展的根本途径和最重要的条件。我们要在生动的社会实践中，引导学生坚定理想信念、厚植爱国主义情怀、加强品德修养、增长知识见识、培养奋斗精神、增强综合素质。

社会实践可以实现放飞梦想的人生价值。把论文写在祖国的大地上，把科技成果应用在实现现代化的伟大事业中，是人民的需要和呼唤，是科技进步和创新的时代声音。今天，我们比历史上任何时期都更接近实现中华民族伟大复兴的光辉目标。在座的同学们将全程参与并见证“两个一百年”

奋斗目标的实现，在社会这个大课堂中，只要把祖国的需要作为我们的选择，就一定能够在实现中国梦的生动实践中放飞青春梦想，在为人民利益的不懈奋斗中书写人生华章。

二、必须把校园小课堂与社会大课堂有机结合起来

社会实践是“行走的课堂”，是有温度的思政大课、成长大课。今年是我校实施社会实践“双百双千”工程[①]的第一年，实践团队和参与人数都比往年多，活动也采用了新的组织方式和运行机制，我们希望社会实践把校园小课堂与社会大课堂、个人小目标与国家大目标有机结合起来，引导同学们接触社会、了解国情，学以致用、用以促学，实现学思用贯通、知信行统一。

要深入了解世情国情党情民情。今年是新中国成立 70 周年。70 年的重大历史成就、重大发展变化、重要成功经验、重要典型人物等，都等待着你们去考察、去学习、去体悟。同学们要通过国情考察、学习体验、社会调研等方式，观城乡新貌，学身边榜样，讲亲历故事，在实践中深入理解体会习近平新时代中国特色社会主义思想的精神实质和丰富内涵，从而立志扎根中国大地，于大山大川中树立大格局，在基层基础中练就基本功。学校鼓励同学们到人民群众中去，到新时代新天地中去，上好社会实践这堂“思政课”，自觉用党的创新理论武装头脑，将个人发展与国家发展紧紧地结合在一起。

要有效提升专业技能。当前，我国正处于实现“两个一百年”奋斗目标的历史交汇期，同学们是追梦一代，更是圆梦的一代。大家要主动对接“一带一路”倡议，主动服务打赢“三大攻坚战”等国家战略，将专业知识应用和科学技术探索融入实践全过程。今年，机械与动力工程学院“深耕蓝色海疆，助力美丽中国”社会实践团队，以我校海洋生态与高端装备技术工程中心为科研依托，将赴南海崖城作业区陆上终端及海上平台开展学习体验活动。类似的项目还有不少，大家在社会实践中都要像机动学院的同学们那

① 社会实践“双百双千”工程，是指学校每年组织 100 名专业教师指导 100 个重点团队，带领 1 000 名学生走进 1 000 个基层企业、街道、社区，开展大学生暑期社会实践活动。

样围绕国家战略，既把专业知识运用到实践，又能够在实践中发现问题，回到学校后进一步提升专业知识和技能，在解决重大问题中奉献青春，实现价值。

要真诚服务祖国和人民。刚才，大屏幕上点亮了今年华理学子社会实践地图，我们欣喜地看到，不论是雪域高原还是万里海疆，都有我们华理学生的青春足迹。每年暑假，华理的爱心支教、科技支农等队伍都奔赴全国各地，带着感情与责任，深入基层、服务群众。社会学院 2017 级硕士研究生张洺硕，扎根云南寻甸，连续两年带领坚守在“脱贫攻坚最前线”的实践团队，开展欠发达地区青少年内生动力激励研究与精神扶贫社会实践，荣获 2018 年上海市“知行杯”大学生暑期社会实践大赛特等奖。这也是新时代华理学子把小我融入大我、将青春献给祖国的生动诠释。

三、坚持在社会实践中受教育、长才干、作贡献

学习是成长进步的阶梯，实践是提高本领的途径。要教育引导新时代大学生正确认识世界和中国发展大势，正确认识中国特色和国际比较，正确认识时代责任和历史使命，正确认识远大抱负和脚踏实地，就必须让社会实践成为每一位同学练就过硬本领的必修课。

在这堂必修课中，要坚持问题导向。问题是时代的口号，是实践的声音。问题意识是推动一切工作的“发动机”。提出问题、分析问题、解决问题，是科学研究的基本逻辑，也是大学生服务社会的实践逻辑。大家在实践过程中，一定会看到我国经济社会发展过程中存在的不平衡不充分的问题，这些正是我们求学问是、服务社会的切入点。社会学院“化工风险高敏感人群的识别与干预”社会实践团队，就是聚焦前不久某化工区爆炸可能引发的社会问题，采集大量样本，开展社会调查。同学们要在实践中发现问题、提出问题，带着问题寻找已有的答案，并努力给出自己的答案。

在这堂必修课中，要创新方式方法。在科学技术水平日新月异、移动互联网颠覆式创新的时代，社会实践的主题、思路、项目、方法也要跟上时代的

步伐。既要有基于专业知识的工作实践方法创新，比如资环学院“青年助力高盐废水处理与循环利用”项目，就将专业的最新研究成果与当地需求相结合，开展社会调查和社会服务；也要有实践成果展示形式的创新，比如社会学院“黄浦区社区达人故事”项目，就采用微视频、短视频、动图等适应新媒体时代的展示形式，作为实践活动的主要成果。

在这堂必修课中，要做到知行合一。知行合一，是中国传统文化中的道德实践要求，也是今天我们练就过硬本领的根本方法。知行合一于实践，将理论与实践有机结合，社会实践活动提供了砥砺奋进的时间和空间、内容和形式。同学们要在实践中把握好“知”和“行”的关系，“知”是基础、是前提，“行”是重点、是关键，两者相辅相成，必须做到以知促行、以行求知。同学们还要善于把“知”付诸“行”，不做看客、过客，而要做创客，不仅要实地走走看看，更要动手做做干干。希望同学们通过社会实践的大课堂，努力成为有理想、有学问、有才干的实干家。

乘风好去，长空万里，直下看山河。希望同学们在社会实践中用双脚丈量土地，用双手描绘蓝图，勇做走在时代前列的奋进者、开拓者、奉献者，于实践中探求真知，于体验中锻炼才干，于感悟中增长见识，用年轻有力的肩膀，扛起新时代赋予的重任，将激昂的青春梦融入伟大的中国梦之中，在实现中华民族伟大复兴中国梦的新长征路上，书写壮丽的青春篇章！

06　系统建构高校社会实践育人体系

◎ 社会实践对于推动党的创新思想进学生头脑具有重要作用。当前，高校社会实践工作在体制机制、实践模式、育人效果等方面还存在一些问题，理论武装的针对性和有效性还不强。高校社会实践工作改革的突破点应从系统化建构上下功夫，在强化理论武装、丰富实践内容、创新实践形式、优化运行机制、突出育人内涵等方面不断深化，进一步提升高校社会实践的育人实效，切实推动习近平新时代中国特色社会主义思想进学生头脑。[①]

深入推进习近平新时代中国特色社会主义思想科学系统进教材、生动活泼进课堂、融会贯通进头脑，是当前教育系统的头等大事和首要政治任

① 本节内容是国家社科基金高校思政课专项研究项目“全面推进习近平新时代中国特色社会主义思想进教材进课堂进头脑创新设计与实施路径研究”（项目编号：19VSZ011）的阶段性成果。王寅申等亦有贡献。

务。社会实践对于推动习近平新时代中国特色社会主义思想进学生头脑具有重要作用。一直以来,党和国家高度重视社会实践育人工作,习近平总书记通过座谈、回信等形式,多次强调社会实践在大学生成长成才中有着重要价值。中共中央、国务院印发的《关于加强和改进新形势下高校思想政治工作的意见》指出,要推进高校思想政治工作改革创新。要强化社会实践育人,提高实践教学比重,组织师生参加社会实践活动。因此,系统建构高校学生社会实践育人体系,深入推进党的创新思想进学生头脑,意义重大。

一、社会实践是推进习近平新时代中国特色社会主义思想进学生头脑的重要方法

习近平新时代中国特色社会主义思想是马克思主义中国化的最新成果,是党和国家必须长期坚持的指导思想,同时也是当前大学生成长成才的重要行动指南。社会实践是整体推进习近平新时代中国特色社会主义思想进学生头脑的重要载体,是对大学生进行有效理论武装的重要实践路径。

首先,社会实践是推动习近平新时代中国特色社会主义思想往心里走,以实现学生情感认同的重要基础。社会实践可以促进大学生对抽象理论进行具象化体验,产生积极、肯定性情感,并将抽象的理论转化为感情、心理、行为上的认同,促进学生由“知”到“情”再到“行”的转化,进而有助于习近平新时代中国特色社会主义思想往学生心里走,以实现学生情感认同。

其次,社会实践是推进习近平新时代中国特色社会主义思想往深处走,以实现学生价值认同的重要举措。社会实践的价值旨归,在于实现大学生价值观的培育,在情感认同的基础上,价值认同方能深化。在知行合一的社会实践中,大学生从“体验式”的情感认同转变为“思考式”的价值认同,在了解国情民情中实现自我价值,真正推进习近平新时代中国特色社会主义思想往深处走。

最后,社会实践是推进习近平新时代中国特色社会主义思想往实里走,以实现学生信仰认同的重要助力。唯有通过社会实践,方能助推大学生从

认知、认同到自觉践行，逐步将理论思维内化于心理深层结构，形成判断标准与价值选择，以促使大学生真正实现信仰认同，催生出理论武装的整体效能，推进习近平新时代中国特色社会主义思想往实里走。

二、当前高校社会实践工作中存在的主要问题

当前，高校社会实践工作虽然取得了一定成效，但在体制机制、实践模式、育人效果等方面还存在一些问题，特别是在推动习近平新时代中国特色社会主义思想进学生头脑的广度和深度上做得还不够，理论武装的针对性和有效性还不强。

首先，体制机制有待深化。高校有关部门利用课余、假期组织学生走向社会，开展多种形式的社会实践活动，进行积极的探索，取得了一定成效，但在发挥主动性积极协同有关部门参与方面，仍需在体制机制上进一步加强。当前，社会实践往往"按需"组团，尚缺乏系统化设计，特别是在社会实践中融入理想信念教育、开展行前理论教育培训还比较缺失，尚未把思想政治教育有效融入社会实践活动的全过程，致使社会实践往往浮于表面，缺乏理论武装的实际效果，对大学生的政治引领还不够。

其次，实践模式亟待优化。一些高校在社会实践模式安排上，未能充分考虑同智育、体育、美育、劳育等教育形式有机结合，与第一课堂的结合还不充分，"精英实践""放羊实践"等模式比较普遍。现有的社会实践在很大程度上主要停留于"以点带面"的"精英化"社会实践。在有限的资源配置下，高校大都组织少数优秀学生开展社会实践，以期实现引领示范效应。虽然"精英化"的路线能起到一定的成效，但尚需扩大社会实践覆盖面，以提升实践育人效能。

最后，育人实效尚不显著。当前社会实践形式，仍以参观考察、公益服务等社会体验类居多，科技创新、自主创业、学术服务等专业提升类较少。在社会实践的过程中，更多的是"体验式"的"走走看看"，未能形成系统的、整体化的实践活动体系，也没有形成全面的设计、组织、监督、评价、激励和

反馈体系，忽视了对社会实践的效果进行合理的综合评价和效果监督，社会实践的育人实效并不显著。

三、系统建构高校社会实践育人体系的主要突破点与有效举措

高校社会实践工作改革的突破点应从系统化建构上下功夫，在强化理论武装、丰富实践内容、创新实践形式、优化运行机制、突出育人内涵等方面不断深化，进一步提升高校社会实践的育人实效和成效，切实推动习近平新时代中国特色社会主义思想进学生头脑。

强化理论武装，加强社会实践中的政治思想引领。一是要把坚持马克思主义为指导落实到社会实践各环节、全过程。社会实践是习近平新时代中国特色社会主义思想学以致用的重要路径，要加强理论武装走心走深走实，旗帜鲜明地抵制潜在的错误观点和思潮。二是开展好社会实践行前理论教育培训，突出党史、新中国史、改革开放史、社会主义发展史学习教育在社会实践中的实际融入。三是推动理想信念教育在社会实践中常态化、制度化，在社会实践全过程中贯通爱国主义、集体主义、社会主义教育，发挥好政治引领作用，引导学生不断坚定“四个自信”。

丰富实践内容与形式，构建多元立体式实践平台。一是在实践内容上，不断拓展既有的“看家乡”“三下乡”等实践内容，将思想政治教育有机融入，使学生从直接的体验中获得情感的共鸣、感性的认识和价值的认同。二是在实现途径上，构建类型多样的社会实践活动平台。以学生的个性化多样性需求为本，建立起教学实践、科技实践、创业实践、公益实践、文化实践、劳动实践、艺术实践、体育实践等多元社会实践平台。充分发挥学生在社会实践活动中的主体作用，培养并提高学生自我教育、自我管理、自我服务的能力。

优化运行机制，打造协同联动的“实践育人共同体”。一是明确社会实践目标在于育人，要在人才培养的整体方案中加强顶层设计，确立实践育人的重要地位，明确实践育人的具体要求，建立实践育人的完整体系。二是进

一步明确各方协同育人的责任主体。要明确社会实践各个环节、各项活动的主体责任、各项实践活动的目标要求。三是构建科学测评体系。建立多元多层、科学有效的高校社会实践工作测评指标体系，完善过程评价和结果评价相结合的实施机制，引导学工、团委、教务、科研等部门及各院系树立共同参与的实践育人理念，形成协同推进实践育人的共识。四是强化社会实践协同保障。在志愿服务、创新创业、实践教学、学科竞赛等各类管理办法中，落实实践育人要求。做好高校社会实践工作专项资金使用管理，强化经费投入的育人导向。

加强师资配备，建设结构优化、专业扎实的指导教师队伍。一是高校要重点从马克思主义学院等专业学院中，选拔具有特定学科背景的优秀教师担任指导教师。要建设社会实践指导教师库，选拔综合素质过硬的优秀教师担任社会实践指导教师，进一步优化指导教师的专业结构。二是加强对社会实践指导教师的“岗前”培训，避免出现过于“个性化”“走过场”式指导，以提高指导教师的专业化水平。三是提升社会实践指导教师的激励保障，将指导社会实践纳入教师考评体系，在职务晋升等方面加大指导社会实践工作成果的权重。

提高研究水平，以理论创新推动工作创新。一是推动筹建高校社会实践工作新型智库。切实发挥高校学科齐全、人才密集和对外交流广泛的优势，推动高校社会实践智力服务能力整体提升，努力建设一批社会实践专题数据库、实验室和有关研究基地。二是探索社会实践相关交叉学科建设。充分挖掘、汇聚与社会实践相关的既有学科的优势资源，依托学科建设进一步强化立德树人鲜明导向，真正将社会实践纳入高校人才培养体系。三是丰富社会实践研究理论成果。编制社会实践理论指导读物、社会实践师生培训手册，出版社会实践相关成果集等，固化理论研究成果，不断推动社会实践研究水平提升。

07 努力培养责任感、求知欲、判断力和闪光点

◎ 在思想学术、文化艺术、体育竞技等活动中留下足迹，不断地变换角色，去触摸历史、认识现实、思考未来，提升个人修养、磨砺意志品质、培养团队精神、丰富实践经历。要在弘扬人文精神中，不断培养胸怀天下的责任感。要在提升科学素养中，不断培养学无止境的求知欲。要在追求学术创新中，不断培养独立敏锐的判断力。要在提高综合素质中，不断培养独具一格的闪光点。在感悟时代、紧跟时代中珍惜韶华，做到志存高远、德才并重、情理兼修、勇于开拓，在火热的青春中放飞人生梦想，在拼搏的青春中成就事业华章。①

一年一度的秋韵节，成为“促进研究生学术交流，提升研究生文化底蕴，

① 本节内容是笔者2015年10月15日在华东理工大学第16届研究生秋韵节开幕式上的发言。收入本书时内容有删改。

拓展研究生综合素质，展现研究生青春风采”的重要舞台。我们在思想学术、文化艺术、体育竞技等活动中留下足迹，我们用心去触摸历史、认识现实、思考未来，共同经受提升个人修养、磨砺意志品质、培养团队精神、丰富实践经历的升华锻造。

我们要在弘扬人文精神的过程中，不断培养胸怀天下的责任感。《礼记》有云：“德者，得也”。强烈的社会责任感和坚定的理想信念就是一种德，它承载着一个民族、一个国家的精神追求，体现了一个社会评判是非曲直的价值标准。我校艺术学院2015级研究生新生朱润秋同学，在去年本科毕业时，毅然决定保留学籍，赴甘肃定西支教一年。她说：“我用一年不长的时间，做了一件终生难忘的事。”她是华理学子的缩影，她将胸怀天下的责任感外化于行，真正做到了知行合一。秋韵节是一场文化与艺术的盛典，是广大研究生传承与弘扬人文精神的平台。希望广大研究生以此为契机，在通过文化塑造思想的引导过程中，不断升华精神追求，胸怀天下，服务社会。

我们要在提升科学素养的过程中，不断培养学无止境的求知欲。求知欲是勤奋学习的原动力，是掌握知识的牵引力。只有渴望获得知识，坚持不懈地探求知识，才能不断接受新的信息，在科学的道路上不断攀登。学术活动是秋韵节的重要内容。研究生是学校科研工作的主力军，是创新实践的生力军，需要保持求知欲，去创新和探索。我校名誉校长成思危先生曾认为，你要对世界上所有的新事物都保持一颗好奇心，你有这种好奇心才会促使你有求知欲，让你不断去创新、去探索、去进步。成思危一生都保持着旺盛的求知欲，不断学习新的知识。1981年，46岁的成思危远赴美国加利福尼亚大学洛杉矶分校管理研究院学习，由于是从化工专业转学管理学，最初别人一小时能读四五十页书，他则只能在字典的帮助下读两三页书，困难很多。但在短短不到三年的时间里，成思危发表了十多篇学术论文，赢了奖学金。后来更是在经济领域著述颇多，被誉为“中国风险投资之父”。成先生的成才和成功告诉我们，学无止境，一个不断追求真知的人，才能担当起国家和人民赋予的重任。

我们要在追求学术创新中，不断培养独立、敏锐的洞察力。具备独立、敏锐的洞察力是一个人学会质疑、创造突破的基础。材料学院博士研究生李宇航一直潜心于太阳能光分解水制氢的研究，在看似矛盾的实验结果中，他却敏锐地发现了一氧化铂能够控制氢气反应方向的特性，成功摘得中国大学生新材料创新设计大赛博士组唯一的特等奖，还在《自然》子刊上发表了研究论文。可以看到，为了改变世界，我们必须深入事物的本质，必须深刻反思不断变化的世界和时代问题，学会用批判的精神和敏锐的洞察力去分析问题、解决问题。

我们要在提高综合素质的过程中，不断培养独具一格的闪光点。研究生一方面要重视自己专业知识的学习，尽可能多地涉猎相关的学科领域；另一方面则应该努力提高自身修养，培养深厚底蕴，培育属于自己的闪光点。上海市"大学生年度人物"、我校机动学院博士研究生周元凯的创业故事，得到了《人民日报》等多家新闻媒体的专题报道。他三年磨一剑，连续三年参加"挑战杯"，终于摘得全国金奖，他用自己的执着追求诠释了"大众创新、万众创业"的深刻内涵。一个人具有了独树一帜的闪光点，就具备了吸引他人的人格魅力，就能够在人与人的交往中不断增强自信、认识自我，从而实现精神的升华。

我们要在感悟时代、紧跟时代中珍惜韶华，做到志存高远、德才并重、情理兼修、勇于开拓，在火热的青春中放飞人生梦想，在拼搏的青春中成就事业华章！

08　牢记初心使命，坚持为党育人为国育才

◎ 这是一堂生动的爱国主义教育的大课、新中国历史教育的大课、动员奋斗新时代的大课，充分展示了组织的力量、奋斗的力量、国家的力量和信仰的力量。面向新时代，面对百年未有之大变局，加快建设富强民主文明和谐美丽的社会主义现代化强国，我们每个人都深感使命光荣、责任在肩。①

“今天，社会主义中国巍然屹立在世界东方，没有任何力量能够撼动我们伟大祖国的地位，没有任何力量能够阻挡中国人民和中华民族的前进步伐。”在庆祝中华人民共和国成立70周年大会上，习近平总书记发表了重要讲话，短短千言振奋了亿万中华儿女。20余万军民以盛大的阅兵仪式和群众游行欢庆共和国70华诞，向世界展示了一个强盛繁荣、自信豪迈的社会主

① 本节内容是笔者在2019年11月参加延安干部学院培训时撰写的学习体会，后来发表在《延安干部学院报》上。收入本文时内容有删改。

义中国。

这是一堂生动的爱国主义教育的大课、新中国历史教育的大课、动员奋斗新时代的大课,充分展示了组织的力量、奋斗的力量、国家的力量和信仰的力量。辉煌的发展成就来之不易、值得自豪,令人鼓舞、催人奋进。面向新时代,面对百年未有之大变局,加快建设富强民主文明和谐美丽的社会主义现代化强国,我们每个人都深感使命光荣、责任在肩。

人才培养是高等教育的根本任务。实现"两个一百年"奋斗目标的历史进程,将贯穿千千万万当代青年成长发展的全过程。立德树人,把青年学生培养成担当民族复兴大任的时代新人,是新时代每一位教育工作者的神圣使命。我们必须牢记为党育人、为国育才的教育初心,勇于担当、积极工作,教育并引导青年学子厚植爱国情,砥砺强国志,力践报国行,成为心有大我、至诚报国的追梦人!

一、育人必铸魂,厚植爱国情

近代的中国,面临"三千年未有之大变局",一代代仁人志士艰难探索民族出路,最终在中国共产党的领导下,建立了社会主义新中国,中国人民从此站起来了。通过70年的艰苦奋斗,中华大地沧海变桑田,我们实现了无数个"从无到有""从小到大""从弱到强",实现了从站起来、富起来到强起来的伟大飞跃。国庆70周年的庆祝活动将新中国的光辉历程和翻天覆地的变化生动地展示在人们眼前,对人们进行了一次震撼心灵的党史国情教育。

我们要坚持用习近平新时代中国特色社会主义思想铸魂育人,厚植爱国情怀。全面推进习近平新时代中国特色社会主义思想进教材进课堂进头脑,以生动阐释为标准促进思路创优,以示范课堂为目标推动教法创优,以实践育人为载体促进机制创优,以队伍建设为保障做好师资创优。深入推进青年马克思主义者培养工程,直面学生的思想困惑,坚持推进校园小课堂与社会大课堂深度融合,引导学生争做信念坚定、爱党爱国的表率,确保红色基因代代相传。以新中国成立70周年为契机,将理想信念教育和爱国主义情怀融入人才培养的全过程，促进大学生深入学习党史、国史，培养学生的民族自信心、民族自豪感。要始终坚持教育并引导学生自觉将个人理想追求与国家民族的前途命运紧密结合起来，坚定理想信念，注重品德修养，完善人格养成。

二、育人必育才，砥砺强国志

今年阅兵首次出现了一个代表全军院校科研战线的方队，受阅队员都是高学历的“军中骄子”和“科研精英”，他们中既有前沿作战理论的研究者，也有关键武器平台与核心技术的开发者。威武整齐的年轻人身影，展示了最高军事学府、最高科研院校崭新的气象，也反映了科技是第一生产力、人才是第一资源的时代要求。

“日新之谓盛德”，中华民族爱学习、善学习，敬知识、崇创新，在灿烂不熄的文明长河中创新人才不断涌现，持续书写着东方大国的创新史。面对世界科技竞争，核心技术“要不来、买不来、讨不来”，高校要有使命担当，必须聚焦人才培养，致力于培养拔尖创新人才。优化人才培养目标，细化人才培养举措，坚持在创新实践中发现人才、在创新活动中培育人才、在创新事业中凝聚人才。实施人才优先发展战略，充分调动各类人才的积极性和创造性，最终达到从教学与科研等角度全面提升育人成效。致力于改善人才软环境建设，努力形成人人渴望成才、人人皆可成才、人人尽展其才的良好局面，让各类人才的创造活力竞相迸发、聪明才智充分涌流，为建设科技强国、质量强国、航天强国、网络强国、交通强国、数字中国、智慧社会提供人才支撑。

三、育人必正己，引领报国行

教师是立教之本、兴教之源，承载着传播知识、传播思想、传播真理，塑造灵魂、塑造生命、塑造新人的时代重任。当“立德树人”方阵现身国庆群众游行队伍时，带给我们的不仅是心灵的感动，更有前行的动力。过去，我们以迅猛的速度实现快速发展，以几十年的时间完成了欧美数百年的发展历程。今后，推进经济社会高质量发展，建设社会主义现代化强国，更需要数以亿计的高层次人才。建设宏大的“有理想信念、有道德情操、有扎实学识、有仁爱之心”的好教师队伍，意义重大，尤为迫切。

师者，学高为师，身正为范。做新时代好教师，必须忠于党的教育事业，在“培养什么样的人、如何培养人以及为谁培养人”方面旗帜鲜明。高校教师要立足更高的政治站位，围绕学生关注点、困惑点和需求点有的放矢，坚守马克思主义的原则、立场、观点，引导学生深刻感悟马克思主义真理力量，扣好人生第一粒扣子。传道授业解惑的师者，要全方位加强学习，在以德立身中提升自我修养，在以德立学中明道信道，在以德施教中潜心育人。要坚持教书和育人相统一、言传和身教相统一、潜心问道和关注社会相统一、学术自由和学术规范相统一，更好地为人民服务、为我们党治国理政服务、为巩固和发展中国特色社会主义制度服务、为改革开放和社会主义现代化建设服务。

“中国的昨天已经写在人类的史册上，中国的今天正在亿万人民手中创造，中国的明天必将更加美好。”70 年来取得的伟大成就都是党领导人民奋斗出来的，未来建设社会主义现代化强国还需要接续奋斗。立足于新的历史方位，我们要抓住新时代新机遇，坚持以习近平新时代中国特色社会主义思想为指导，特别是习近平总书记关于教育的重要论述，着力增强“四个意识”、坚定“四个自信”、做到“两个维护”，牢记初心使命，坚持为党育人、为国育才，奋斗新时代，奉献新时代，筑牢中华民族伟大复兴的基础工程，为建设具有中国特色、世界一流的高等教育，培养德智体美劳全面发展的中国特色社会主义事业建设者和接班人贡献力量！

09　把自己培养成一个有思想的人

◎ 思想，是客观存在、反映在人的意识中并经过思维活动而产生的结果或形成的观点，是人的成长和全面发展的基础。有什么样的思想导向，就有什么样的言谈举止。要把事情做成功，必须有正确的思想作指导。有思想的人一般都具有独立思考、敢于质疑、充满好奇等特征。思想不是与生俱来的，而是通过勤奋的学习和深刻的思考得来的。我们要在实践中获得广泛而深刻的生活体验，并在知识的基础上，努力运用逻辑方法建构起思想体系。①

思想，是客观存在、反映在人的意识中并经过思维活动而产生的结果或形成的观点，是人的成长和全面发展的基础。法国大文豪巴尔扎克曾说过：

① 本节内容是笔者于 2015 年 11 月 10 日在华东理工大学第 29 届思想学术节开幕式暨传统文化经典导读报告会上的发言。收入本书时内容有删改。

“一个能思想的人，才真是一个力量无边的人。”

思想是行动的先导，是一切行为的原动力。从小的方面说，一个人有什么样的思想指引，就有什么样的言谈举止。从大的方面说，一项伟大的事业，如果没有正确思想的引领，就会在实践中走弯路、走邪路，就不会走向成功。

我们常说，一个有思想的人，才是真正意义上的人。那么，怎样才能算是一个有思想的人？又该如何成为一个有思想的人？我认为，一个有思想的人，至少具有以下三个明显的特征：

一是独立思考，不人云亦云。我国著名的哲学家冯契先生曾经说过：“不论处境如何，始终保持心灵的自由思考，这是爱智者的本色。”自由思考就是最高的独立。我们处在一个信息爆炸的时代，有太多的信息和观点充斥在我们的周围，我们不能把信息当作知识，把收藏当作学习，不能鹦鹉学舌、人云亦云，要学会独立思考，形成自己的思维逻辑。

二是敢于质疑，勇于批判。质疑是建立在独立思考之上的疑问，关键是搞清楚事情的真相和事物的本质。质疑是科学精神的核心，也是思想形成的“助产士”。现实生活中，我们要多问“为什么”，在穷究原因的过程中弄清事实原委，尊重事实真相，不惧怕所谓的权威，敢于批判原有的错误观点。不要把一切都视为理所当然，要在不疑处有疑。思想的解放，往往伴随着质疑和批判，也往往会促进社会不断地向前发展。

三是保持好奇心，不断探索创新。好奇心，是人们遇到新奇事物而产生的一种意欲探求究竟的心理倾向，是我们学习的内在动机之一、寻求知识的动力。保持好奇心，我们就会努力追问、勇于求索。“不破不立”“先破后立”，只有质疑和批判是不行的，还要创造出新的东西。好奇心是我们获得创新、创造、创制的基础。因此，要保持对周围事物的好奇和敏感，保持寻求知识的源动力，不断探索，不断创造。

毛泽东同志在《人的正确思想是从哪里来的？》中指出：“无数客观外界的现象通过人的眼、耳、鼻、舌、身这五个官能反映到自己的头脑中来，开始是感性认识。这种感性认识的材料积累多了，就会产生一个飞跃，变成了理性认识，这就是思想。”这表明，思想的形成有一个积累的过程，有一个由感性到理性、量变到质变的升华过程。

阅读经典是启发思考、形成思想的一种直接途径。书籍是人类进步的阶梯，也是形成思想的丰沃土壤。俄国著名作家鲁巴金说：“读书是在别人思想的帮助下，建立起自己的思想。”法国启蒙思想家狄德罗也说：“不读书的人，思想就会停止。”在校学生除了要认真研读专业书籍以外，还要广泛涉猎人文经典书籍。读书要读经典，现代人不是书读得太少了，而是经典书籍读得太少了。很多经典著作都是作者用心血铸就，带有生活的感悟和生命的体征。例如，曹雪芹著《红楼梦》，“批阅十载，增删五次”，他写道：“满纸荒唐言，一把辛酸泪；都云作者痴，谁解其中味！”读经典的过程，就像是与先贤对话，让灵魂往上走。通过阅读经典，获取人类文明演进中的知识精华和思维成果，达成知识的积累和精神的传承。

要成为有思想的人，我们还要在实践中获得广泛而深刻的生活体验。实践是主观见之于客观，是检验思想正确与否的标准。反映客观事物及其发展规律的思想，能够指导人们有效地开展实践活动，促进客观事物的发展；歪曲反映客观事物及其发展规律的思想，则会把人的活动引向歧途，阻碍客观事物的发展。实践是认识的基础，也是思想的来源，实践出真知。将知识运用到实践中，不断总结提炼，才会形成新思想。在实践中，我们要找到同行的伙伴，与他人一起思考和讨论是激发思想的有效方式。孔子讲“三人行，必有我师焉”。我们可以就自己的困惑与老师、同学交流，通过思想交流、碰撞，获得启发，看问题的角度会更加多样，对世界的认识也会更加全面。

思想不同于意见和观点，它还具有完整性和根本性。因而，要成为一个有思想的人，还要善于在知识的基础上，努力运用逻辑方法去建构思想体系。面对一种思想，我们要学会问：想要说明或解释的问题是什么？逻辑起点是什么、能否立得住？是运用归纳法还是演绎法？论据是否充分有力？

判断的标准是什么？结论是否稳健？等等。所以，在校学习时，希望大家能够花些时间去学习一点逻辑学、语言学、现象学和诠释学，掌握一些重要的思想方法。这样才能够透过现象看本质，理解事物之间的联系机制，遵循和把握思想形成规律，把现象转化为知识，把知识升华为思想，从而不断提高自身的理论思维能力。

大学是一个民族的思想高地，承担着文化传承与创新的重任，大学生理应具有独立思考、自由思想、文化自信的精神品格，每个人既要做好具体的事情，也要有促进人类发展进步的理想和情怀。希望同学们阅读经典，与圣贤为伍；勤于实践，脚踏实地，又仰望星空；通过认真学习、积极思考、提炼总结、实践反馈，不断丰富自己的思想体系。学校也会不断创新教书育人的方式，除课堂教学以外，通过经典导读、互动交流，启发同学们思考；通过精心设计主题实践，使同学们在实践中增长见识；通过提供交流场所和搭建交流平台，鼓励同学们相互碰撞出思想的火花；创造条件，帮助同学们成长，努力把同学们培养成有思想的人。

10 抓好班级建设中的关键环节和关键少数

◎ 班级，是大学中最基本的教学单元，是同学们学习生活的最基本平台。学风建设、班团活动、寝室文明建设、信息化、班团干部、朋辈互助、班导师等是加强班级建设的关键环节。班团骨干是班级建设中的关键力量，不仅要在关键时刻站得出来，成为同学的"主心骨"，更要在日常学习生活中发挥先锋模范作用，带领同学们共同进步。①

我们常说，大学的核心任务是育人，是培养具有正确的世界观、人生观、价值观，具有创新精神和实践能力的全面发展的人才，也就是我们经常讲的"立德树人"。班级是大学最基本的教学单元，是同学们学习生活的最基本平台。如何使自己的班级在落实立德树人这个根本任务中发挥积极的作

① 本节内容是笔者于2015年10月16日在华东理工大学励志团校第一期"远志班"开班仪式上的发言。收入本书时内容有删改。"远志班"学员主要来自当年本科新生的班级骨干。

用，是每一位班团骨干要认真思考的问题。

一、把握班级建设中的七个关键环节

培育优良学风，是班级建设的核心任务。学生的首要任务是学习，学风是班风的直接体现。我们要努力形成你追我赶、追求卓越的学风。

开展班团活动，是塑造集体意识、提高合作能力、形成班级凝聚力的主要载体。我们要努力把班团活动开展得有主题、有特色、有成效，内容丰富，形式新颖，同学们都乐于参与。

加强寝室文明建设，是班级建设的重要延伸。寝室是每位同学最基本的生活环境，我们要在认真做好寝室卫生的基础上，积极开展寝室文化建设，使寝室真正成为同学们的温馨之家。

搭建信息化交流平台，是班级建设的新手段新载体。在积极使用易班的同时，认真建设微信群、QQ 群等符合同学们日常交流习惯的 E-Class 平台。

培养班团干部，使之成为班级建设中的关键力量。精干高效的班团干部队伍是建设一个有生机、有活力、有凝聚力的班集体的必要条件，要做好班团干部的民主选举、全方位培养和多维度考核。

促进朋辈互助，是班级建设的重要内容。它体现在班级建设的各个方面。在学习上，要广泛组织学业互帮互助小组；在生活上，要加强心理委员队伍建设；在思想上，要鼓励朋辈之间的思想砥砺、交流交锋。

选好班导师，使之成为班级建设的决定性力量。要充分发挥班导师队伍对于班级建设的指导作用。要加强班导师的遴选，进一步明确班导师的工作规范，同时加强班导师的业务培训、工作交流和经验分享。

二、班团骨干是班级建设中的关键少数

班团骨干是班级建设和管理中的关键力量，不仅要在关键时刻站出来发挥先锋模范作用，更要在日常学习生活中带领班级同学共同进步。班团

干部应努力做到以下四点：

1. 提高自身素质，发挥模范作用

“打铁必须自身硬。”要团结带领同学们共同进步，班团干部需要努力提高自身素质，锤炼品格作风，在广大同学中起到模范带头作用。我们要从小事做起，从自己做起，努力学习专业知识，积极参与社会实践，搞好班级和寝室文化建设，树立积极的人生态度，形成良好的道德品质，拥有健康的生活情趣。特别是，班团干部要在学风建设方面走在前列。就在前天，我校举行了成思危名誉校长奖学金和宝钢奖学金评审答辩，各个学院推荐的14名候选人中，有10名学生骨干的学习成绩都是专业排名第一，并在科研、实践、志愿服务等方面都有突出的表现。学习是学生的天职，学风是班级的灵魂，一个班级是否能有良好的班风、学风，班干部的模范带头作用不可忽视。班团骨干要带头抓好自身的专业学习，并引领班级的学风建设。必须在学有余力的前提下从事班团工作，不仅不能以任何借口忽视学习、降低对成绩的要求，更要在同学中起到领头羊作用，带领全班同学继承“学在华理”的优良传统，刻苦勤学，取得优异的成绩。

2. 切实履职尽责，热忱关爱同学

班级管理是班团骨干的重要职责。我们要努力让班集体和班团干部成为同学们遇到困难时想得起、找得到、靠得住的力量。在思想方面，引导同学、团结同学、凝聚同学；在学风建设方面，以学风带班风，形成你追我赶、比学赶超的良好学习风气；在组织建设方面，发挥好班委、团支部和其他学生干部的作用，注重集体合作，集思广益，不单打独斗；在作风建设方面，帮助同学们养成良好的行为习惯。从寝室卫生做起，制订寝室公约，形成健康向上的寝室文化，切实让寝室这个同学们生活的重要空间成为班级建设的延伸。

3. 举办精彩活动，助力班级凝聚

开展活动是增强班级凝聚力的重要手段。班团骨干要认真开展丰富多彩的班团活动，比如主题班会、主题团日活动、辩论赛、优秀学生交流会等，发挥朋辈互助的作用，为同学们提供展示自我提升自我的平台，让尽可能多的同学们参与到班级建设中来，增强班级同学的集体意识和班级的凝聚力。开展活动时要注意融入思想性的信息，防止过度娱乐化倾向，做到切实而不表面、深入而不肤浅，务实而不浮躁、朴实而不浮夸。

4. 建设网络阵地，打造交流平台

互联网时代，我们也要重视网络阵地建设。新时代的大学生很善于使用网络，可以通过网络共享自己的学习资料、相互交流学习心得，使网络成为大家交流的重要平台。部分班级有了自己的微信公众号，面向班级同学发布自己的信息，发出自己的声音；还有一些班级在“易班”的讨论中非常活跃，经常晒班级的集体温馨照片、班级攀升计划的进展等，对班级凝聚力建设非常有帮助。但同时我们也发现，许多同学未能充分利用好网络阵地，而是迷失在网络中无法自拔，比如沉溺网络游戏、在网络上浪费时间等，因此班团干部要带领大家合理使用网络，让同学们从网络中“找回”自我，“发现”自我，进而“成就”自我。

如何度过精彩的大学生活，如何学到真正的本领，是我们面临的新任务。班级建设在学校人才培养工作中起着基础性作用，班级建设的成效，关系到每一位同学的切身利益。大家要进一步提高做班级工作的能力和水平，充分调动同学们的积极性，带领大家共同努力、共同成长。

11 坚定不移提高学生思想政治工作质量

◎ 提高学生思想政治工作质量，要始终坚持以生为本、系统设计、夯实基础、体现温度、强化特色，树立系统思维、逻辑思维、辩证思维、底线思维、历史思维、互联网思维，正确处理好知识传授与价值引领的关系、宏大叙事与精准行动的关系、使命驱动与问题导向的关系、沉默多数与关键少数的关系、顶层设计与基层探索的关系、工作对象与工作力量的关系。[①]

近年来，学生思想政治工作的总要求是坚持“强基、提质、创优”，构建“三圈三全十育人”工作格局[②]，从而坚定不移地推进思想政治工作质量提

① 本节内容是笔者于 2019 年 3 月在华东理工大学辅导员培训班上交流发言的一部分。收入本书时内容有删改。

② “三全三圈十育人”是上海市教育系统深入贯彻落实习近平总书记关于高校思想政治工作重要论述，牢牢把握立德树人这一根本任务，而提出的高校思想政治工作新理念，即：内圈聚焦第一课堂育人主渠道，落实全员育人；中圈聚焦素质教育第二课堂、网络思政第三课堂，落实全过程育人；外圈聚焦“开门办思政”，落实全方位育人，构建校内校外合力育人格局；着力发挥课程、科研、实践、文化、网络、心理、管理、服务、资助、组织等方面工作的育人功能，推动高校思想政治工作更上一层楼。

升，培养担当民族复兴大任的时代新人。

一、传承和发扬优良工作传统

我校学生思想政治工作有着较好的基础，形成了不少好做法、好经验，我们要不断传承并发扬这些宝贵经验和优良传统。

一是始终坚持以生为本。各项工作必须以学生为中心，围绕学生的需求和问题，从学生的思想实际出发，推进价值引领、知识教育和能力培养，提高学生的思想水平、政治觉悟、道德品质与文化素养。

二是始终坚持系统设计。近几年，学校强调思政工作的一体化、系统化建构。“精准型”学生思想政治教育体系和“引领、支持、服务、创新”四位一体的工作模式等，都是系统设计学生思想政治工作的体现。

三是始终坚持夯实基础。思政工作的大厦要盖得高、建得稳，必须地基扎得深、台基垒得实、柱子立得直、房梁架得牢。要想做好一件事，必须做好基础工作。近年来，学校积极推进“三步七维”班级建设，推进学生管理大数据平台建设等，不断夯实工作基础。当前，学生思政工作总要求仍是“强基、提质、创优”，强基是前提，就是要继续打牢基础。

四是始终坚持体现温度。近年来，学校提出打造有温度的思政工作格局，在社会上引起了一定的反响。学生应急帮困、勤工助学、薪酬预支、迎新工作、开学典礼等，校领导每天到奉贤校区值班、经常召开学生座谈会等，各部门建立与学生代表的沟通制度、辅导员经常性下寝室谈心谈话等，都充分体现出思政工作的温度。

五是始终坚持强化特色。近年来，我校思政工作逐渐形成了一些特色工作品牌，包括“小花梨”新媒体育人、“通海茶叙”、奖学金颁奖典礼等，取得了一定的反响。各学院也正在形成“一院一品”项目。

二、做好工作要树立五种思维

一是要有系统思维。要有整体思考与普遍联系的眼光。首先找准目标是什么，起主要作用的动力与因素有哪些，有什么样的条件与边界，产生哪些副作用，如何处理大系统与小系统之间的关系，抓住问题的"四梁八柱"。

二是要有逻辑思维。工作要注重逻辑的力量，努力把握工作规律，项目设计要讲理论逻辑、历史逻辑和实践逻辑，找到符合逻辑的实现路径。

三是要有辩证思维。世界是物质的，物质是永恒运动和普遍联系的。要注重全面、动态、辩证地看问题，从多个维度审视问题，具体问题具体分析。

四是要有底线思维。凡事都要向最好的方向努力，从最坏处准备，才能有备无患，遇事不慌，牢牢把握做事的主动权，做到有守、有为，托底、守底、保底。

五是要有互联网思维。"用户至上，内容为王"，这就是互联网思维。要站在学生的需求角度，建设好互联网阵地，充分发挥学生的主体作用，多讲故事，故事就是内容。

三、正确处理六个辩证关系

一是要处理好知识传授与价值引领的关系。传统思维认为，知识传授是第一课堂的事情，关注科学知识学习；价值引领是第二课堂的事情，关注思想教育与道德培育。然而，现实中两者并不是割裂的。第一课堂的教学内容蕴含丰富的思想政治教育元素，第二课堂的实践活动也具有促进知识学习和创新的功能。因此，我们在教育实践中，要促进知识传授与价值引领互相交融、同向同行，将价值引领寓于知识传授之中。

二是要处理好宏大叙事与精准行动的关系。学生思想政治工作，既要有宏大叙事，讲好形势任务，又要有精准行动，把总的工作要求落实到具体细致的活动中。对于处在一线的思想政治工作者来说，要善于将宏大叙事转化为精准行动。

三是要处理好使命引领与问题导向的关系。如何明确努力工作的方向，是每一位思想政治工作者经常面对的问题。一般来说，工作努力方向来自两个方面：一是使命引领，二是问题导向。我们要将使命引领与问题导向结合起来，既要在大方向上体现"培养担当民族复兴大任的时代新人"这个政治使命，又要坚持问题导向找准工作的切入点和着力点。

四是要处理好"沉默多数"与"关键少数"的关系。学生群体中存在着"沉默多数"，也存在着"关键少数"。我们开展思想政治工作时，要弄清楚哪些是关键力量、哪些是需要争取的力量，要花大气力去做"关键少数"的工作，发挥好、引导好、把握好关键少数学生的示范作用。用"关键少数"带动"沉默多数"，也要用"沉默多数"锻炼"关键少数"。

五要处理好顶层设计与基层探索的关系。学校层面要根据上级要求，结合学校传统和实际，做好思想政治工作的顶层设计。学院层面要结合自己的特点做好实践探索，特别是要根据学科特色来设计组织教育活动。学院的实践探索成果，也可以升级转化为今后学校的顶层设计内容。顶层设计与基层探索可以相互印证、相互补充，从而形成一个充满活力的工作局面。

六要处理好工作对象与工作力量的关系。广大学生是我们的工作对象，而我们的专职思政工作者的队伍规模比较小，每一位同志都要负责 200 多位学生的教育管理服务，精力和力量远远不够。解决问题的方法，就是我们要践行群众路线，抓好学生党员和学生干部队伍，发挥他们的模范带头和工作助手的作用，从而有效地把工作对象转化为工作力量。

内容简介

如何深入推动习近平新时代中国特色社会主义思想这个当代中国马克思主义入脑入心？新时代如何铸魂育人，全面落实立德树人根本任务，培养担当民族复兴大任的时代新人？当前提高大学生思想政治工作质量的难点和重点在哪里？“三全育人”综合改革如何破题、怎样深化？“融思政”是什么，有什么特点？在本书中，作者通过总结过去十余年不懈追问与上下求索的成果，力图从理论和实践两个方面解疑释惑，为读者阐述“思想政治教育的理论与方法”“当代中国马克思主义大众化的策略与路径”“党的宣传、文化与统战工作方法”“大学生创业教育的问题与对策”“少数民族大学生的教育策略与载体创新”等理论与实践热点问题。对于思想政治教育研究者和一线工作者而言，本书可以提供有益的理论参考和实践借鉴。